思想觀念的帶動者

文化現象的觀察者

本土經驗的整理者

生命故事的關懷者

心靈工坊 PsyGarden

Holistic

探索身體，追求智性，呼喊靈性
攀向更高遠的意義與價值
是幸福，是恩典，更是內在心靈的基本需求
企求穿越回歸眞我的旅程

25
週年紀念版

CARE OF THE SOUL,

傾聽靈魂的聲音

A GUIDE FOR CULTIVATING DEPTH AND SACREDNESS IN EVERYDAY LIFE

TWENTY-FIFTH ANNIVERSARY ED

湯瑪斯・摩爾 Thomas Moore◎著
李永平◎譯

目錄

推薦語

這本風格獨特的生活手冊，是為我們這個紛擾的時代而寫的。它告訴我們，如何透過心靈的陶冶和修煉，為現代人的生活增添深刻的精神價值和意義。作者提出一種新的思考方式，讓我們以新的眼光，看待日常生活中的問題以及它所蘊含的創造潛能。「心靈的陶冶」在宗教中有其深厚的根源，而這個古老的修煉模式，為我們觀察日常生活中的尋常現象提供一個神聖的架構。本書把「心靈的陶冶」引進二十世紀，幫助讀者以更深邃的眼光、更開闊的胸襟，反省自己的生活經驗。

——王浩威（精神科醫師）

湯瑪斯·摩爾的文字穿梭在人類生活的世俗與神祕之間，他用神話、藝術回應我們在日常生活所積累的苦痛，為靈魂找出路。讀他的書，就像跟他一起遨翔，遊遍心靈世界的寬廣、深邃。

——呂旭亞（榮格分析師）

在忙碌的現代生活裡喪失自在靈魂的人，本書或許可以開啟那深鎖活潑靈魂的牢門。

——胡海國（國立臺灣大學精神科名譽教授、精神健康基金會董事長）

致謝

雖然本書是我根據多年身為心理治療師經驗所做的自白，但我還是想在此感謝幾位才華洋溢的朋友，在這過程中給我的啟發與指引。感謝克里斯多福・班佛德（Christopher Bamford）為這本書的寫作初衷播下種子。本書中許多想法與概念都源自於一群極具原創性的思想家與我的交流，特別是詹姆斯・希爾曼（James Hillman）與羅伯・沙德羅（Robert Sardello），他們教會我如何思考與心靈有關的事。我也想感謝班・賽爾斯（Ben Sells）、泰芮・墨菲（Terrie Murphy）和莎拉・傑克森（Sarah Jackson）閱讀部分初稿。感謝查理斯・波爾（Charles Boer）為荷馬史詩做的優美翻譯。感謝安與厄羅・凡・衛芬仁基金會（Ann and Erlo Van Waveren Foundation）的贊助，讓我能夠完成本書的初步寫作工作。哈潑柯林斯出版社（HarperCollins）的休・凡・都森（Hugh Van Dusen）不斷地鼓勵我，給我建議，他溫暖又深思熟慮的性格，為充滿挑戰的出版產業注入了靈魂。珍・赫胥菲爾德（Jane Hirshfield）無比勤奮地工作，極有耐心地將我有時難以理解的文字修整成形。我的版權經紀人麥可・卡茲（Michael Katz）為這個產業帶來了藝術氣息，也為此書加入美感的面向；同時，他也在此書的寫作及出版過程中，給予細膩的引導及陪伴。最後，我要感謝瓊安・漢利（Joan Hanley），她不斷敦促我進行更深入的探索，找出更多方式呈現靈性生活的可能性。

二十五週年紀念版導言

當初寫這本書時，我心裡很清楚我在振興古老的教誨。柏拉圖為蘇格拉底的自我辯護做了動人的紀錄，當時蘇格拉底受控「誤導年輕人，而且不遵守合宜的宗教規範」。這位受人敬重的老師反駁道，人生最重要的事就是好好照顧自己的靈魂：「我所做的只不過是力勸年輕人及長者，不要只照顧他們的家人及財產，更重要的是照顧自己的靈魂。」

在讀蘇格拉底《申辯》（*Apology*）的希臘文原文時，可以發現「靈魂」（soul）一詞在希臘文中是「心理／精神」（psyche）之意，也就是在心理學（psychology）、精神醫學（psychiatry），和心理治療（psychotherapy）這幾個字裡都會見到的字根。如果我們重新將心靈的原始概念帶入這些領域，也許就能夠深化它們，並在心理學和靈性之間建立必要的關聯。這就是我這些年在教導精神科醫師和心理學家如何照顧心靈需求時試圖傳達的事。《傾聽靈魂的聲音》是這部分工作的具體宣言，也可以說是出發點。

我住在美國的新英格蘭地區[1]，也在這裡寫作，而且有許多寫作靈感來自此區域的作家，例如愛默生（Ralph Waldo Emerson）及愛蜜莉・狄金生（Emily Dickinson）。在他們的作品當中，「心靈」一詞時常出現。

例如，愛默生提出了以下洞見：他認為心靈並非以線性成長，而是以階段區分，就像毛毛蟲變成蛹，再破繭而出變成蝴蝶的過程。試想在你人生猶如一連串的事件，將我們從一個改變人生的重要事件帶往下一個。光是從這個角度思考，就能夠減輕一些辛苦乏味及千篇一律的感覺。

狄金生則說，「心靈之門應永遠保持微啟」，隨時準備好回應靈感和啟發。如果我們對可能性及直覺能隨時保持開放，人生就不會如此機械化和無趣了。

倘若真想在心理方面更加敏銳，先讀這些作者的著作，再看心理學書籍，會是比較好的做法。把惠特曼（Walt Whitman）列入閱讀清單，他在情感洋溢的詩詞作品中，歌頌生命力和感官的愉悅。

惠特曼一而再、再而三地於作品中以描述感覺的文字來描寫心靈，他說身體的所有感官覺受，也就是「體內電流」（body electric），會透露心靈的祕密。他用充滿愛意的文字描述身體的各個部位——腰部的曲線、血液[2]、骨骼——然後下了這樣的結論：

我以此詩

描述身體、器官，和心靈
身體、器官
就是心靈

最後，我的工作是奠基於兩位心理學家的洞見之上——榮格（C. G. Jung）及詹姆斯．希爾曼（James Hillman）。他們一生的貢獻有許多來自於心靈書寫的漫長歷史，他們的作品是如此貼近個人經驗、適於身體力行，又複雜地恰到好處。兩者的成果皆不可能束諸高閣。他們將哲學、神學、心理學以及藝術史，融合成一個新穎、尚未有合適名稱的領域，而其中知識是我們的高等學府或商學院迫切需要的。

對我來說，《傾聽靈魂的聲音》不是一本解決人生問題的簡易指南，而是探索心靈深處的起始點，這個面向嚴重地被現代社會及個人忽略。若我們忽視心靈，不但會失去人性關懷，也會失去自己的個性，甘冒變得機械化或是淹沒在集體意識之中的風險。當我們確切注意到心靈的狀態，做些積極正向的事，人生難題便顯得沒那麼嚴重，有時甚至可能迎刃而解。

在寫作時，我是個嚴肅又實際的哲學家，深陷於智慧的魅力，相信一些巧妙的想法與念頭，能讓人生過得更有效率、更令人滿足。過去二十多年來，我收到了許多對於本書的意見，我想大部分讀者是這麼看待我的：一個嚴肅的作家及神學家，探索人類生活最神祕的領域。

自我療癒（self-help）這個主題對我來說只是膚淺的給予人生建議。當我發現我的書被書店歸類在自我療癒區，不由得開始回憶那些花在翻譯拉丁文和希臘文古老文獻的時光，在古籍中尋找先人智慧的吉光片羽，或是內在的靈光乍現。我回想當時的自己，反覆地閱讀榮格的十八卷著作，專注地聆聽與老朋友希爾曼的對談，一起試圖解開人類的感受及行為當中存在的微妙糾結。

在寫作時，我試圖傳達自己的理解，而非解釋現象。我需要時間反思斟酌，才能達成新的洞見。在書頁上，這些洞見看起來可能沒什麼了不起，但如果文章內容無法傳達個人的意見，即使內容是關於科技或學術研究，我也不覺得有什麼價值。我說這些只是想幫助讀者用不同的方式閱讀這本書，不要用閱讀當代心理學書籍的方式來讀。不要在本書中尋找證據，而要尋找洞見。

有人說蘇格拉底並沒有學生，有的只是朋友和同伴。這就是我的理想。早先有人鼓勵我開設訓練課程，不過我覺得若要對心靈真誠，就應該繼續沿用友誼模式。你們（讀者們）也可以這麼做。我們不必將所有人都當成是字面意義上的朋友，但可以將友誼的精神帶進身邊的關係之中，不論是同事、親戚，還是鄰居。這麼一來，我們就能夠遵循偉大的蘇格拉底老師的教誨，踏實地將我們的心靈帶進生命當中。

再次強調，我並不是建議大家與所有在工作中或與健康層面的場域所認識的人都成為朋友。我是建議在關係之中帶入微量的友誼元素，這樣就足夠讓雙方的互動沒有那麼公式化，比較有人情味。

有趣的是，柏拉圖筆下的蘇格拉底用了一個希臘文的字 therapeia，意思是「照顧」或「服務」。蘇格拉底說，就像是照顧農場裡的一匹馬，我們會餵牠吃飯、幫牠梳毛、讓牠活動、給牠喝水、打掃馬廄；我們也應該如此照顧心靈，每天關照心靈的特定需求，而不是在事情出了亂子之後才治療或修復。

我是個柏拉圖／蘇格拉底風格（Plato/Socrates style）的治療師，已經以此方式執業超過三十年，對此理念也有相當程度的貢獻。我認為每個人在人生的某些階段，都能因這種療法受惠。但我也見過療癒發生在正式治療作為之外。在任何時刻，照拂自己的心靈，便是自己的治療師。「心理治療」（psychotherapy）是由兩個希臘字所組成，「心靈」（psyche, soul）和「照護」（therapy, care）。就定義而言，「心理治療」就是照拂心靈。當我們照拂自己的心靈，就能感受到這種深沉的、柏拉圖式療癒的效果。

今天，當我教別人如何照拂心靈，就書中的主題發表演說或授課時，我常會列出某些心靈的特定需求：歸屬感、深厚的友誼、單純的友善、對文字或影像之美的欣賞、對夢境的關注、美好的藝術、與自然世界的親密關係、與動物的接觸、用講故事的方式傳述回憶，或是保存具有重要意義的舊建築、老物件。我們還可以做其他事來照拂心靈：試圖在性欲與精神層面之間取得平衡、照顧小孩、找到熱愛的工作、在所做之事當中加入有趣的元素，有效地處理失落、挫折及能力不足的感覺。陰影也是心靈的重要面向。

我不斷強調心靈和精神（spirit）的差異。這是我從希爾曼身上清楚學到的另一個古老概念。精神會將我們的注意力導向宇宙與行星、偉大的想法及遠大的冒險、祈禱、冥想，和其他的靈性實踐。精神會讓我們放眼世界，關注人生哲學。精神會擴展我們的心靈和心智，帶給我們遠見及勇氣，讓我們對存在的意義及目的更有想法。

心靈則更私密、更深沉，也更具體。我們打掃房子、學習廚藝、打球玩遊戲、和孩子相處、探索並喜愛居住的區域。心靈讓我們與世界產生連結，這是愛的一種形式。當心靈撩動，我們會有更多感受，不論是愛還是憤怒，我們都會產生強烈的欲望和恐懼。我們會全心投入生活，而不是用理性或是過多的道德限制束縛自己。

即使在最好的狀態下，也不容易區別心靈和精神，因為在我們做的所有事情中，兩者都扮演重要角色。不過將這兩者做出區隔，對心靈來說是必要的事。精神能激勵我們，而心靈則能探索事物更深沉的層面。精神像是舉行會議討論計畫，心靈則如漫長深刻的對話。精神設立目標，心靈則緩緩前行，沿途進行更深入的探索。精神獨立於其他事物之外，而心靈則深陷於那些老地方、老朋友，還有對家的歸屬感的牽絆。精神和心靈都非常重要、非常可貴。我們不需要在兩者之間尋求平衡，因為所謂的平衡太過完美，這本身就是個從精神層面出發的概念。只需要視情況在當下給予這兩個層面各自所必需的照顧就可以了。

照拂心靈是重大挑戰

通常，心靈的需求與生活的輕鬆之路背道而馳，也與個人及身邊的人所熟悉的舒適圈有所牴觸。一位女性可能擁有她非常珍惜的婚姻及家庭，但卻可能發現心靈需要脫離這段婚姻關係。一位男性或許花費了多年時間經營事業，做出許多犧牲和努力，卻在某一刻明白心靈需要的是一份全然不同的工作。我遇過許多熟齡男女，在年紀漸長的過程中發現，性需求是一個需要關注的議題，而他們這輩子都認為性是需要受到嚴格控制的，或完全忽視性方面的需求。

一旦決定要踏上照拂心靈之路，我們可能會遭遇一連串令人煩亂的改變及動盪。要建立更有靈性的生活可能得花上很長一段時間，特別是當心靈已經長期遭到壓抑或忽視。不過，一旦我們發現心靈的存在，明白沒有任何事物比心靈還要珍貴，我們就可能自願停留在這種不平靜的轉換狀態中，儘管抽身脫離此狀態的誘惑也很大。人生或許會就此不同，因為生活的需求與心靈的需求並不經常吻合。

另一個「將生活過得井然有序」和「照拂心靈需求」之間存在的歧異是，我們通常希望生活平穩，但心靈卻是動態的，總是隨時被引領導向新的活力。我們會感受到深刻的活力和新的想望，還有那些舊的，尚未完全達成的夢想。

我認識幾位在健康領域工作的專業女性，能力都非常傑出。但她們工作的方式有時只顧及表面，這讓我十分訝異。對我來說，任何不滿足的蛛絲螞跡，都是邁向靈性生活的潛在契機。她們想與我進行心理治療，而且在當時我就能看出有人抗拒改變，即使那些改變在我看來其實對她有好處；而有人則會放手讓改變發生。有些人的心靈就像微弱的火苗，可能燃燒得更旺盛；有些人的心靈則蓄勢待發，準備轉化存在的樣貌。不過，對每一個個案來說，這個過程都不會平靜無波，甚至會讓人震懾害怕。當心靈改變，生活的結構也將隨著分崩離析。

我們對自然及心靈的瞭解是與生俱來的。每當我提到相關的字眼，稍微開始聊這方面的話題，人們總是馬上就能發現自己早就明白的部分，甚至直覺地意識到，沒有任何事比心靈更重要，而我們卻經常忽視心靈的需求。這是自從《傾聽靈魂的聲音》一書出版以來，最令我意外的發現：我不需要教導別人什麼，只需要提醒他們早就知道的事。

當我們遇上重視心靈的人，會感受到對方實實在在地生活，以及他的複雜與深刻。一個人的獨特性、特質、存在的感覺，以及愛與被愛的能力，都是心靈存在的指標。我時常告訴精神科的學生：「如果我們碰上了一個非常聰明、很有成就的人，可能會很崇拜他，但不會想要跟他共進晚餐。」想要一起吃飯，也是心靈的指標。

但我們要如何滋養這些細微、難以定義的特質呢？心靈是這麼難以捉摸，我們該如何幫助別人追求心靈的成長？我們該如何為自己量身打造靈性的生活？當治療的目標不再是平順穩定的人生，而是發展個人特質、愛與被愛的能力、學會欣賞美與人生意義，那麼療程應該如何進行？

我們必須跳脫目前的社會適應、身心健康，還有世俗的成功等等價值觀。我們必須關注更日常、更親密的議題，如婚姻、孩子、家庭、個人歷史，以及大自然。我們要試著擺脫現代社會對現實和文字字義上的理解，變得更有詩意，對故事及隱喻更有興趣。我們會更努力活出人味，而非努力活得完美且正確。我們會與人徹夜長談、分享洞見，而不是上課吸收更多知識。照拂心靈有自己的一套方式，這種方式比較親密、與日常生活更貼近，也更重視深刻體會。

有些人聽到「心靈」這個詞就想到「自己」。對他們來說，心靈就是深入版的「自我」。不過這個邏輯的弔詭之處在於：心靈比自我更加深刻，更加不可知，也更加無拘無束。心靈是一口深井，是自我認同的豐富來源。重視心靈的人具有自己的個性，但那種獨特性是從更深的地方湧出，連自己都未必完全了解。重視心靈的人相信直覺及其他形式的內在指引，知道更深沉強壯的自我會跟隨心靈的指引。

在心靈的歷史中，我們也發現有一個更大的心靈，個人的心靈只是它的一部分。家庭有自己的心靈，婚姻、社區、地區、國家等亦然。甚至連地球和宇宙也都有心靈。用拉丁文撰寫典籍的古人將它稱為Anima Mundi，意即世界的心靈。

不難理解，當人們聽到心靈這個概念，第一個想知道的就是自己心靈的狀態。我的心靈狀態能讓我更享受人生嗎？但若要充分掌握自我心靈的意涵，必須先跳脫自身的侷限，置身更大的格局。我們必須思考其他人的心靈，還有地球及宇宙的心靈。弔詭的是，要充分餵養自己的心靈，必須先照拂好更大的心靈。滋養人生的唯一途徑就是超越它。

許多人注意到更大的心靈是因為他們開始思考孩子的心靈。經常有父母詢問我如何照拂孩子的心靈。我給他們的主要建議是：讓孩子如同獨立個體般成長。不要將太多父母的期待、價值觀，或是人生經驗，強加在孩子身上，讓孩子好好的享受童年。孩子的人格發展就是心靈成熟的象徵，表示他們的心靈之花將要盛開。其他的建議就比較單純：給他們玩耍的時間、對他們表達愛意、讓他們體驗不同事物、花時間待在大自然中、與其他小孩相處，並幫助他們發展自己的靈性。這些都是可以開發及培養，用以照拂心靈的事。

閱讀前人針對「世界的心靈」所撰寫的著作時，我們會發現有如抽象哲學的內容，而不是有系統的知識。至於要如何在特定的物件和情況中觀察世界的心靈，我主要是從希爾曼和沙德羅那兒學到的。例如，一棟房子在某種角度上來說很美、很有個性及存在感，或有特殊歷史；它也許不實用但充滿趣味，或是有某種程度的深度，這棟房子可能明顯地就有心靈。我們會深愛這樣的房子，在離開或房子必須拆除之時，會很懷念它。這樣的愛，就是心靈存在的確切證據。

就像與人的關係一樣，透過與物件建立關聯，也許就能探索它的靈魂。我們會發現這個物件有沒有深度，或自身對這個物件有沒有感覺。我母親過世數週後，父親來找我，交給我一個小東西。「這個給你。」父親這麼對我說，沒有交代任何前因後果。「我希望你保有這個！」他口中的「這個」東西，是我母親的結婚戒指，她生前天天戴著，已經超過六十四年。你認為這只戒指是否具有任何心靈的力量？最後我將戒指給了我女兒，她跟祖母很親。

有些物件充滿心靈的力量，是因為它們代表珍貴的象徵意義，像是代表我母親婚姻生活的這枚戒指。其他的物件則可能與回憶有關。我父親使用的電鑽、祖母給我的橡木圓桌、藝術家太太這些年來做給我的小盒子、卡片等等。

我認為，當我們親手製作物品時，注入正面的意圖、小心翼翼將它做得漂漂亮亮，這個過程能夠為物品注入靈魂。我曾經在女兒還小的時候，為她做了一個木頭衣櫃，她現在仍在使用，搬家時也總是要跟著她從這裡遷移到那裡。只要我們在製作時保有美、傳統、靈性的精神等深層價值，即便是在工廠大規模生產的物品，也能注入靈魂。

心靈之藥

在《傾聽靈魂的聲音》出版後數週，我接到一個位在千里之外的癌症中心的來電，邀請我去對他們的員工演講。這件事情第一次讓我發現，我的作品在醫療領域能夠有所貢獻。我前往那家腫瘤研究中心，並發現許多醫生、護士都不知道如何面對病人死亡，而許多病人訴諸未經正統醫學驗證的另類療法，也令他們深感挫折甚至憤怒。透過與醫生護士聊聊這些問題，並應用照拂心靈的技巧，似乎對他們有一些幫助。

在此之後不久，我受邀到紐約斯隆——凱特琳癌症研究中心（Memorial Sloan-Kettering Cancer Center），在一個醫學研討會上演講；其後數年間，也受邀到許多研討會或研究中心演講，包括紐約大學癌症中心（NYU Cancer Center）及明尼蘇達州的梅奧醫院（Mayo

Clinic）。我開始對這個領域產生興趣，想幫助醫療從業人員建立照拂自己的態度，並學習將病人視為具備身心靈的完整個體來看待。我也應用了在雪城大學復興治療中心（SyracuseUniversity in Renaissance healing arts）就讀時成果豐碩的所學，探索了許多將心靈帶入醫院、診所環境的方式。

為了在醫學中心引進更多靈性，我建議學習教堂或寺廟「進入」的方式，讓病人和家屬從世俗世界進入一個特別的、有療癒效果的空間。厚重、高聳的大門，讓來者漸進地接近以及進入另一個空間：用滴水嘴獸或蜿蜒的小路來提供刺激，這些簡單的裝置有助於引導人們進入療癒的場所。接著，由於療癒本身是件非常原始的事，我建議也可以用石頭、流水、精緻的紡織品、木材、鐵器或其他金屬，擺放在合宜之處，創造空間感。我在某些特別的醫院發現這些元素的存在，而效果正如我所預期。在這樣的空間，我們能感受到療癒的氛圍。

播放安靜祥和、為了促進療癒而創作的音樂，以及擺放宗教或傳統中認為具有療癒能力的聖人形象，都能讓空間不再只有功能性，也富有靈性。我的治療室中擺放了耶穌、佛陀、阿斯克勒庇俄斯（Asklepios）、聖母瑪利亞、阿提蜜絲（Artemis）[3]、觀音，還有禪宗佛像。我並不是想包容多元文化，只是上述那些我所瞭解並喜愛的靈性傳統，給了我許多療癒的洞見，我想從中汲取養分。

將心理治療轉化為照拂心靈的需求

在《傾聽靈魂的聲音》出版之後的二十五年間，我持續提供我稱之為「心理治療」的個人諮詢服務，不過我的版本是柏拉圖式（Platonic sense）的——服務或照拂案主的心靈。一般的心理治療與我提供的治療，主要的不同在於我的方式比較強調與心靈相關的面向，而不是如何管理人生，並解決所面臨的問題及情緒障礙。我並非不願意協助人跨越糾結的關係、處理過去的創傷，或是找到人生目標。我只是想要尊重對方當下面臨的狀態，讓狀況本身展現出潛在的美善。我不想當個情緒問題的解決者。

就定義來說，我的工作是要為心靈創傷及阻滯之處帶來持續、敏銳的智慧。我關注心靈的深度，而不是生活的表象，雖然心靈的狀態通常會在日常生活中顯現出來。我們也往往要等到問題浮現，諸如婚姻觸礁，或是如憂鬱、嫉妒或失落之類的緊急情緒狀況出現，才會注意到自己忽視了心靈。

我會從照顧一個人的心靈開始療程，而不只是協助他們解決人生問題。我注意到，在一個人的心靈深處，可能渴望著往某個方向移動，需要特別的關注，但在意識層面或受「英雄心靈」（heroic mind）的影響，卻想朝不同的目標前進。通常，一個人覺得傷心的時候，必然會希望感覺幸福快樂。但很明顯的，心靈深處自有感覺悲傷的理由，所以我不會幫助一個人尋找通往快樂的途徑，而是幫助他們探索心靈悲傷的原因。尋找悲傷的原因，最終有可能讓我們過著更快樂的生活，不過也很可能不會。最後，我們可能發現悲傷無法根治，但可以與之和平共處。

希爾曼對於心靈多重面向本質的重要論述，稱為「靈魂多面性」（psychological polytheism），在前段描述的狀況中就能派上用場。我們會發現這種無法動搖的悲傷的本質是什麼，能夠承認並包容它的存在，同時過著普遍來說仍然快樂的生活。

我盡量不要太執著於找出一個人痛苦的原因。如果我這麼做，很可能會變得過度強調案主內心的英雄主義面向。我更喜歡用輕鬆的方式，在接納及欣賞的氣氛中聽案主說故事。我仔細聆聽，每當心靈試圖顯現時，我總會發現自我對他們心靈的喜愛，屢試不爽。而在此同時，當心靈誕生時，他們所感受到那種生活和內心被撕裂的感覺，也讓我深有同感。

在這個痛苦的過程中，我的工作會使我對個案產生共鳴，但我不認為自己必須與任何人涉入這個過程。如果他們進行到一半就離開了，我知道他們會找到其他方式繼續這個過程。同樣的，我也不會多想療程是否終止或了結，療癒會以各種不同的形式持續。如果案主決定停止這種形式的治療，我不會大驚小怪，只會對他們的決定表示支持，因為照拂心靈之路是沒有終點的。療癒本身以更遼闊的形式持續進行，這就是靈性的觀點、解放自我的需求，以及類似禪宗大師的超然態度在療癒中扮演的角色。

我們都會試圖透過內心情結的濾鏡來看自己。如果我們極度渴望自由自在、無拘無束地生活，那麼當我們描述自己的狀況時，往往會受到這個情結很大程度的潤飾影響。通常，我能夠在工作時透過個案說的故事及表現自己的方式，瞥見此一情結，不過，夢境仍是內心情結最清楚的顯現方式。我仰賴夢境裡出現的跡象及引導，判斷案主當下的處境。有些人在治療中發現，研究夢境的成果可以應用到日常生活。我的方法主要是聆聽個案故事背後的涵義、想像故事中的畫面，找到故事背後的主題與案主夢境的關聯。

「建構」的主題非常常見。當個案描述童年故事及早期經驗時，我常發現他們試著「建構」另一種迥異的生活方式。可能是不同的職業生涯、與人交往的方式，或是對自我的不同認知方式，他們嘗試藉此建構另一種性格及人生。從他們的夢裡，我常會看到「蓋房子」事件。這樣人不見得是因為「想要打造不同的人生」來尋求我的協助，反而可能是因為憂鬱症或是缺乏人生目標。如果我著眼於處理憂鬱症——有許多原因都顯示這不是什麼好主意——便可能因此忽略了心靈真正的需求。夢境並沒有提到憂鬱症，只是顯現出建構新事物、更新舊事物的需求。

我經常能看到介於意識的意圖與希望這個面向，與另一端心靈的深層活動之間的對立。我承認有意識的欲望，但著眼於來自心靈的徵象。這是照拂心靈的心理治療，而不是試圖讓生活變得更美好。

心靈的靈性

一個人具備的宗教和靈性背景，或是付之闕如，都是進行心靈層面工作的豐富資源。靈性的幸福健康和身體與情緒的健康同樣重要，而且我們的心靈衝突往往會顯現在宗教或靈性的層面。靈性層次的情緒很惱人：由於人生意義產生的焦慮、罪惡感、對死亡的畏懼、對來世的疑惑、存在的孤獨感，以及不確定感。作為心理治療師，我從更深層的心靈角度看待這些問題。而我所運用的療法，自然而然地就會處理到靈性層面，也同時能處理愛情、金錢、工作、家庭，及與性有關的問題。

我在雪城大學攻讀博士學位時，自己重新定義了宗教。許多宗教的傳統及建築物都非常珍貴，不過宗教經驗的本質在於，我們瞭解人生中有無盡的難解之謎，圍繞著愛、死亡、疾病、意義、工作、家庭等等主題，這樣的觀點開啟了人生新的可能性，讓我們用一種更敏銳、更符合道德規範的方式與世界互動。對我來說，向難解的事物獻上敬意，就是宗教的精神。

不過，因為使用「宗教」一詞的方式不同，我的作品及工作方式有時候會遭到誤解。人們一聽到「宗教」這個詞，就會想到：組織、教義、道德勸說等等。而我聽到這個詞則會想到：深刻的意義和由衷的言語。對我來說，各個正式宗教互相較勁的時代已經過去。

我們現在會因為這些宗教的獨特性而充滿敬意，自這些宗教中發展出許許多多的洞見及啟發，對個人及社會來說都彌足珍貴。我樂於見到教堂和寺廟再度人滿為患，但不必然是信徒，而是尋找靈性指引及滋養的人。傳統是我們靈性生活的珍貴資源。

這種更細微也更複雜的宗教態度，用一種獨具創意的方式將心靈和精神交融在一起。儀式、形象、對故事的強調、讓個體參與的群體、齊心面對全球議題——這些面向能讓靈性實踐達到心靈的深度。也許靈性這個概念令人覺得太過模糊、輕飄飄，前段提到這種新興而深刻的、針對宗教元素的欣賞，將我們從必須參與一個組織的恐懼中解放出來，這種靈性的概念也許就能夠為社會注入目前迫切需要的宗教感受力。

心靈照拂

一九七〇年代我在雪城大學進行宗教的博士研究時，讀了一本改變我許多想法的書。那是一本學術著作，內容是關於阿爾布雷希特·杜勒（Albrecht Dürer）的版畫作品《憂鬱，其一》（Melancholia I）。這個作品刻畫的是沙騰（Saturn）的精神狀態，在他身上我們可以看到憂鬱情緒及創作天分同時存在。這本書成為我一生志業的起點，試圖從人類的痛苦情緒中找到美善。

數年之後，我結識了希爾曼，與他針對憂鬱進行了許多討論。他說像我們這樣重視外向性的社會，很自然的會從憂鬱情緒中找到內在性。他也說，有些想像力的特殊境界，唯有在憂鬱情緒當中才能達到。這是他在「負面」情緒中找到價值的論述。

以下我提出數點原則，是我用照拂心靈需求的方式進行心理諮商時的準則，相信能夠幫助所有想要活得更有靈性的人。

1. 為照顧心靈需求而活，不要為生活表面的需求忙碌。如果忽略心靈的需求，就會出現不適的症狀。可能會覺得憂鬱，與他人的關係可能讓我們覺得受傷。要注意「照拂心靈需求」及「規劃人生」的不同之處。

2. 不適的症狀是塑造心靈的原物料。若有情緒方面的問題，不要只想著擺脫它們。仔細探究，找到心靈的需求。這些症狀讓人痛苦，需要照料與調整，不過這些症狀中也包含著我們尋找的答案。

3. 不要只看事情表面，要看得更深。比如說，若有酗酒問題，就看看心靈想在酒精中尋找什麼。如果無法控制地暴飲暴食，就看看心靈缺少什麼養分。用詩意的方式思考，不要只看事情的表面做反應。

4. 花時間反思、與人對話。不要急著下決定並付諸行動。我不是要你被動消極，而是要深思熟慮。與人對話也有療癒效果。

5. 與信任的人討論，找到事情的不同觀點。我們對事情的解讀可能會受內在情結的影響，或出於困惑的情緒，或可能是為了保護自己免於遭受來自生活的傷害。我們必須保有一些具療癒效果的資源，療癒效果意味著對心靈有好處、有治癒的效果。

《傾聽靈魂的聲音》出版後，許多讀者與我分享他們的想法。他們發現，找到憂鬱症的正面影響非常有幫助。有些人認為，我說的憂鬱症其實只是比較普遍及輕微的悲傷情緒；有些經臨床診斷確定患有憂鬱症的人則說，他們在住院期間讀了我的書，雖然沒有治癒他們的憂鬱症，卻為患病這件事賦予了意義。

我建議僅在指涉臨床診療、醫學意義上的疾病時使用「憂鬱症」一詞，並使用更普通卻更精確的字眼來描述其他的經驗，例如悲傷、無望、灰心、失去意義等。這些經驗是心靈的疾病，要用靈性的方式來治療。

如果我們有慢性憤怒的傾向，那就應該探索個人生命的歷史，找出有正當理由生氣，卻沒有好好表達的經驗在何時出現。然後，不要只是發洩怒氣，還要將這股憤怒的能量融入日常生活。

我們可以總結出兩種照拂心靈的方式：一是在我們的過去之中，找到心靈無法跨越的特殊事件，試圖解開當時的心結。二是找到我們喜愛的活動或資源，在當下滋養我們的心靈，例如手工藝、藝術、玩耍、交朋友、親近動物、旅行、園藝、為他人服務……。

以上提到的都是蘇格拉底所謂的治療：這些事情讓我們正視心靈的重要性，讓心靈保持健康且充滿活力，避免讓心靈生病，產生像是憂鬱或沮喪的感覺。我們每天都在做選擇。我們可以選擇做傷害心靈的事，比如說受職業道德束縛，不可遏抑地想賺更多錢、追求物質的豐足等等。我們也可以選擇和喜歡的人待在一起，從事那些為我們內在深處帶來滿足的活動。將照拂心靈變成一種生活方式，我們就能達到希臘文所謂的「至福」（eudaimonia）——一種好的精神狀態，或者，用更深的層次來看，就是幸福。（陳乃賢 譯）

1 新英格蘭地區位於美國大陸東北角，包括六個州：緬因州、新罕布夏州、佛蒙特州、麻薩諸塞州、羅德島州、康乃狄克州。

2 原文如下：

The thin red jellies within you or within me, the bones and the marrow in the bones, ……

原文出自美國詩人惠特曼詩作〈歌頌體內電流〉（I Sing the Body Electric），收錄於詩集《草葉集》（*Leaves of Grass*）中。

3 阿提蜜絲，羅馬神話中稱黛安娜（Diana）。她是希臘神話中的月亮女神與狩獵的象徵，奧林帕斯山上十二主神之一。

緒論

二十世紀人類的最大病痛，是「心靈的喪失」（loss of soul）。它給我們帶來種種苦惱，影響我們個人和整個社會。心靈一旦遭到漠視，並不會拂袖而去；它會以症狀的形式出現在魔念、癮疾、暴力行為和人生意義的喪失中。我們的因應之道是孤立這些症狀，一個一個加以消除，但問題的真正癥結，卻在於我們已經喪失對心靈的知識，甚至對它不再感興趣。今天，當我們個人遭遇情緒和感情問題時，當我們的國家面臨種種危機時，我們缺少瞭解心靈——可為我們指點迷津的專家。然而，在我們的歷史中，確實有一群哲人留下了探討心靈的本質和需求的著作，因此我們可以從古籍中獲得指引，幫助我們找回失落的心靈知識。在這本書中，我將援引古哲先賢的智慧，對照我們目前的生活方式，以證明只要我們呵護心靈，就能夠為我們的種種苦惱找到紓解的法子，從而得到莫大的滿足和快樂。

給「心靈」（the soul）下個精確的定義，是不可能的。闡釋字詞的意義畢竟是知性的活動，而心靈則訴諸想像。直覺上，我們知道心靈和真誠及深度有關，所以我們常說，某些音樂曲子具有靈魂，或某個氣質出眾的人很有靈氣。我們仔細看看心靈呈現出的意象，就會發現它牽涉到生活的各個層面——可口的食物、愉快的交談、真誠的友誼，以及扣動我們心絃、銘刻在我們記憶中的種種經驗。心靈顯現在親密的人際關係、情愛和社區生活中，也流露在離群索居、反躬自省時。

從事心理治療的十五年間，我常感到驚訝，歐洲文藝復興時期的心理學、哲學和醫學的研究，對我的工作產生如此重大的助益。在本書中，這方面的影響顯而易見——我遵循文藝復興時期哲人們的做法，在神話中尋求啟發，並且大量引進那個時代的典籍，諸如瑪西里奧．費奇諾（MarsilioFicino）和帕拉西爾蘇士（Paracelsus）的著作。他們都是實事求是、熱愛智慧的人，經常接觸病患，將他們那種深具意象主義色彩的哲學，應用到最普通的日常事物上。

我也遵循文藝復興時期的做法，不將心理學和宗教分離。現代的心靈大師榮格曾說，每一個心理問題，歸根結柢，都是宗教問題。故而，除了心理輔導之外，本書也提供讀者一些精神上的指引。為求心理上的「健康」，某種精神生活是絕對必要的，但是，過度或不切實際地追求精神生活也會造成危險，導致種種衝動的甚至暴力的行為。有鑑於此，我在書中特地加入一章，專門論述精神生活和心靈的交互作用。

在他對煉金術的研究中，榮格曾說，這個工作創始於梅久利神（Mercury，希臘名為赫密士〔Hermes〕），也終結於他。我想，榮格這番評論也適用於本書。梅久利神是羅馬神話中的想像與虛構之神，也是以詭計、竊盜、變戲法著稱的神祇。自助的觀念容易導致過度的真誠。我常告誡我的病人，他們不應該過於熱烈追求真誠；忠實的工作，需要些許梅久利神精神。因此，在某種程度上，我也將這本書視為出於「杜撰」的自助手冊。沒有人能告訴你應該如何過活。沒有人敢說，他對心靈祕密的瞭解，透徹到能以專家的身分告訴別人。

這一切都指向本書的主題——心靈的呵護。傳統上，人們認為，心靈存在於理解與無意識之間，而它的工具既非心智，也不是肉體，而是想像力。我所瞭解的心理治療，只不過是將想像力帶到想像力空乏的領域，然後這些領域就能以症狀形式顯現出來。

踏實的工作、溫馨的人際關係、自我的實現、症狀的紓解——這些都是心靈賜給我們的，但在我們的時代中卻變得遙不可及，因為我們不再相信心靈，在我們的價值體系中，它不再占有任何地位。只有在它抱怨時——當它遭到漠視和虐待，就會騷動不安，給我們帶來痛苦——我們才會察覺心靈的存在。作家們早已指出，我們是活在一個分歧的時代：心智與肉體分離，精神生活和物質主義格格不入。但我們如何擺脫這種分裂？我們不能單靠「思想」走出這個困境，因為思想本身就是問題的一部分。我們必須脫離二元論的牢籠。我們需要第三種可能性，那就是心靈。

十五世紀時，費奇諾對這個問題曾有簡要的說明。他指出：心智經常優遊物外，我行我素，看來似乎和物質世界脫離了關係，而物質生活又是如此的迷人，以致我們沉溺於其中，忘卻精神的需求。他說，我們需要的是介於兩者之間的心靈，將心智和肉體、理念和生活、精神世界和物質世界結合在一起。

因此，在這本書中，我將提出一套方案，將心靈帶回人類的生活。這並不是新觀念。我只是將一個非常古老的概念，以現代人能理解的方式加以闡釋，希望對身處歷史關鍵時期的我們，能有一些幫助。世界以心靈為中心的觀念，可追溯到我們文化的太初時代。在我們歷史的各個時期中，它一再被詮釋，出現在柏拉圖的著作、文藝復興時期神學家們的實驗性學說、浪漫主義詩人的書信和作品，最後歸結於佛洛伊德的心理學。佛洛伊德讓我們窺見充滿記憶、夢幻和情感的心靈下層世界。榮格闡明佛洛伊德剛萌芽的理論，坦然為心靈提出辯解，並且提醒我們，這方面老祖宗有許多東西值得我們學習。最近，我的導師和同事詹姆斯．希爾曼結合圈內的其他人士——諸如沙德羅（Robert Sardello）、羅培茲－裴德雷薩（Rafael Lopez-Pedraza）、貝麗（Patricia Berry）和齊格勒（Alfred Ziegler）——對心理學提出一套新的探討方法，既尊重這段歷史，又能遵循費奇諾的忠告，將心靈安置在我們生活的核心。

在現今的社會，我們將宗教和心理學、精神陶冶和心理治療分隔開來。這個裂痕需要加以彌補，但若想做到這點，我們就必須徹底檢討目前我們在心理學上的所作所為。心理學和精神生活必須視為一體。在我看來，這個新的結合意味目前這種心理學的終結，因為它本質上是現代的、俗世的、以自我為中心的。新的觀念、新的語彙和新的傳統必須發展，從而建立和實踐我們的理論。

文藝復興時期和浪漫主義時代的先賢先哲，以及現代的佛洛伊德、榮格、希爾曼和他們的同僚，全都回歸到古老的文化，以復甦他們的想像力。我們也迫切需要這種復甦，讓古老的智慧和作為配合我們現今的處境，從而獲得新生。文藝復興時期的偉大思想家孜孜不倦，努力調和醫學和巫術、宗教和哲學、日常生活和靈修、古老的知識和最新的發現與發明。如今我們面對的是同樣的問題，只有一點不同：我們距離魔幻和神話時代更遙遠，而對我們來說，科技既是一種巨大的成就，也是一個沉重的負擔。

我們這個時代最普遍的情感上的煩惱，也是我們這些心理治療人員執業時經常聽到的，包括：

空虛

人生沒有意義

莫名的抑鬱

對婚姻、家庭和人際關係失望

喪失價值觀

渴望充實自己的生命

渴求精神生活

這些徵狀全部反映心靈的淪喪，並藉此提醒我們，心靈渴求的究竟是什麼。我們一味追求娛樂、權力、親密關係、肉欲滿足和金銀財貨，而我們以為，只要找對了關係和工作，找對了教堂和心理診所，我們就能夠獲得這些東西。然而，缺少心靈，不管我們獲得什麼，到頭來都是空虛的，因為我們真正渴望的是這些人生層面中所蘊含的心靈，缺乏心靈的滋潤，我們一頭栽進物欲的滿足中，無休無止，以為「量」可以彌補「質」的不足。

陶冶心靈能滿足我們的渴求，紓解折磨我們的症狀，但並不能帶我們脫離人生的苦痛或死亡。一個具有心靈的人格是複雜的、多面的，是痛苦和愉悅、成功和失敗塑造成的。心靈生活也不免有其陰暗的時刻，偶爾也會讓人做出愚蠢的行為。只要我們能擺脫不切實際的妄想，不奢求得救，就能解除束縛，達到自我認識和自我接受的境界，而那才是心靈的真正基石。

有幾個描述陶冶心靈的古典辭彙，在現今的社會還頗適用。柏拉圖用過 technetoubiou 這個辭，意思是「生活的技藝」（the craft of life）。在深一層的意義上說，techne 指的不僅是機械性的技能和工具，而是涵蓋種種藝術性的操作和審慎的塑造。現在，我們可以說，心靈的陶冶需要我們以藝術家的敏感和謹慎，從事雕琢生命的工作。心靈不會自動地注入生命。它需要我們巧妙的操作和專心的照拂。

心理治療的工作中，有許多術語具有宗教的含意。在柏拉圖的著作裡，蘇格拉底曾說：「治療」（therapy）意指奉祀神祇。他指出，「治療師」（therapist）是聖器監護者，亦即在祭祀中負責執行禮儀的人。柏拉圖用的另一個辭是「照顧自己」（heautouepimeleisthai）。在希臘文中，「照顧」也指尊崇神祇和死者。無論如何，我們必須瞭解，除非我們能體認這個神祕的觀念，否則我們無法解決「情感」上的問題：尊崇神祇和死者，是一種基本的「照顧」，也是我們人類必須帶回生活中的。

柏拉圖之後的羅馬作家阿普例烏斯（Apuleius）說：「每個人都應該知道，培育心靈乃是生活的不二法門。」照顧也可以指培育、觀察和參與——我們看著心靈的種籽萌芽茁壯，成長為我們稱為個性或人格的東西，具有歷史、社區、語言和一套獨特的神話。心靈的培育意味一輩子的辛勞耕作。農夫耕種他們的田地，我們培育我們的性靈。故而，陶冶心靈的目標並不是調整我們自己，以適應世俗的標準，也不是把自己塑造成統計數字上的健康人。相反的，我們的目標在於培養一個多姿多彩的人生，而這個人生和社會與大自然連結在一起，組合成家庭、國家和世界文化。陶冶心靈不是虛應故事，而是在內心中和我們的祖先同聲相應，和其他許多社區中的兄弟姊妹們同氣相求。

受盡世人誤解的希臘哲學家伊比鳩魯認為，人生的目標在於追求簡單的樂趣。他在著作中寫道：「謀求心靈的福祉，絕不會太早也絕不會太遲。」伊比鳩魯是素食主義者。他鼓勵門徒互相通信，以建立親密的感情。他在花園中授課，一邊教書，一邊享用散置在身旁的簡單食物（諷刺的是，他的名字從那時起便成為縱情美食、耽於肉欲的象徵）。這種強調簡單樂趣的觀念，在探討心靈的整個傳統中，涓涓不絕。我們思考陶冶心靈的意義時，不妨記住伊比鳩魯學派的基本信念：我們尋求的報償，可能是相當平凡的，它可能就存在於我們身邊，而我們卻仰望天上的星星，期待非比尋常的的啟示和完美的境界。

心靈的陶冶是靈感的泉源。我常認為，文藝復興時期義大利探討心靈的風氣無比興盛，激發了那個時代輝煌的藝術。我們若能抱著平常心，既不過分多情也不過度悲觀，跨入心靈的神祕世界，就能鼓舞生命展現各自的姿彩，顯露令人驚喜的美麗。陶冶心靈的目的，並不是解開人生的謎團；相反的，它讓我們體會到人生充滿種種詭譎矛盾的現象，而這些現象揉合光明與黑暗，就形成了多姿多彩的人類生活和文化。

在這本書中，我們將探討「照顧」（care）和「治療」（cure）之間的重大差異。我們將探究日常生活中一些普遍的現象——只要我們不再把這些現象當成有待解決的問題，它們就能夠提供我們陶冶心靈的機會。接著，我們將從心靈的觀點，探索精神生活的意義——在宗教和神學形而上的理想之外，提供另一個觀察精神生活的角度。最後，我們將探討，如何活得有藝術品味和情趣，以陶冶我們的心靈。心理學若未能充分結合精神生活和藝術，就不算完整。

閱讀本書時，各位不妨拋棄原有的成見，不再操心要如何活得有出息、要如何瞭解自己。我們無從徹底瞭解人的心靈，不如以輕鬆的態度，思考一下這一生是怎麼走過來的。這兒提出的一些觀點也許出人意表，但驚訝本來就是羅馬神祇梅久利賜給我們人類的禮物。將大家熟悉的問題稍加扭曲，給它一個新的面貌，有時反而更能產生啟發作用，到頭來，比獲取新知識和一套全新的準則更有意義。通常，當我們運用想像力，將平凡普通的事物扭曲成一個稍新的形貌時，驟然間，我們看到了一直隱藏在那兒的靈魂。

那麼，就讓我們將陶冶心靈看成是在日常生活中注入詩的藝術。我們在這兒要做的，是重新思考那些我們自以為已經瞭解的事物。我們若能像梅久利那樣，以機智和幽默看待人生，心靈——古時候的詩人說，它有如蝴蝶般飄忽不定——就非常可能顯現，而我的寫作和你的閱讀就能成為陶冶心靈的一種方式。

I

心靈的陶冶

除了內心情感的神聖和想像力的美妙真實，我對任何事都不敢確定。

——英國詩人濟慈（John Keats）

第一章

傾聽心靈發出的訊息

許許多多的人，每週一次定期和心理治療師見面。困擾他們的問題，他們已經談論過不知多少次；這些問題在情感上給他們造成莫大的痛苦，使他們的日子過得悲慘不堪。儘管療法有所不同，大致上治療師分析問題的癥結，有些溯源到孩提時代的親子關係，有些將問題歸咎於某種重大的緣由，諸如心中怨氣鬱積、家中有人酗酒或小時曾遭虐待。不論採取何種治療方法，目標總不外是消弭這些核心問題，使身心恢復健康或快樂。

照拂心靈，則是截然不同的一種對待日常生活和追求幸福的方式。重點也許根本就不在問題上。為使心靈得到陶冶，有人購買或租下一塊好地，有人選擇一所適當的學校或科系就讀，有人粉刷自己的房子或臥房。陶冶心靈是持續不斷的過程；它的目標不在「矯治」

一個嚴重的弊病，而是注意日常生活的瑣碎細節，一如注意重大的決定和改變。

心靈的陶冶，重點也許根本就不在人格或人際關係上，因此它並不屬於一般的心理學。關懷周遭的事物，重視家庭生活和日常作息，甚至留意我們的服裝，在在都是陶冶心靈的方式。五百年前，費奇諾撰寫自助手冊《生命之書》（*The Book of Life*）時，特別強調審慎選擇顏色、香料、香油、散步的地點和遊覽的國家——這些都是日常生活中非常具體的決定，日復一日，滋養或困擾我們的心靈。我們不常想到心理，但每次想到時，總把它當作頭腦的表兄弟，因此認為它本質上是內在的。然而，古時的心理學家卻指出，我們自己的心靈和世界的心靈不可分割，而且兩者都存在於組成大自然與文化的種種事物中。

因此，照拂我們的心靈時，首先要認清的是，基本上它並不是解決問題的方法。它的目標不在祛除生活中所有問題，而是賦予日常生活深度和價值。在某些方面，它比心理治療更具挑戰性，因為它意圖在家庭和社會中培養一個具有表現能力、充滿意義的生命。它更具挑戰性，因為它要求我們每一個人都發揮想像力。接受心理治療時，我們把問題攤在受過訓練的專業人員面前，指望他運用他的專業知識，為我們解決問題；照拂心靈時，我們自己得負起安排和塑造生命的責任，以增進心靈的福祉，並享受從中獲得的樂趣。

認識心靈

首先，讓我們看看我使用的這個詞「照拂心靈」（care of the soul）。「照拂」（care）意味以一種柔和的方式回應心靈的需求。護士的工作就是照拂病人，而「護理」（nurse）正好是希臘字 therapeia（治療）最初的意義之一。我們會發現，在許多方面，照拂心靈就是回歸到早期那種形式的治療。「照拂心靈」這個詞中的「照拂」，原本是拉丁字 cura。它有好幾個意思：注意、奉獻、審慎處理、裝飾身體、治療、經營、關懷、奉祀神祇。我們最好把這些意思都記在心裡，然後盡量以具體的例證，看看我們如何從今天這種心理治療，轉變到對心靈的照拂和陶冶。

「心靈」（soul）不是一種物體，而是一種性質，或是體驗生活和認識自我的一種層次。它牽涉到深度、價值、相互關係、心和個人特質。在這兒，我不把心靈當做宗教信仰中的一個事物，也不把它看成和永生有關係的一種物。當我們說某人或某個東西充滿靈氣時，我們知道它的意思，但要具體地、精確地加以說明，卻並不容易。

照拂心靈的第一步，是省察心靈顯現和運作的方式。除非我們熟悉它的習性，我們無法照顧和陶冶我們的心靈。「省察」（observance）是源自祭典和宗教的一個字，意指監督，同時也意味遵守和崇奉，譬如慶祝某個節日。這個字中的—— serv ——原本是指照料羊群。省察心靈時，我們得監視它的羊群，看看哪一隻在放牧時走失了——最近我們染上了什麼癮、作了什麼特別的夢、心裡有什麼煩惱等等。

這兒，我對「照拂心靈」所下的定義是最基本的。它要求的是適度的照顧，並不冀求奇蹟式的治療。我們面對自己或處理相互間的關係時，這個審慎的定義會發揮實際的效用。例如，倘若我把省察和尊重心靈的需求，看成我對自己、對朋友，或對接受治療的病人的一種責任，我就不會拿維護健康當藉口，袪除任何東西。值得注意的是，一般人總以為，擺脫了困擾他們的東西，他們的日子就會好過些。「我必須革除我這個習性。」有人會這麼說，「請幫我袪除自卑感」、「請幫我戒菸」、「請幫我擺脫失敗的婚姻」。身為心理治療師，如果我遵照病人的要求，那我一天到晚都會忙著掃除病人身上的東西。但我不想根除問題。我不以為我應該扮演消滅的角色。相反的，我設法把困擾他們的問題交還給他們，讓他們知道，這些問題是必要的，甚至是有價值的。

人們省察心靈顯現的方式時，非但不會使生命貧瘠，反而會使它更豐富。他們收回屬於他們的東西——他們原本以為這些東西非常可怕，必須切除、拋棄。你只要敞開心胸，面對你的心靈，你就會找到隱藏在疾病中的訊息，發現蘊含在懊悔和其他令人不安的感覺中的懲戒，領悟沮喪和焦慮所帶來的必要改變。

讓我舉出一些例證，說明怎樣做才能豐富而不損害生命，使我們的情感更加健全。

一位三十歲的女人來找我，接受心理治療。她說：「我的人際關係很糟，因為我太過依賴。請幫助我減少對別人的依賴。」

她要求我袪除掉她心靈中的某些東西。我應該打開工具箱，拿出外科手術刀、鉗子和唧筒，來執行這項任務。然而，我卻秉持尊崇心靈的原則，絕不能從事這種掠奪行為。因此我問她：「依賴別人為什麼會讓妳感到困擾呢？」

「這樣做讓我感到軟弱無力。況且，太過依賴別人也不是好事，我應該獨立自主。」

「妳怎麼曉得，妳的依賴超過了適當的程度呢？」我仍為發自心靈的依賴辯護。

「我開始瞧不起我自己。」

「我在想，」我繼續我的論點，「妳能不能找到一種方法，讓妳保持對別人的依賴，同時又不會感到軟弱無力？畢竟，我們每個人每一天每一分鐘都要互相依賴的呀！」

談話就這樣繼續下去。這位婦人坦承，她一直很單純地認定，獨立是好的，依賴是壞的。從談話中我注意到，儘管她非常嚮往獨立，但在生活中她似乎沒有享受到多少獨立。她認同依賴，從另一邊觀看獨立自主。不知不覺中，她接受了時下流行的觀點——獨立是健康的；當心靈顯現出對依賴的渴望時，我們應該糾正它。

這位婦人要求我，幫助她擺脫她心靈中依賴的一面，然而這樣做不啻是跟她的心靈作對。儘管她的依賴使她不安，但並不表示應該懲罰或切除它；它之所以一再困擾她，也許是因為它需要照料。她勇敢地追求獨立，也許是要躲避和壓制她內心中對依賴的強烈渴求。為了使她好過些，我試著改用其他和「依賴」相關，卻沒有「軟弱無用」含意的字眼。

「難道妳不願跟別人交往，向他們學習，跟他們親近，互相扶持，向妳尊敬的人請益，成為社區的一份子，互相幫助，和某個人建立甜美得無法割捨的親密關係？」

「當然願意，」她說，「那是一種依賴嗎？」

「我覺得那是依賴，」我回答，「和每件事情一樣，有得必有失，妳得接受伴隨依賴而來的無力感、自卑感、順從和喪失自主。」

我覺得，這位婦人和其他有類似困擾的人一樣，刻意把這些感覺誇大成過度的依賴，以迴避親密的關係和友誼。有些時候，我們活在這些誇大的感覺中，以為我們對別人的依賴已經到了病態的程度，事實上，我們是在避免和周圍的人、社會以及整體的生活建立深厚的關係。

觀察心靈的動態、傾聽它傳出的訊息，是「遵從徵兆」的一個途徑。一般人為了彌補自己的缺失，往往受到相反的現象吸引。自認為非常依賴的人，會覺得只有追求獨立自主，才能獲得健康和快樂。然而，這種一百八十度的轉變，往往是自欺欺人的。詭譎的是，這個人依舊陷身在同樣的問題中，只不過換了個方向。他對獨立的渴求，使得裂隙無法縫合。因勢利導的做法，是遵從心靈所顯現的徵兆，而不反其道而行——學習如何適度地依賴，一方面既能滿足自我，另一方面又不致造成依賴和獨立之間尖銳的對立。

棄絕心靈的另一個做法，是不自量力，好高騖遠。一個垂頭喪氣的男子來找我，他對目前的工作非常不滿意。他在同一間工廠工作了十年，一心只想逃離。他打算回到學校念書，進入他喜歡的行業。他把全副心思放在逃離上，在工廠的工作就受到了影響。一年年過去了，他還是鬱鬱寡歡，憎恨他的工作，渴望實現他的雄心壯志。

「你有沒有想過，」有一天我問他，「接受現實，全心全意做你投注那麼多時間和精力的工作？」

「不值得，」他說。「這種工作不必我來做，機器人會做得更好。」

「但你每天都做這個工作呀，」我提醒他，「而你沒有用心，自己又因此感到很窩囊。」

「你是說，」他滿臉懷疑，「我應該把心放在這個愚蠢的工作上？」

「你是做這個工作的，不是嗎？」

過了一個星期，他來告訴我說，自從他開始認真對待這個「愚蠢」的工作後，他內心有了某種轉變。接納了命運和情感，他似乎開始嘗到生命的果實，甚至可能找到一條透過他的經驗、實現他的願望的途徑。以往他身在工廠，心思卻像一群迷途的綿羊，終日四處遊蕩。他過的是疏離和分裂的生活。

尊重心靈的需求表面上很簡單。你把以前遺棄的東西找回來。你珍惜眼前所擁有的，而不一心想望遠在天邊的東西。在〈朝向至高的虛構〉（Notes Toward a Supreme Fiction）這首詩中，詩人華萊士·史蒂文斯（Wallace Stevens）寫道：「也許真理會在環湖散步一周時顯現。」心理治療有時太過強調改變，以致人們經常忽略他們的本性，轉而追求那些可望而不可及的理想，誤以為那才是正常美好的人生。在〈答巴比尼〉（Reply to Papini）詩中，史蒂文斯說得更明白：「經過現實人生的道路，比通往來世的道路更難尋找。」心理學家希爾曼把這句詩當作他治學的座右銘。

文藝復興時代的哲學家常說，使我們成為人類的是心靈。我們可以把這個觀念倒過來說：我們愈發揮人的本性，就愈能表現心靈之美。然而，現代心理學也許因為和醫學關係密切，常被當成一種治療的方法，試圖把人從人生本來就有的種種煩惱中解脫出來。我們想迴避負面的情緒和感覺，擺脫錯誤的人生選擇和不良的習慣。但是，如果我們的首要目標是體察心靈的本來面貌，那麼，我們也許就必須放棄得救的願望，更加尊重人的本性。一味規避人類的弱點和缺失，只會使我們遠離心靈。

當然，有時很難體察心靈離奇的表現方式。一位很有才華的年輕婦人曾向我抱怨，她有飲食方面的困擾。要把這個折磨了她三年的症狀說出來，讓她覺得很尷尬。她常一連幾天不吃東西，然後狼吞虎嚥大吃一頓，吃完就嘔吐出來。這種循環已經完全失控，沒完沒了。我們如何看待心靈這種痛苦的甚至威脅生命的顯現方式？屈服於這種可怕的症狀和無可救藥的衝動，合理嗎？這種不受理性控制的極端情況，有它的必然性嗎？每次我聽到這樣的抱怨，看到一個人如此受苦時，我就開始檢視我省察心靈活動的能力。我感到厭惡嗎？

我把自己當成一個救星，準備盡一切可能，把這位婦人從痛苦的深淵中解救出來嗎？我能理解，這些不尋常的症狀只是生命中的迷思、儀式和詩篇嗎？

任何護理，肉體的也好，心理的也好，基本目的在於減輕人的痛苦。然而，在進行和症狀本身有關的省察時，我們首先必須仔細聆聽、觀看病人的痛苦所透露出來的訊息。治療的意圖，只會妨礙觀察。做得少，反而成就更多。心靈的省察，在運作上屬於順勢療法（homeopathic，譯按：用與該病原體同性質之其他病原體治療的方法）而非對抗療法（allopathic）；弔詭的是，它視病痛為友而非敵人。這種護理不講究大動作，頗具中國道家的色彩。《道德經》輔物章第六十四有言：「復眾人之所過，以輔萬物之自然而不敢為。」這正是呵護心靈者的最佳寫照。

仔細省察心靈並不容易——這需要時間，步步為營，讓心靈進一步顯現出來。你必須依賴每一門知識和每一點理智，你必須涉獵廣泛，把智慧和想像力帶進這個工作。然而，這種「無為之為」同時必須是簡單的、充滿彈性和包容的。智慧和學識把你帶到行為的邊緣，這一刻，你心中一片空白，不具任何企圖。許多宗教儀式，開始時必先洗手或灑水，象徵清滌意圖，沖刷掉心中種種思緒和意向。從事省察心靈的工作，我們不妨使用這種儀式，只要能夠幫助我們清除心中出自善意的虛誇意圖。

這位年輕婦人的心靈，透過食物的意象，展現目前流行的一個迷思。一連幾個星期，我們探討食物在她以往和現在的生活中扮演的角色。她說，在父母親面前，她總是感到侷促不安。她想在世界各地流浪。她不喜歡待在家裡，但由於經濟因素，不得不和父母同住。她還記得，她的一個兄弟有一次很曖昧地觸摸了她一下。她沒遭受過性虐待，但她對自己的身體極端敏感。我們漸漸談到，身為一個女人，她對自身性別的複雜感受。

然後有一天，她告訴我她作了個夢。我覺得，那個夢反映出她問題的根本癥結。夢中，一群老婦人正在屋外準備一場盛宴。她們用巨大的鍋子，在火上燉煮各式各樣的食物。她們邀請她參與烹飪的工作，成為她們的一份子。最初她感到很生氣——她不願意跟這些頭髮灰白、身穿黑色農婦服裝的老太婆為伍——但終於還是答應加入她們的行列。

這場夢呈現的景象，正是這位婦人最懼怕的：她那原始的女性特質。雖然她很珍惜她那頭飄逸的金髮，也喜歡和其他女人交往，但卻十分討厭月經，更不能忍受有一天要生兒育女。這個夢境很值得探討。它是一種原始的入門儀式，把這位婦人帶進一個和她的症狀有密切關係的神祕境地。這位婦人的問題，因而有了解決之道：這場夢幫助她認識女性原始的、深沉的根源，幫助她發現如何真正的滋養自己的身心。

儘管夢境是在睡眠中出現，卻是一種有效的儀式。我們的職責，不是詮釋夢中的各個人物，而是體察這些儀式的意義和重要性。為什麼這位婦人看到一群老太婆站在一排大鍋前燉煮食物，就會感到焦躁不安？經過一番討論，我們發現她對這群老婦的恐懼，隱藏著困擾她一生的一些問題。譬如，她對自己的身體有某種不安的感覺；又譬如，家中有某些女人讓她感到厭惡。她談到父親對她的疼愛，也談到她對父親的複雜感情。這場夢是否具有一種特殊的「意義」，可以用來解釋她的症狀，這點並不重要；重要的是，它激發了深沉的思維和記憶，而這些全都和她的食物問題有關。這個夢使我們更能強烈地感受她的遭遇，更能精確地想像她經歷過的事情。

感受和想像，聽來也許沒什麼。但在照拂我們的心靈時，我們必須信任自然的治療能力，而這點透過「無為」就可以達成。我們根據的假定是：「想像」先於「存在」。當我們陷入各種衝動性的行為和情緒時，若能在想像中看清我們的處境，我們就知道如何調適自己，度過這些困境，而不會感到那麼痛苦。

偉大的十六世紀醫師帕拉西爾蘇士對醫療的看法，適用於我們對心靈的照顧：「醫師只是自然的僕人，而不是它的主子。因此醫學理應遵奉自然的意志。」在照拂我們的心靈時，我們想像，連厭食症那樣使人類煩惱的症狀，也具有它本身的意志，而「治療」在某些方面意謂遵奉那個意志。

遵奉之心，能發揮相當大的力量。譬如說，你慶祝聖誕節，由於你有遵奉之心，你就會深深受那個特殊節日感動。聖誕節的氣氛和精神觸動你的心，久而久之，定期的遵奉能深深影響你的心靈。又譬如說，你在一場葬禮中擔任護棺人，你在墳上灑土或聖水，遵奉之心就會將你深深帶入喪禮和死亡的經驗中。多年後，這一幕仍會鮮明地銘刻在你心中，甚至會在你的夢境出現。簡簡單單的動作，發生在日常生活的表面，卻可能對心靈產生深遠的影響。

現代介入式的心理治療，有時試圖解決特定的一些問題，因此可以在短期的基礎上進行。然而，我們對心靈的照拂，卻是無休無止的。中古世紀的煉金家似乎體認到這個事實，因此他們教導學生，每一個結束就是一個開始。照拂心靈的工作，全都採取循環（拉丁文中的 rotatio）的方式。接受心理治療的人常問我：「你一再聽病人訴說相同的事情，不會感到厭倦嗎？」「不會，」我回答，「我喜歡聽老故事。」我把煉金術上的循環銘記在心。夢的結構顯示，一再重溫生活中的一些現象和經驗，是心靈的特質。

我們在回憶中一再思索相同的事情，從不感到厭倦。童年時期，好幾個夏季我住在一座農莊上，聽叔叔講他那些永遠講不完的故事。如今我才曉得，這是他處理生活素材的方式：透過故事的循環，反覆咀嚼他的經驗，而在不斷的講述中，發現更深一層的涵義。講故事是陶冶心靈的很好方式，幫助我們發現我們生活中循環出現的主題——那種深沉的、揭露人生迷思的主題。從事心理治療時，我們只需稍微調整重心，就能把焦點從故事的意義轉移到講故事本身。

學習愛惜心靈

我在原型心理學之父詹姆斯．希爾曼門下受教時學到的最寶貴知識，就是培養對心理活動的好奇心。他認為，心理學家應該是「心理的自然主義者」。專業心理學家必須經常「實地考察」——這點，希爾曼自己真是身體力行。從這個角度看，心理學家就像植物學家，最關心的是自然（對心理學家來說，那指的是人的本性）。這個觀念適用於專業心理學，也同樣適用於我們每個人對自己心靈的觀照。陶冶心靈，首先得培養強烈的好奇心，觀察心理現象在自己和別人身上產生的方式。

佛洛伊德的著作《夢的解析》（*The Interpretation of Dreams*）基本上屬於這一類心理學。他分析自己作過的夢，透過自我分析建構出一套理論。從他的著作中我們可以看出，他對自己的內心狀態具有強烈的興趣。他和我那位叔叔一樣，喜歡講故事和夢，而我叔叔的故事也已經凝聚成了一套生活理論。面對我們自己的經驗，我們每個人都可以成為佛洛伊德。對心靈好奇，是愛護它的一種方式。誠如古時和現代許多有深度的心理學派所指出的，終極的治療來自愛心，而非邏輯。從事這種工作，理智幫不上太大的忙，但是，表現在耐心和體貼的愛，卻能把迷失在人生種種困惑和苦惱中的心靈尋找回來。心理治療師面對的問題，大多（如果不是全部）和愛有關。這已經是一個公認的事實。因此，理所當然的，治療之道在於愛。

要對自己的心靈產生好奇，就必須給自己一個思考和欣賞的空間。通常我們太過沉湎於心理活動中，以致不能退後一步，好好觀察這些活動。保持些許距離，能讓我們在構成心靈的諸多要素中，發現它的原動力。只要對這些現象好奇，我們就會開始體認到我們生命的複雜。通常，這種複雜是在不知不覺間，透過生活中的種種煩惱，混亂地從外界侵襲我們。如果我們對心靈有更深的瞭解，也許就能坦然面對生命中的衝突。每次有人來找我，焦慮地向我訴說他的困境時，我就會懷疑，他自認為難以解決、需要專業人員插手的苦問題，事實上只是生命的複雜性再度顯現而已。在日常生活中，一般人有一種相當天真的心理態度，期望生活和人際關係單純。愛惜心靈，就必須對它的複雜性有所瞭解和體恤。

陶冶心靈時我們要做到這點：對我們內心深處所發生的衝突，我們必須保持中立。我們必須拓展心胸，讓它容納得下人生的種種矛盾和弔詭。

一位五十多歲的男士來找我，滿臉尷尬的告訴我說，他戀愛了。

「我覺得自己好傻，像個小男生。」他說。

這種話我聽多了，大家都以為只有少年男女才配戀愛。對藝術和文學史有所涉獵的人都知道，從古希臘人開始，愛情就一直被描繪成血氣方剛的少年。

「喔？」我說，「你不喜歡這種青春的感覺嗎？」

「難道我就永遠長不大嗎？」他很沮喪。

「也許吧！」我說，「也許你內心中有某些東西永遠長不大，也許它們本來就不應該長大。這種突如其來恢復青春的感覺，難道不讓你感到年輕、朝氣蓬勃、充滿活力嗎？」

「沒錯，」他說，「但同時也讓我感到愚蠢、不成熟、困惑和瘋狂啊！」

「但那就是青春呀！」我回答他，「聽起來，就好像你內心中的老人在指責你內心中的少年。為什麼一定要把『長大』看成人生至高無上的目標呢？也許我該這麼問：在你內心中，究竟誰在強調成熟的重要？是你內心中那個老人，對不對？」

我要為他內心中那個飽受攻擊、批判的少年人辯護。這位男士必須開拓他的胸懷，讓老人和少年在他心中都各得其所，和平共存，久而久之——說不定得花上整整一生——也許會達成某種程度的和解。這類衝突，一輩子都消弭不了。事實上，這樣的衝突有益身心，也許根本就不應該勉強加以解決。我們不妨讓內心中的老人和少年各有發言的機會，讓心靈顯現它的真面貌，而不扭曲它。面對這位男士的問題時，我雖為他內心中的少年辯護，但也小心翼翼，避免譴責他內心中的老人，這樣做，顯示我關懷他的心靈，給他一個機會，找出一個法子節制這種永恆的衝突——青春對老年、童稚對成熟。在雙方交互激盪的過程中，心靈變得更加複雜，也變得更加開闊。

「照拂」與「治療」

照拂與治療之間有一個極大的差異：治療意謂病痛的終結。你的病醫好了，你就不必再煩惱。但照拂卻含有持續看護的意思，無休無止。心靈中的衝突也許永無徹底解決的一天。你的個性不可能徹底改變，雖然它可能產生某種有趣的轉化。當然，你對人生的認知能夠改變，但心靈的問題可能繼續存在，跟定你一輩子。

如果我們將心理學上的工作看成持續不斷的照拂，而不一味尋求治療的方法，這一行的本質會起劇烈的變化。我們可以坐下來，慢慢觀察，仔細傾聽，讓人們的心靈逐漸顯露出隱沒在日常生活紛擾中的深沉祕密。如此一來，心靈的問題就能提供我們一個思考的機會，不受匆促、瑣碎的日常生活干擾。一旦我們停下腳步，好好思考發生在我們身上的事，探索內在的本質，我們的心靈就會「焠變」——借用自煉金術的一個術語。心靈會產生轉變，但不是根據事先的籌畫，也不是外力介入造成的。如果我們細心照拂心靈，發揮理智的、持久的想像力，改變就會在不知不覺間發生，直到轉變完成，我們才會察覺。刻意的、勉強的尋求改變，只會阻礙轉化的過程——這種弔詭，在陶冶心靈時不可不留意。

和現代心理治療理論根源大不相同的古代心理學認為，每一個人的命運和性格，是在神祕狀態中誕生的，而我們的個人特質是那麼的深沉、那麼的隱晦，以至於需要一輩子的時間，才能讓真正的個性顯現。文藝復興時期的醫師說，每一個人的本質精髓，根源在於天上的星宿。現代人卻認為，人的個性是自己塑造成的。兩種觀點的差異，是如此的巨大。我們如果回頭，向古代心理學尋求靈感和指引，會發現心靈陶冶超越迷戀自我的世俗神話，它恢復每一個個體生命的神聖。這種神聖的性質不僅是價值而已——所有生命都是重要的。它是深不可測的神祕境界，是每一個個體生命的種籽和核心。膚淺的現代心理治療，目標是讓病人恢復「正常」，或根據世俗標準調整病人的生活，結果卻損害到那個神祕的境界，使它縮減為狹窄淺薄的「社會公分母」，而美其名曰「經過調適的人格」。講究陶冶心靈的人，著眼點卻完全不同。他們欣賞人類苦難的神祕，並不冀求一個虛幻的、完全擺脫病痛和煩惱的人生。在他們看來，人生旅程中每一個愚昧的錯誤、每一樁困惑的經驗，未嘗不是一個大好機會，讓他們發現盤據在迷宮中央的那隻惡獸，原來也是一位天使。一個人的獨特本性是由兩種極端構成的：它既是理性、正常的，但也具有瘋狂和扭曲的一面。我們若能體會這種正常與反常交織的弔詭，就更能瞭解我們那充滿神祕、誕生自天上星宿的本性。

顯然，討論心靈的陶冶時，我們需要一套不同於心理治療和學院派心理學的語彙。如同煉金術，心靈的陶冶是一種藝術，因此只能透過詩的意象說明。神話、美術、世界各大宗教以及人們日常作的夢，都能提供這些珍貴的意象，使我們可以同時擺脫和揭露心靈的奧祕。尋找指引，我們也可以求助於不同領域的專家，尤其是具有詩人氣質的心靈研究者，諸如古代神話和悲劇作家、文藝復興時代的醫師、浪漫時期的詩人以及當代有深度的心理學家。這些人都尊重人類生命的神祕，拒絕將人類生存經驗世俗化。我們需要寬闊的視野，才能體會每一個人內心中都存在著一片天、一塊土；如果我們需要照拂我們那顆心，除了理解人類的行為之外，我們還必須認識那片天和那塊土。文藝復興時代的醫師帕拉西爾蘇士告訴我們：「一個真正的醫師，必須瞭解問題的本質，必須觀察和辨認存在於人體外大宇宙中的種種病症，必須對人和他的本性有整體的認識。如此，他才能探究人體內的疾病，檢查病人的尿液，測量他的脈搏，瞭解每個問題的根源。倘若對人的外在，也就是對天和地缺乏深刻的認識，就不能真正治癒人的疾病。」

希臘神話中有一個人身牛頭、嗜食人肉的怪物，居住在迷宮的中央。他生性殘暴，卻有個美麗的名字「艾斯提里安」（Asterion），希臘文中的星星。每當我面對一個流淚的病人，傾聽她訴說她所遭遇的苦痛——死亡、離婚、沮喪等等時，我就不免想起這個弔詭的神話故事。在她內心騷動的是一隻怪獸，但也是她最深沉的本性中的星星。我們必須以極度莊重的態度看待她所受的苦痛，如此一來，我們對怪獸表示恐懼和憤怒時，就不會遺忘星星的存在。

II

在日常生活中陶冶心靈

天性與上帝——兩者我都不認識
而他們對我卻如此熟悉
使我驚愕，有如我人格的塑造者。
——美國詩人艾蜜莉・狄金生（Emily Dickinson）

第二章

家庭和童年的神話

英國詩人威廉．布雷克（William Blake）說：「永恆愛上了時間製造的東西。」人的心靈在實際的、個別的、日常的環境中成長茁壯。它從生活的瑣碎、繁複和奇行怪癖中吸取養分。因此，最適合陶冶心靈的地方莫過於家庭，因為家庭的經驗包含生活的種種層面。

在家庭中，你跟一些人住在一塊——若不是大家同處一個屋簷下，你可能還懶得向他們打招呼。久而久之，你對他們有了深切的認識。你瞭解他們最細微、最隱密的習慣和癖好。家庭生活充滿大大小小的危機——家人健康的好壞、事業的成敗起伏、結婚、離婚——還有各式各樣的人物。家庭和地方、事件以及歷史緊緊連結。生活挾帶著這種種瑣事，深深植根於我們的記憶和人格中。我們很難想像，人世間還有什麼東西比家庭更能滋養我們的心靈。

每當社會出了問題，我們就立刻歸咎於家庭生活。看到社會上罪犯猖獗，我們就哀聲嘆氣：「時代變了，家庭生活不像以前那麼美好了！」但是，以前的家庭真是那麼美好嗎？難道以前的家庭就沒有暴力嗎？今天許多接受心理治療的人，是在所謂的家庭黃金時代成長的，然而，他們記憶中的童年卻充滿虐待、漠視、嚴厲的管教和可怕的壓力。事實上，任何時代的家庭既是美好的，也是惡劣的，對家人既提供支持也構成威脅。因此，離家出走的成年人經常猶豫不決，不知道是否應該回家一趟看看家人；一方面他們渴望重享親情的溫馨，另一方面卻又不願勾起痛苦的回憶，也不願重拾和家人的惡劣關係。

今天從事心理治療的專業人員，注意力都集中於「功能失常的家庭」。然而，在某種程度上，所有的家庭都是功能失常的。沒有一個家庭是圓滿的，大部分都有嚴重的問題。一個家庭就是一個具體而微的小世界，反映我們這個世界的本質——不缺美德，又充斥著邪惡。有時我們難免會一廂情願，把家庭想像成充滿溫馨和善意的地方，但是，實際的家庭生活卻容不下這種浪漫的想法。一般家庭呈現的是人的種種潛能，包括罪惡、仇恨、暴力、混亂的性關係以及精神錯亂。換言之，實際的家庭生活揭露出來的是人心的複雜和不可預測，如果你想把它單純化，那就未免過於天真。

根據《聖經》的說法，人類的始祖亞當是上帝用泥土做的。他的出身和他的「家族」是充滿泥土氣息的、潮濕的、骯髒的，甚至黏搭搭的。從我們老祖宗亞當開始，我們就不是從光或火中誕生；我們是泥巴的子孫。根據學者的研究，「亞當」（Adam）意思是紅色的泥土。我們的家庭忠於人類神話的根源，和土地保持密切的關係，過著平凡世俗的生活，暴露出人性的種種弱點和缺失。在世界各地的神話中，你總會發現邪惡人物和某種形式的陰間地獄；家庭也是如此。它永遠有陰影存在，不管你是否喜歡，它的功能經常被陰濕之氣侵損。如果我們不能體認這個神祕的現象，一心只想漂白家庭的形象，那麼，家庭可以提供我們的心靈生活，就會化為烏有。我們公開美化家庭，是因為我們不能忍受面對事實的痛苦，而事實是：家庭是一個時而溫馨、時而暴戾，充滿生活和記憶的地方。

因此，在某種層次上，我們不必太過在意，我們的家庭究竟是幸福溫馨抑或冷漠暴戾。我的意思並不是說，這些缺失並不重要，不會在家人身心上留下難以癒合的傷痕。然而，在比較深的層次上，家庭之所以成為家庭，就是因為它是複雜的，難免會有種種弱點和缺失。在我自己的家庭中，那位在道德上指引我、知識上啟發我的叔叔，本身卻是一個酒徒，曾經因為拒絕上教堂激怒所有家人。身為心理醫生，我接觸過的男女病人中，有許多生長在極為暴戾的家庭，然而，那些痛苦都可以彌補，甚至能成為智慧和心靈蛻變的泉源。我們若能從心靈的角度看待家庭，接受它的陰暗面，容忍它不符合我們一廂情願的期盼，我們就能棄絕狹隘的道德和情感意識，看到生命的種種神祕。我們又會回歸到現實世界，在那兒，生命是美與醜交織而成的現象，而不是一些抽象的原則。

因使用者的不同，「家庭」這個名詞具有許多意義。社會學家心目中的家庭，是一個社會群體或組織。心理學家把家庭比喻成一個源泉，我們的人格就是從那兒流洩出來的。政客們把家庭理想化，藉以推銷他那保守的政見和價值觀。但我們都是透過具體的特徵，瞭解家庭的本質。家庭是一個巢：心靈在這兒誕生、成長茁壯，然後進入生活的洪流中。它擁有一個繁複的歷史和淵源，以及龐雜多變的親族關係——祖父母、叔伯舅舅、姑媽姨媽、堂表兄弟姊妹。它有說不盡的悲歡離合，演不完的喜劇和悲劇。它有光榮的時刻，也有見不得人的隱私。它有值得驕傲的家族傳統和小心建立的形象，也有鬼鬼祟祟的越軌行為和荒唐行徑。

一般家庭都有兩副面目：給外人看的一面呈現的是幸福和正常，背後卻是赤裸裸的瘋狂和暴戾。這些年來，我聽過太多這樣的家庭：表面上一切有如童話般美好——家人結伴露營、禮拜天晚餐桌上的團聚、出門旅行、互送禮物、玩不完的遊戲。隱藏在這一切背後的卻是不顧家的父親、偷偷摸摸的酗酒行為、遭受性虐待的姊妹、午夜發作的暴力。美國的電視節目正好反映出家庭的兩個面目：播出一齣描寫家庭溫馨的情境喜劇之後，緊接著，在新聞中，它報導家庭暴力事件。有些人相信電視喜劇呈現的美好家庭形象，對自己家中發生的醜事，深深引以為恥，恨不能出生在另一個幸福的家庭。然而，我們若要尋回失落的心靈，首先就必須衷心接受我們的家族命運，從中發掘陶冶我們心靈的素材，如同中古煉金家尋找原料一樣。

為了達到這個目的，「家庭心理治療」不如採取純粹講述家庭生活故事的方式，不要顧慮任何因果效應，也不必理睬社會學的影響。這些故事匯集成一個龐大的、本土的、個人的神話體系。家庭和個人的關係，一如人類生活的根源和種族的關係。家庭的歷史提供一個整體錯綜交織的意象，而每個人成年後，一輩子都浸淫其中。希臘、基督教、猶太教、伊斯蘭教、印度教和非洲的神話塑造了他們的社會，同樣的，家庭的故事——不論是美好的還是悲哀的——也塑造了家中每個人的人格。我們談論家庭時，主要談的是那些交織在一起、構成我們身分的人物和主題。理想中的家庭心理治療，是探索我們對人生看法的複雜性，而不是將我們的人生看法單純化。陶冶心靈目的不在尋求瞭解、澄清和改善，而是復甦家庭生活中的種種意象，以滋潤、充實我們的身分和人格。

如果我們藉著尊重家庭中發生的事來觀察家庭中的心靈，而不一味逃避它的陰影，那麼，我們也許就不會覺得，家庭的影響是一種無法擺脫的束縛。在發展心理學影響下，我們以為，我們生長的家庭環境，無可避免地決定了我們的人格。難道我們就不能把家庭背景看成塑造未來生活的原料嗎？為什麼要一味強調，它是我們人格的決定性影響力量？身為心理治療師，每當我聽到病人訴說他有一位殘暴的父親或叔叔時，我就會探詢這個人的生活細節。在他的暴力行為背後，有一個故事嗎？其他家人情況如何？他們講的是什麼故事？他們隱藏的是什麼祕密？

一個名叫大衛的年輕人向我抱怨說，他跟他母親實在相處不來。我管他叫年輕人，因為「長不大」是他最顯著的特質。我們第一次見面時，他已經二十八歲，但看起來約莫只有十六歲。他一個人住在公寓裡，但週末都「回家」和母親團聚。然而，每次在家，他都覺得母親在刺探他的隱私，干涉他的生活，連打掃房間也要過問。她總是對他說：「你就像你爸。」他父母已經離婚了好幾年。

「你真的像你父親嗎？」我問道。

他有點驚訝。「我媽才是問題所在，」他說，「不干我爸的事。」

「你父親是怎樣的一個人？」

「他定不下來。我很少看見他，只有在他經過鎮上時才見得到他。他一年到頭在路上奔波，身邊的女人總是換個不停。」

「你像你父親嗎？」

「不像。我活到這麼大，連一個女人都沒接觸過。」

「連一個都沒有嗎？」

「除了我媽。」

接著他告訴我的那句話，是我常常從我的病人口中聽到的：

「我不要像我父親。」

我們的雙親中，也許有一個或兩個的行為太過分，讓我們深受其苦，因此我們下定決心，絕不重蹈他們的覆轍。我們盡一切可能逃避父母的不良影響。然而，一味逃避父母的影響、拒絕認同他們，只會使自己變成跟他們一模一樣，有如用複寫紙抄寫的副本——被壓抑的東西早晚會浮現的。通常我們之所以不願意像自己的父親或母親，是因為他們個性中有一些層面我們從小看不順眼，長大後就想規避。但有些東西你愈壓抑，它愈想冒出頭；光靠壓抑，並不能清除掉我們個性中那些我們不喜歡的特質。大衛不願像他父親。他不想結交許多女人，結果卻連一個也沒有。他不想在全國各地飄泊流浪，結果離不開他的家。他不願像他父親，結果在他自己身上，我們看不到一點點父性。

我跟大衛談論他父親，但不像他那樣，一再對他父親提出嚴厲的批判——這種批判使他不能對雙親保持同樣的情感。我鼓勵大衛告訴我他父親的故事，漸漸地，這個人的複雜身世和個性顯現了出來，原來他的童年跟大衛很相似。我們開始瞭解，他父親的飄泊流浪表面上看起來不正常，卻有其原因和意義。

事實上，大衛曾試圖跟他父親談論他的經驗。後來我們討論這件事時發現，原來他父親也刻意和兒子保持距離。現在這個兒子終於對父親的生活產生了新的興趣，於是堅持保持聯絡，找機會談心。

大衛不再排斥父親，反而更能夠直接面對自己的內心。不管他喜不喜歡，父親的精神一直留存在他內心中。從父親的精神，他可以塑造自己的生命。當初，他刻意躲避他的家庭發生的故事，以免遭受「汙染」，卻反而使他的心靈貧瘠。現在情況改觀了。一般說來，我們試圖逃離「功能失常」的家庭，往往反而會掉進糾纏不清、弔詭的死結裡。逃離的反面就是回歸——回歸到潛意識中我們所認為的「家」，那就是母親所在的地方。

重返家庭，擁抱以前所棄絕的，往往會給家人的關係帶來意想不到的質變，連最惡劣的關係也會產生顯著的變化。試圖依照世俗的標準勉強改進家庭關係，只會阻礙這種質變。為了陶冶心靈，我們最好接受已經存在的關係，心平氣和，讓自己的想像力發揮催化的作用，而不一味許下空洞的願望，或勉強尋求改變。我們談論家庭時，是把它當做一個單純的實體，事實上，它是我們想像力的產物。隨著時間的演進，這種想像會加深，也會產生變化，把困在怨恨中不能自拔的心靈釋放出來。我相信，大衛訴說父母親的故事，對他和雙親的關係產生了影響，透過他那新的、深入的想像，他擺脫了以往的成見，使他能夠運用前所未知的方式，重建和雙親的關係和感情。這家人還是同樣的人，個性並未改變，但大衛找回了他的心靈，不再一味只想保護自己，也因此能夠對雙親敞開心懷。

我們若能平實地講述家庭的故事，而不遽下評論和批判，現實中的人物就會蛻變成一齣戲劇中的角色，而孤立的插曲也會顯露出來，成為一個龐大的家族傳說的主題。家族史於是轉化為一套神話。不管他們是否察覺，我們對家庭的想像，決定了我們對家庭的認知和看法。這種存在於主觀意識中的家庭，表面看來固然具體而真實，其實是我們想像力的產物。陶冶心靈的一項工作，就是從家族史和記憶的冷酷細節中擷取神話。我們所根據的前提是：我們愈發揮想像力，就愈能滋養我們的心靈。

在這個前提上，我準備探討家庭中的各種成員，把他們看成想像中的人物，並提供讀者一些建議，如何在家庭生活的尋常角色中發現神話。每一個人生命中衍生出來的神話都不盡相同，然而，還是存在著某些共同特徵。家庭中每個成員所呈現的是亙古不變的家庭原型，也就是日常生活中的神話。有關父親、母親和孩子這三種角色的想像，是浩瀚無邊的，因此，要如何開拓家庭的想像空間，我也只能提供讀者一些線索和暗示。我將在論述中提到文學和古典神話，希望能幫助讀者，以更富想像力的方式瞭解我們的家庭。

父親

我們的共同歷史留傳下的神話故事中，有一個極不尋常，跟宗教文學中任何一個故事同樣的神聖。這個故事講的是：一個男人試圖找回他的父性、一個女人盼望丈夫回家、一個兒子出門尋找失蹤的父親。在荷馬史詩《奧德賽》（*Odyssey*）開頭那一章，百戰歸來，在回航中迷路的特洛伊戰爭英雄奧迪修斯（Odysseus）正坐在沙灘上，想念著家中的兒子、老父和妻子，恨不能立刻回家團聚。在思念和渴望中，他憂傷地提出一個有名的問題：「有誰知道他父親是誰嗎？」這個問題，許多人——不論男女——不同的方式問過。假如我父親死了，或假如他子女冷漠，經常不在家，或假如他個性殘暴，或假如他虐待過我，或假如他雖是個好父親，現在卻不在我身邊，那麼，現在我的父親究竟是誰？我應該向誰尋求保護、管教、信心、知識和智慧，以便讓日子過下去？我如何能尋找到一個父親神話，讓我的生命有所依歸？

奧迪修斯的故事提供我們許多線索，讓我們尋找那個難以捉摸的父親。然而，和一般讀者預期的相反，這段追尋並沒有從仍在飄泊流浪中的父親開始。展開追尋的，是奧迪修斯的兒子鐵勒馬科斯（Telemachus）——他受不了家中經常出現一些爭相追求他母親的無聊男子，就出門尋找父親。這個故事一開始就呈現「父親缺席精神失調症」的意象：父親不在，家中就亂成一團，充滿衝突和哀傷。以鐵勒馬科斯的哀愁做為追尋的開始，這個故事也告訴我們：父親的經驗包括離家在外以及兒子對他的盼望。就在鐵勒馬科斯思念父親的那一刻，奧迪修斯坐在同一個海洋的另一處海灘，渴望回家和兒子團聚。如果我們把《奧德賽》看成追尋心靈父親的故事，那麼，就在我們因為父親不在而深感苦惱時，他已經被我們召喚回來了。我們在苦苦思索父親的行蹤和下落的當兒，他正設法回家。

荷馬告訴我們，在夫妻分離那些年，奧迪修斯的妻子珮妮洛比（Penelope）在家為奧迪修斯的父親縫製壽衣，但每天一到晚上，就把縫好的部分拆開。這是心靈的一大奧祕：即將完成某件事時，在某種方式上它也正被摧毀。曾經有一位三十歲的男士來找我，要求心理治療。他說，他和父親的關係充滿衝突，他覺得很難主導自己的生活。然後，他告訴我他作過一個夢，夢中父親擁抱他，要求他不要離開，他告訴父親，他有很多事情要辦，非得離開不可。後來在那場夢中他的兄弟出現，取走他所有的財物。我覺得，在這個夢中，父子的和解跟財物的喪失之間存在著某種關聯，和《奧德賽》呈現的主題相去不遠。有時，我們必須感受欠缺和空虛，才能召喚回父親。

《奧德賽》的情節有一點頗令人困惑不安。諸神為何不垂憐這個破碎的家庭，讓奧迪修斯盡早回家？為何一定要讓這位父親在海上漂泊十年，向陌生人一再訴說他的遭遇，經歷一重又一重難關，最後才返抵家門，重整家園？我所能想到的唯一解答是：這段漫長、危險而又充滿奇遇的旅程，是塑造一個父親的必要條件。奧迪修斯的返家，使我們聯想到諾斯替教派（Gnosticism，譯按：尊重靈的直覺的早期基督教派，含有希臘和東方哲學思想，曾被視為邪教）流傳的故事：靈魂經過各個行星，降落到地球上，沿途蒐集在人間生活所需要的東西。誰是我的父親？要一直等到心靈完成漫長的流浪之旅，帶回有關愛情、性、死亡、冒險和來世的許多故事之後，我才知道答案。如果在我生命中感受不到父性，我最好不要勉強將父性灌輸進我的人格，而不妨敞開胸懷，讓自己的心靈從事一趟即興的、無拘無束的流浪冒險之旅。

在許多傳統文化中，一個少年要成為成年人，必須聆聽世代相傳下來的本族祕密故事。族中長輩負責教導各種禮儀和技藝。北美洲奧格拉拉蘇族（Oglala Sioux）原住民「黑麋鹿」（Black Elk）在他的回憶錄中，詳盡地描述這個過程。有時候，即將成年的少年必須接受種種嚴苛的考驗，以誘導出他心靈中的「成年人」。這種儀式，旨在激盪年輕人的心靈，促使他的個性產生劇烈的轉變。

奧迪修斯經歷一重又一重嚴酷的考驗，使他的故事看起來就像「為人之父」前必要的修行。食蓮族（Lotus-eaters）告誡他，勿以花為食；獨眼巨人（Cyclops）教導他，勿罔視法律與文化；惡女色喜（Circe）和卡麗索（Calypso）讓他一窺愛情的奧祕。他那趟旅程的高潮，是探訪死人聚居的陰間。在那兒他見到了甫離開人世的母親、朋友、瞎眼的預言家泰瑞西亞斯（Tiresias）和他那個時代其他傑出的人物。要成為真正的父親，可不能依靠肌肉和膂力，而必須透過深沉的、轉化人格的入門儀式，使心靈真正進入家庭和文化中。同時，也必須探索自己的內心，跟記憶中的家人親友以及我們文化中的傑出人物交流一番。接受歷史和文學的薰陶到達相當的程度，能使一個人成為好父親。

如果說今天的家庭裡，父親似乎不存在，原因可能是：做為我們心靈中一個重要人物，他在整個社會中都消失了。我們已經以資訊取代玄祕的知識。資訊並不能造就父性，也不能帶來為人之父所需要的修行。如果教育能同時訴諸心智和心靈，也許我們就能透過學習建立父道。今天，我們不但不探視陰間的死者，反而刻意遺忘死去的人和他們生前的事蹟。甘迺迪兄弟和金恩牧師遇刺身亡，媒體對這幾樁案子的調查，報導鉅細靡遺，但重點都在事件本身，他們只關心誰是真兇，對這些謀殺案所表現的意義卻毫無興趣。然而，《奧德賽》啟示我們：如果不帶著虔敬的心情和修行的精神探視陰間的死者，在我們的共同心靈中，就不能建立堅實的父道。缺乏父道的真正精神，我們只能擁有替代性父親——那些為了個人的利益願意扮演這個角色的人，然而，他們提供的只是父性的一些粗淺象徵，而不是父道的真髓。

現代部分心理治療和心理學有一個缺失：太過注重所謂的正常，太過迎合世人普遍接受的價值觀。有一位心理學家說，人人都必須堅強——這是她給健康下的定義。然而，有些時候，我們也必須軟弱無力，溫馴地敞開我們的心懷，接納各種經驗，就像奧迪修斯和圓桌武士崔斯坦（Tristan）一樣，與其運用膂力，不如發揮我們的智慧。另一位心理學家則說，我們必須跟別人建立親密關係——建立關係是人生的終極目標。然而，我們的心靈有時候也要求孤獨和自主。

這些心理治療師訂定的目標是一致的，而且是專斷的。我們把注意力集中在單一的價值標準上，結果就關閉了我們的心懷，棄絕了跟那個標準扞格不合的其他種種可能性。就這點來說，奧德賽的故事能夠滋養我們那多面的心靈，讓我們敞開胸懷，勇於冒險犯難，接受新的發現。故事中的大海象徵我們的命運，也就是我們誕生那一刻來到的世界。它是獨一無二，屬於個人的；以前還沒有人探測過它，因而充滿各種風險、樂趣和機會。要想成為自己生命的真正父親，我們就得和這個大海打交道，敢於航行在它的水面上。

我在這兒所說的父親，是一種深刻的父性人物，定居在我們的心靈中，提供我們一種權威感，讓我們覺得是自己生命的主宰。《奧德賽》給這個過程增添了一個有趣的主題。當奧迪修斯遠在他鄉，接受父道的陶冶和教育時，在他家中有一個代行父職的人，名叫曼托爾（Mentor），負責照顧他的家人和教導他的兒子。我們生命中的父性人物，可能有兩種。他們也許是替代性的父親，在心理症狀上為我們扮演父親的角色，但卻干擾我們心靈中的尋父之旅。然而，有些父性人物卻是真正的導師。即使在教誨和引導弟子時，他們也不會忘記，他們所扮演的是有限度的角色，不應該強行篡奪父親的身分和地位。有些教師似乎不瞭解，學生必須在心靈中展開自己的奧德賽之旅，以發現他們自己的精神父親。這些教師期望學生成為自己的複製品，遵奉相同的價值觀，追求相同的資訊。企業界和政界有些領導人，則將他們在社會上的角色看成是推銷個人的意識形態，而不是充當真正的導師。

他們不瞭解，民眾必須展開他們自己集體的奧德賽之旅，為整個社會尋找一個心靈上的父親。成為曼托爾式的導師，需要真正的智慧。這種人物的樂趣來自灌輸父道，而非篡奪父權。

缺乏心靈上的父親，社會只好依靠理性和意識形態來導引人們。這一來，我們就罹患了集體失父症：國家欠缺明確的發展發向；讓少數人獨享豐碩的經濟成果；整個社會很難找到在道德上、法律上、社區生活上足以充當典範的人；我們不再追求心靈的奧德賽，寧可固守既有的觀念和意識形態。揚帆出海固然充滿風險，卻也是尋找父親的唯一途徑。

在文化上，我們也面臨父權（patriarchy）的崩潰。女性主義者認為，長久以來的男性統治造成對婦女的迫害。這個批評很正確，但政治上的父權並不等於心靈中的父權。父權指的是絕對的、深長的、原型父道。我們必須尋找回這種意義深遠的父權。倘若我們一方面遵奉政治上暴戾的父權，另一方面卻又批評它，則我們將永遠走不出死胡同。在這種分歧中，我們將永遠找不到父道的真正精神，而做為整個社會、做為個人，不分男女，我們都需要一個心靈父親。

我們的神話故事告訴我們：「一旦脫離了日常生活的爭鬥——特洛伊式的生存戰爭——在想像的大海中從一個島漫遊到另一個島，我們又會找回心靈的父親。一路上，諸神降下風雨，給我們心靈上一堂又一堂地理課和公民課，而父親就漸漸在我們心靈中形成。陶冶心靈上的父道，我們就必須離家、漫遊、思念、憂傷、忍受離亂、從事深沉的冒險。通往父道並無捷徑。照心靈的時間來算，我們需要十個象徵性的年頭，才能建立堅實的父親意識，也就是說，心靈的奧德賽永遠都在進行中。它有結局，也有酬報，但也一直持續不斷。在我們的心靈中時間是重疊的——我們永遠在大海上，永遠航向一座新的島嶼，永遠想回家，希望經歷一連串刻骨銘心、轉變人格的事蹟之後，我們會被承認為真正的父親。

《奧德賽》這部史詩啟示我們：探索內心深處的父親，拒絕接受替代的人物和空洞的角色，是我們必須面對的挑戰。通往心靈並無捷徑；建立父道也沒有簡易的方法。然而，如果缺乏神話父親的指引和威權，我們的生活將會失去方向和控制。在這個混亂的時代中，我們尤其應該加強和擴大祈禱，從內心深處發出呼喚：「我們在天上和海上的父，願世人都尊祢的名。」

母親

希臘流傳的另一個故事，也牽涉到一個神話家族。它的事蹟備受希臘人崇仰，以致希臘城市伊留西斯（Eleusinian）所舉行的神祕入門儀式，也將它納入典禮中。這些儀式的焦點是天母荻米特（Demeter）失去心愛的女兒波瑟芬妮（Persephone）的故事。它在古希臘人精神生活中的重要地位顯示：母性也是心靈的一個奧祕，具現在母親和孩子的關係中，但也蘊含著更深沉、更根本的意義。

一個神話故事往往同時指向許多不同層次的經驗。這對母女的事蹟，在現實人生中的許多男女之間活生生上演著，但也呈現我們自己和其他母性人物的互動關係中——不分男女，有時甚至包括那些充當我們保母的機構，諸如學校和教堂。在我們內心深處，這個故事顯現的則是心靈各個層面的緊張關係。

這個故事記錄在古希臘的〈荷馬體荻米特頌歌〉（Homeric Hymn to Demeter）一詩中。開始時，波瑟芬妮離開母親身邊，獨個兒在外頭摘花——玫瑰、番紅花、紫羅蘭、鳶尾花、風信子和水仙。大地生長出水仙花，是要誘惑世上的人們。詩中告訴我們，這種花兒色澤明豔絕倫，任誰一看都會驚喜莫名。它有一百個花冠，散發出天、地和大海都陶醉的芬芳。

波瑟芬妮正要伸手去摘那朵水仙花，大地忽然裂開了，冥王黑帝斯（Hades）驟然現身，不顧波瑟芬妮的掙扎，將她挾持上黃金打造的雙輪戰車，揚長而去。除了太陽和月亮，沒有人聽見這個姑娘的呼聲。眾神之王宙斯（Zeus）碰巧有事出門，而且根據詩人的說法，祂也默許黑帝斯的行為。荻米特終於聽見女兒的哀喚，登時「心如刀割」。她拔掉頭上戴著的冠飾，不飲不食，立刻出門尋找她的女兒。

黑帝斯是「無形尊者」（Invisible One），君臨陰間的大神。在希臘文化中，他統轄的是世間的精氣，是生命中不可或缺又隱而不見的永恆因子。對希臘人來說，陰間是最適合靈魂棲息的地方，而我們身為人，如果想擁有深沉的內心世界的靈魂，就必須和這個陰間保持某種關係，至少不會覺得陰間是陌生可怕的地方。我們已經看到，為了修練他的父性，奧迪修斯特地到陰間走了一趟。希臘神話中的樂聖奧菲斯（Orpheus）也探訪過陰間，發現有時很難從那兒返回陽世。在死亡和復活之間，耶穌曾履臨死者的國度，而詩人但丁也從那兒展開他的玄祕旅程。在這些事蹟中，「陰間」的意象都和實際的死亡有關，但也代表一個人或一個社會隱而不見、神祕、深不可測的內心。

波瑟芬妮的故事告訴我們：有時候，我們是在心不甘情不願的狀況下發現我們的心靈和「陰間」。外界某些迷人的事物可能成為誘因，使我們鼓起勇氣，躍入內心，探索靈魂深處的奧祕。我曾認識這麼一個人。他生意做得很成功，把家人照顧得非常好，讓他們過十分優裕的生活。一天，他心血來潮，破天荒第一次去參觀本地一家美術館。館中展出的一些攝影作品深深吸引了他，當下他就決定要成為攝影師。他把生意轉讓給別人，放棄豐厚的收入。那天他看見的照片，就像波瑟芬妮神話中那朵百冠水仙花，莫名的吸引人；在美術館中，地面彷彿在他眼前裂開，他的想像力被捕捉住了，他的妻子扮演荻米特的角色，成天為失去的安適生活悲嘆。然而，對他來說，藝術的魔力是如此的巨大，他情願割捨以往衣食無憂的生活。

家長們都知道，孩童很容易受到危險人物和活動吸引，結果可能就誤入歧途。對孩童來說，越軌的行為往往很迷人，但在家長看來，它卻可能毀掉他們的心血，使他們為教導子女長大成人所付出的苦心，付諸東流。波瑟芬妮的故事可視為每個孩童的神話，而我們必須明瞭，孩童易受邪惡人物和地方吸引，固然令父母擔心，但有時也是讓孩子探索他們心靈無可避免的途徑。

我認識的幾位婦女，曾親身體驗過波瑟芬妮的神話，使她們的生活產生了轉變。她們原本是清純天真、波瑟芬妮型的女孩，但後來邂逅了邪惡男子，跟隨他們進入毒品和罪犯充斥的世界，從事以前想都不敢想的性愛試驗。我記得，有一位婦人作過一連串的夢，夢中一個看不清面貌的男子，陰森森躲藏在樓梯下面的陰影中。她原本很清純，但短短兩年間她的個性改變了，變得更加世故、更加愛戀塵俗。她的引誘者來自她的內心深處。

這種情況牽涉到的，不論是實際生活中為孩子操心的母親，抑或是深受心靈深淵吸引的任何一個人，它都必然會使純真喪失，而這樣的喪失很可能會帶來痛苦和惶惑。心理學家派翠霞・貝麗（Patricia Berry）將這種母性的悲愁形容為「荻米特式的憂鬱」。這位女神得知女兒被拐入陰間之後，立刻喪失對衣飾、裝扮和食物的興趣；她這樣做，是在潛意識中模仿女兒的退隱——女兒從日常生活中消失了。這位母親的憂鬱，一方面反映出她對女兒遭逢惡運的同情呼應，一方面也顯現她對諸神袖手旁觀的憤慨。

在希臘神話的這樁綁架案中，荻米特和波瑟芬妮是一體的兩面。我們心中都有一股力量，將我們推向深淵，用水仙花般的誘惑吸引我們。同時，另一股力量卻試圖把我們留在正軌上，要求我們依循熟悉的、正常的價值準則。荻米特對波瑟芬妮的母愛，使她一再追尋女兒的下落，也使女兒在找到陰間魂靈世界的那一刻，不致完全喪失生命。荻米特展現了母親的終極考驗：保持對孩子的關愛和願望，但在孩子經歷心靈的轉變時，也全心全意支持他。這個神話故事告訴我們，母親的愛究竟有多深——她得保護必須面對黑暗和危險的孩子。它也告訴我們，當我們每個人的心靈受到危險而迷人的事物誘惑時，又是多麼的需要母性的關愛和呵護。

所有的母愛，不論在家庭裡或在我們的心靈深處，都會帶來真摯的關懷和強烈的痛苦。天主教給予我們聖母瑪利亞的偉大意象——她既是撫慰生靈的聖母娘娘，也是「哀傷的媽媽」（Materdolorosa）。不論是哪種情況，母親總是跟孩子最貼心，即使感到痛苦和滿心的不情願，她也允許孩子去追求各種經驗，從而變成一個成熟的大人。

我們都想活在這樣的一個世界：沒有陰間、沒有魂靈、不必理會精神和宗教上的神祕玩意兒。在波瑟芬妮的故事中，荻米特發現眾神之王宙斯允許黑帝斯誘拐她的女兒後，就決定化身為凡人，前往凡間居住。她找到一份尋常的工作，在雅典附近的伊留西斯一戶人家裡當起奶媽來。

根據心理學家貝麗的說法，荻米特遷居到人間，過著世俗而正常的生活，是對陰間吸引力的一種抗拒和防衛。平常，若有人受到來自下界的的幽靈蠱祟時，朋友們就會勸他：「盡量讓自己忙碌吧，別去想它。」連專業心理學家有時也會建議我們，把全副心思放在日常生活的瑣事上，免得閒著沒事，就會「胡思亂想」。從荻米特的角度來看，把人家的女兒誘拐進陰間幽深的地方，不啻一種暴行。然而，我們知道，在這樁綁架案中宙斯是同謀，因此這件事是不可避免的。既然宙斯都允許了，不管發生什麼事，毫無疑問都是天神的意旨。我們明知有一些經驗會損害我們的純真、改變我們的生活，使我們心靈更加複雜深沉，但我們還是深深受到吸引，因為這種現象符合上天的意旨和事物的本質。

荻米特在伊留西斯那戶人家擔任奶媽時，負責照顧一個名叫迪摩福安（Demophoön）的嬰兒。她悉心照料這個小娃娃，用神油塗抹他，在他身上呵氣，不停地摟他抱他——這些強烈的意象所呈現的，是一位女神對一個凡間生命無微不至的呵護。每天晚上，她把娃娃放在一堆神火中，想賦予他永恆的生命，後來卻被嬰兒的母親撞見。這位婦人嚇得尖叫起來。荻米特對凡人的懵昧無知感到非常生氣。她說：「什麼是禍什麼是福，她都分不清楚。」（在這則牽涉到宙斯和黑帝斯——生命之神和死亡之神——的神話故事，這是個基本的主題。）這句話從母性之神荻米特口中說出來，格外值得我們三思：有時候，凡人心目中危險可怕的事物，若換個更寬廣、更超脫的角度來看，卻可能是有益身心的。

在充當凡人奶媽那段短短的日子裡，荻米特教導我們許多「為人之母」的道理。她告訴我們，養育孩子的方法並不限世俗的一種，還有更超脫、更合乎天道的方式。她把孩子放在火中，目的是焚除他身上的塵俗，使他獲得永恆生命。我們與其將「永恆的生命」解釋為死後永生、不如把他看成是心靈永遠存在的深度。深諳母道的荻米特，把孩子放置在生命的光熱和情欲中焠煉，目的是要使他變成一個有真正靈魂的人。養育孩子，不僅僅是讓他的肉體生活——荻米特也是農耕之神，天下五穀和水果都歸她管轄——更要指引他，讓他去探索自己那深不可測的內心，讓他去面對命運的奧祕。

身為心理治療師，我常遇見自認為充滿母愛的男人和婦女。他們過分認同神話中的原型人物——大地之母——反而使他們陷入曲解、誇張和衝動的糾結中。面對一個急需母愛的人時，有些人就會喪失理性和自制。有些人說，他們結婚是因為對方需要他們的呵護。婦女易被身心受創、敏感柔弱的男人吸引，而他們都是未經考驗的大孩子；男人往往對嬌柔脆弱的女人情有獨鍾，覺得她們需要類似母愛的保護和指引。這種「母性情結」所帶來的問題顯示，我們應該更深一層瞭解母道的本質。我們必須體認：當我們要給對方母性的照顧時，最好的方式，通常並不是自己充當母親，而是設法激發對方內心中潛藏的母性。

荻米特和波瑟芬妮這對母女的故事給我們的啟示是：為母之道，並不僅僅在照應孩子的切身需要；母親們必須體認，每一個孩子都有獨特的個性和命運——獨特的心靈品質——

必須加以確保，即使因而喪失安穩正常的生活，也在所不惜。把孩子放在命運和經驗之火中焠煉，違反母親保護子女的天性。然而，這個神話故事告訴我們，凡間的母道和上天的母道是不同的。後者的神界更加寬廣，是更深厚的一種母愛。

荻米特的故事發展到這兒，她的失女之痛給每個人都帶來了痛苦，眾神之王宙斯不得不出面仲裁，試圖找出妥協的方法，解決兩人的爭執——黑帝斯振振有詞，硬要把波瑟芬妮留在陰間，而荻米特堅持要他把她女兒送回陽世來。宙斯於是差遣彩虹女神艾瑞絲（Iris）去見荻米特，勸她回到諸神的居所，但艾瑞絲並未完成使命。接著，宙斯輪番派出諸神，充當說客，但沒有一個能說服掌管天下農耕的荻米特，讓大地重新長出五穀。最後，宙斯派遣手腕靈活、口才便給的調停家兼仲裁者赫密士（Hermes，羅馬名為梅久利）去見冥王黑帝斯，要求協助。

黑帝斯陰鬱地笑了笑，並沒有違抗眾神之王宙斯的諭旨。他叫波瑟芬妮回到母親身邊，但在她離開之前，他悄悄把一顆石榴種籽放進她嘴中，讓她永遠不能完全擺脫他的控制。此後，波瑟芬妮每年花三分之一時間和黑帝斯共度，其他日子則陪伴母親。

我的一個學生曾經指出，這正好是睡眠和醒著時間的比例。每天夜晚在我們內心湧出的意象和情感，本質上，可能和白天不盡相同——它們特別鮮明，也格外令人不安。有些夜晚，我們在甜美的夢境中，瞥見了那朵擁有一百個花冠、美的出奇的水仙花，但我們也可能感受到黑帝斯地下王國的陰森恐怖。我們的生命，至少也有三分之一屬於這位死亡之神；我們都曾遭逢過親友逝去、希望破滅、事業失敗之痛。

在死亡的誘惑和蓬勃的荻米特式生命之間，如何找到一個折衷的平衡？方法之一，是求助於赫密士——也就是求助於「釋經學」（hermeneutics，名稱衍生自希臘使神的名字Hermes），把我們的人生經驗當作詩篇和經典來閱讀、詮釋。透過赫密士的觀點，我們會發現，陰暗幽深的經驗是可以跟日常生活調和的。根據希臘神話，赫密士能恢復「母親魂」（the mother-soul，她一心只想讓生命成長茁壯）和「女兒魂」（the daughter-soul，她時時想擺脫生命，投向一個不可知的世界）之間的關係。在赫密士的協助之下，我們可以「看透」我們的自毀和抑鬱、我們的玩火行為以及我們的種種不良癖好，然後問我們自己：這些傾向在我們生命中扮演什麼角色？代表什麼意義？

一般做母親的人都過度關心孩子的幸福，把母親的角色看得太嚴重，以致於很難讓孩子成為真正的個體，和她們有所不同。我常聽一些女人說，她們不想變成她們母親那個樣子，也常聽到男人抱怨，他們不願意被母親擺布。去除掉個人因素，這些問題所反映的，實際上就是「荻米特／波瑟芬妮神話」。我們都必須探尋自己的心靈深淵，甚至探索我們內心的黑暗，讓我們變成真正的個體，但同時也不切斷母性的關愛和指引，這樣我們才能留存在生命和人群中。

古希臘伊留西斯舉行荻米特神祕儀式，意義極為重大，因為它涉及我們在身心兩方面的根本生存問題。接觸過陰暗危險的經驗之後，我們才算長大成人。我們熬得過這種成年儀式的嚴酷考驗。真正的成年，總是從死亡走向新生。伊留西斯儀式表現出人的復活——就像波瑟芬妮歸來，就像五穀在合宜的季節成長——從探索心靈深淵之旅回歸到生生不息、豐饒充實的人生。奧迪修斯在外漂泊流浪那些年，妻子珮妮洛比一直在縫製壽衣。同樣的，荻米特的痛苦、憤怒和奔波也伴隨著——因此保護著——女兒的魂靈探訪陰間的世界。

後人以「冥后」稱呼波瑟芬妮；在繪畫中，她總是坐在冥王黑帝斯身邊的寶座上。在陰間，她有崇高而永恆的地位，儘管她回到了母親身邊，把她被誘拐的經過一一向母親訴說，就像一般的女兒。每個人的心靈都必須接受陰間和陽世、死亡和生命兩種經歷的陶冶和焠煉。

一生中，我們大都有過三、四次類似波瑟芬妮的經驗，其中極可能牽涉到復活的主題。我們會這麼說：「我熬過了生命中的這個階段，現在更加成熟了。」陪伴我們面對黑帝斯、幫助我們熬過種種險惡經驗的，是我們內心深處那種母性的生命欲望和渴求。對生命的這份執著和熱愛，是荻米特賜給我們的禮物——說來也詭譎，愈是遭受威脅，這份熱愛就愈發顯得強烈和堅定。我們可以學古希臘伊留西斯的民眾，在為荻米特舉行盛大慶典上，捧著五穀的秧苗歌頌：在這個世界中，儘管各式各樣的死亡力量不斷侵襲，生命依然豐饒興旺。

荻米特的故事也能幫助我們思考死亡的問題。黑帝斯也許會透過某種死亡經驗——可能是我們自己大難不死，也可能是親友過世——把我們引入陰間的世界。這些死亡經驗影響了我們，讓我們接觸到下界的奧祕，然後把我們送回人間，脫胎換骨重新做人。我們能熬過這樣的經歷，憑藉的就是內心中那股母性的、生命的力量。只要我們讓死亡經驗碰觸我們，把我們帶到地底，我們就會像波瑟芬妮那樣攜帶著石榴種籽回到人間。這種果實外表光潔明豔，內部卻充滿黑色的種籽，令人聯想起陰間。

聰明的母親知道，她的孩子若想真正長大成人，就必須經歷這種神祕的入世儀式——許多世紀以前，伊留西斯的市民，在荻米特慶典上，就已經將它戲劇化。我們不能把引誘我們墮落的東西全都隱藏起來。我們千方百計，想讓孩子免除死亡的汙染，但正如佛祖的故事給我們的啟示——祂的父母對祂呵護備至，不讓祂接觸任何人間疾苦——結果卻往往徒勞無功。健全的母愛，是讓孩子冒一點險。最崇高的母道，一方面包含荻米特對她女兒無限的摯愛，一方面也是尊重其他神祇的意旨和要求。

故事結束時，荻米特又讓大地生長出五穀，恢復旺盛的生機，而讚頌她的歌者提醒我們，冥王黑帝斯又被稱為布魯托（Pluto）——財富之神。在希臘神話中，荻米特和布魯托兩位神祇給人帶來富足，雖然他們之間的合作，在凡人看來，是一個難解的謎。頌歌的尾聲是一段禱詞。歌者向荻米特這位最偉大的母親祈求：

姑娘，您帶來如此豐厚的禮物
您賜予我們四季
尊貴的女神
您以及您美麗絕倫的女兒波瑟芬妮
懇請接受我的頌歌，賜予我
我心渴求的那種生活

孩子

在天主教堂舉行的午夜彌撒中，一開始唱詩班就讚頌道：「有一嬰孩已經為我們誕生。」（Puernatusestnobis）耶誕節慶祝耶穌以嬰兒和神的身分降臨人間。聖嬰的故事出現在許多宗教中。它不僅顯示神的童年，同時也呈現童年的神聖性。神話中的母親是所有生命的根源，同樣的，聖嬰是所有經驗的一個層面。榮格從講述英雄童年的神話故事中獲得靈感，把我們心靈中的小孩——所謂的原型小孩（the archetypal child）——描述為人生中所有被遺棄、孤苦無依卻又具有神性力量的東西。這兒，我們又再看到含意豐富的弔詭：一個同時具備力量和弱點的原型人物，有如擁有正反兩副面孔的羅馬門神賈奴斯（Janus）。

許多民族的神話都有這麼一個特別的小孩：被父母遺棄，在荒野或貧賤的養父母家中長大。這種小孩的一個特質，就是完全暴露在命運、時間和周遭環境之下，不受比較有人情味的環境保護。然而，這樣的暴露也正是促使小孩成長茁壯、獲得新生命的原因。我們將自己暴露在生活中，既是一種風險，也是一個機會。就在我們感到最脆弱的時候，內心中的小孩一方面顯得孤苦無依，一方面卻又躍躍欲試，準備在生命中扮演一個特別的角色。

有些現代心理學派把「內在小孩」（the "child within"）看成創造力的源泉。但榮格的小孩比較複雜。我們接納這個小孩的脆弱，而不逃避，這樣才能感受到他的力量。小孩無知和無能，產生出一種特殊的力量。夢中，我們常看見被遺棄的小孩在鬧街徘徊，茫然無助，不知何去何從。這個夢所反映的是我們心靈的童年。醒來時，我們都痛下決心，以後絕不再顯得如此迷失和慌亂。然而，我們若想接納心靈中的這個小孩，好好照顧他，而不勉強「改進」他，那麼就必須同時接納遊蕩、迷失和無助。這些畢竟都是小孩的特質。

在早期一篇討論孩童的文章中，心理學家希爾曼指出一個重要的事實：我們都排斥童稚之心，認為它是低下卑微的東西，必須以教育、宗教洗禮和身心成長加以改造。一般人都崇尚成長，希爾曼很不以為然。有時候，我們心靈必須停止成長，甚至必須倒退。在今天的心理學和一般人的生活中，成長往往被當成一個當然的目標，但過度強調成長，會使它流於浮濫，忽略了有時候停滯和後退也是必要的。我們期望心靈中的那個小孩成長，就是不尊重他，因為小孩的可貴就在他的不成熟。

每天，我們都會很婉轉的說些傷害童稚之心的話。一般人在情緒失控之後會自責說：「我太不成熟了。」如果我們不把這句話用來批評童稚之心，而用來描述一個事實，那麼它倒是一針見血之言：我很不成熟，但不成熟是我本性的一部分，不足為恥。然而，通常我們說這句話時，卻滿懷愧疚，覺得不應該突然表現得那麼不成熟，應該表現得更像大人。

有時候我們也會說：「這是童年時期遺留下來的老問題。」這會兒，我們又把童年看成長大後必須擺脫的東西。我們覺得，童年是我們眼前一切煩惱的根源。我們會感嘆：但願我的童年不是那個樣子！然而，棄絕童年就是棄絕自己，根本就不是陶冶性靈之道。那個持續出現在思緒和夢境中的孩子，也許非常脆弱，充滿缺點，但那就是我們自己啊！形成我們人格的，既是我們的優點和強處，也是我們的弱點和缺失。此外，把成人問題歸咎童年的想法，也讓我們繼續接觸到那個具有神奇力量的小孩，以及他那蘊藏無限生機的脆弱和卑微。記住：愈是感到脆弱卑微的地方，心靈愈會在那兒顯現。

有時，會聽到三、四十歲的成年人故作輕鬆地說：「我到現在還不知道，我長大後會變成什麼樣的人。」不管這句話說得有多輕鬆，口氣中卻透露出深沉的自卑感：我感到怎麼啦？活到這把年紀，我的事業應有成了，我應該賺到大把鈔票了，我應該安定下來了。但是，願望歸願望，內心中的那個孩子卻還不打算安定下來，為事業衝刺一番。這個認知，會在我們心中激起一陣哀愁，顯示心靈正在探索自己的命運，思考自己的前途。它為我們打開一個想像的世界，而在某種程度上，這就是小孩的力量。有如《天方夜譚》故事中的口令「芝麻開門」，孩子的幼小和柔弱正是開啟未來、發現潛能的一把鑰匙。

孩子的「無知」也是一個豐富的礦藏。《新約》福音記載，在前往耶路撒冷途中，幼小的耶穌和父母失散了，後來有人發現祂在一座猶太廟堂中跟教士們討論神學。這只是一個神蹟故事嗎？或者，它所顯現的，實際上是孩童的特殊智慧——那麼的混沌，卻又那麼的深刻，如同榮格所說？偉大的十五世紀神學家，庫薩的尼古拉（Nicholas of Cusa）寫過一本討論「有識的無知」（educated ignorance）的書。他認為，我們應該找出法子，擺脫那些妨礙我們領悟奧妙真理的知識。我們必須回到孩童的無知，因為我們已經被教育得過分世故精明。禪宗也勸誡我們莫失「赤子之心」，這樣我們才能更直覺地接觸我們的經驗。

這顆童心永遠不成熟，我們也永遠擺脫不掉它。然而，心靈中的這個小孩既無知又笨拙，他的顯現會引起我們尷尬不安，所以我們都排斥他，試圖把他遮掩起來，甚至強迫他消失。但這樣的壓制反而使孩子更加桀驁難纏。我們愈遮飾我們的無知，就會愈發顯得無知。我們愈是故做成熟高雅，我們的稚嫩就愈發顯露出來。我們愈想充當大人，就會表現得愈像孩子。

我覺得，如果我們能珍惜自己的那顆童心，那麼，在現實生活中，我們和兒童的關係就會變得更加開放、更加有益兒童的身心發展。有關兒童的最大問題是：我們應該如何教育他們？政客和教育界人士建議，增加每年上課的天數、加強科學和數學課程、在教室中大量使用電腦和其他科技、經常舉行考試和測驗、嚴格考核教師、削減人文藝術課程的經費。這些做法的目的是：把我們的孩子訓練成一個最優秀的公民，成為社會機器中一枚最有效用的螺絲釘。我們並不希望他們成為古希臘人理想中德智兼備的成年人。然而，這樣做卻抹殺了性靈。我們幫助孩子準備面對生存競爭，卻忽略他們在心靈上的需求。

教育（education）意指「引導出」（to lead out）。一般人以為這指的是將孩子引導出他們的童年，但教育的真諦，也許是將童年已有的智慧和才華誘導出來。夏山學校（Summerhill School）創辦人尼爾（A. S. Neal）多年前就指出，我們應該相信，兒童已經擁有才能和智慧。我們以為，在心智上兒童是一塊空白的黑板（tabula rasa），而事實卻可能是，兒童知道的比我們想像的多。兒童的智慧不同於成年的智慧，但是我們應該珍惜它。

傷害我們的童心就是傷害我們的心靈，因為童心是心靈的一個表現，而心靈的任何層面一旦遭受漠視，就會成為痛苦的根源。在美國的社會，我們很難找到童年無拘無束、逍遙自在的歡樂。我們花很多錢，建立電子娛樂中心，卻不能滿足心靈對天真爛漫、樸實無華的樂趣的需求。在世界各國中，美國算是最不會照顧兒童的國家了。儘管我們信誓旦旦，要為兒童謀求福祉，卻很少站在兒童的立場，認真的為他們做點事。在美國，兒童遭受虐待無一日無之，但大人都忙著遮掩、否認這個事實。這種悲慘的情況顯示，我們並不珍惜童心。擁抱這顆童心，就會對成年人的價值觀造成威脅——大人重視資訊甚於奇蹟、娛樂甚於遊戲、知識甚於蒙昧。倘若我們真要好好呵護心靈中的這個孩子，我們就得面對本性中比較低下的一面：奔放不羈的情感、奇奇怪怪的願望、各種各樣的軟弱無能。

在回憶錄中，榮格針對兒童提出一個發人深省的看法。他說：「比起成年，童年更能完整地呈現出自我，更能刻畫出一個人完整純粹的個體性。」他繼續說，兒童能在成年人心中激起原始的渴念，滿足他在適應文明的過程中喪失的欲望。毫無疑問，我們之所以不能跟心靈中的小孩和諧相處，原因之一是，我們的社會充滿對兒童的肉體虐待和性剝削。我們誤把進步當成人生的終極目標，因此，在社會的層次上，我們自認比祖先更聰明、進化，而在個人的層次上，又認為成年人比兒童更有智慧。對進化的迷信，在我們文化中根深柢固，大大影響我們的價值觀。活在一個階級分明的世界，我們蔑視發展程度較低的文化，藉以抗拒自己的原始本性。同時，為了排斥靈魂深處永遠存在的童心，我們堅持透過教育和科技進展，逐步提升自己，使我們脫離童稚階段，進入成熟的境界。這並不是真正的成熟，因為成熟的人既重視新近獲得的生活方式，也珍惜以往的經驗；實際上，我們只是試圖抗禦內心中那個令我們感到羞辱的小孩——他雖然充滿性靈，卻妨礙我們以成人的身分主宰自己的生活。如果我們執迷不悟，千方百計，一心只想拋棄本性中比較卑微的成分，尤其是童心，那麼我們又如何能陶冶心靈呢？我們想好好照拂我們的心靈，就得承認內心中那個永恆的童年，接受它的種種不足和缺失。

第三章

顧影自憐的神話

納西瑟斯與自戀狂

主流心理學對堅強的自我（ego）具有充分的信心。自我的發展和積極的自我意識，被認為是成熟人格的重要成分。然而，自戀（narcissism）——把注意力集中在自己身上而漠視別人和外界的習慣——卻被當成是一種心理疾病。另一方面，強調無意識的榮格心理學，以及高度重視心靈中非自我特質的原型心理學，都把自我看成罪魁禍首，到處闖禍，留下一大堆後遺症。即使在解析夢境時，也會忍不住責備自我老喜歡犯錯。更何況，宗教長久以來就一直告誡世人，切勿自私和自戀，免得犯下七大罪之一的驕傲罪。在這種情況下，我們難免懷疑，世界上有一項道德陰謀正在進行著，而他們打擊的對象就是「自我」。

各方人士對自戀大加攻擊。其中顯露出的偏見和狹窄道德意識使人不禁懷疑，在這堆慘遭遺棄的自我中，可能存在著某種性靈，因為按照常理來判斷，那麼壞的東西必定有它的價值。我們義正辭嚴，斥責自戀和自愛，目的是不是想遮蓋心靈情愛的神祕本質？我們排斥自戀的行為，目的是不是想抗拒心靈要求被愛的呼聲？

這個問題不僅僅是理論上的。從事心理治療工作，我常發現，那些原本成熟和理智的成年人，一旦面對困難的抉擇，就會用一句話打發所有的問題：「我不能自私。」當我們進一步探討這句充滿道德權威的說詞時，我往往發現，這個女病人是出生在一個宗教家庭。她斬釘截鐵地說：「家人從小教導我，絕不可以自私。」然而，我卻注意到，儘管這位婦人口口聲聲說她絕不會自私。事實上，她念念不忘的就是自我。在追求無私美德的過程中，自我轉入了地下，無意識地、危險地依附在唬人的理論和價值觀之上。如今，每當我聽見病人說「我不願自私」時，我就準備和他的自我作一番艱苦的搏鬥。

我們對別人的自戀都感到厭惡，這種反應顯示，我們意識到這個人的行為中包含有某種重要的東西。就這點來說，自戀是一種陰暗的行為。榮格解釋說，當我們在別人身上發現陰暗的東西時，往往會感到厭惡，但這是因為我們正在面對自己內心中令人嫌惡的某種東西，我們正在跟它搏鬥，而這種東西含有對心靈有益的某種特質。我們排斥自戀，原因可能是，這種行為包藏有某些東西是我們迫切需要的——迫切到使它產生負面的涵義。我們那遭受侵犯的道德意識試圖扼殺它，但也提醒我們：性靈顯現於自戀的行為中。

假設那堆廢土中藏有一塊黃金，那麼，我們應該如何善待自戀的症候？我們如何透過表面那層汙泥，進入問題的核心，發現自戀的必要性？大家現在應該已經知道答案：發揮我們那充滿智慧的想像力。探索自戀的現象，毫無疑問，我們可以透過希臘神話中美少年納西瑟斯（Narcissus）的故事——在英文中，自戀這種心理症狀就是以他命名的。

納西瑟斯

根據羅馬作家奧維德（Ovid）在《變形記》（*Metamorphoses*）一書中的記載，納西瑟斯的古老神話，並不僅僅是一個男孩愛上自己的故事而已。它包含有許多微妙的、發人深省的細節。譬如，奧維德告訴我們，納西瑟斯的生身父母是一位河神和一位山林仙子。在神話中，家世往往蘊含特殊的意義。顯然，納西瑟斯的個性含有水或液體的成分，而擴大來說，我們每個人的自戀也莫不如此。當我們陷入自戀的行為時，我們並不腳踏實地（泥土），頭腦也不清晰（空氣），內心中更缺乏熾熱的情感（火）。如同這個神話故事描述的，自戀中的人就像活在夢境中一般，身心有如流水，終日流變不停，而我們整個人就沉湎在潺潺不絕的幻想中，掌握不到堅實的身分。

故事開頭另一個有趣的細節，是有名的先知泰瑞西亞斯的預言。他預測納西瑟斯的命運：「只要他不認識他自己，他就能活到很老。」這個預言很奇妙。它暗示，這個故事的主題是認識自己、愛上自己，而自我的認識會導致死亡。納西瑟斯神話的這個主題提醒我們：我們現在面對的是一個神祕的心靈狀態，而非單純的心理症候群而已。

故事再提到納西瑟斯時，他已經十六歲了，容貌長得十分漂亮，許多少女對他一見傾心。然而，根據奧維德的說法，他個性非常「高傲」，沒有一個女孩子能打動他的心。有一個名叫回音（Echo）的山林仙子愛上了他，但她有個奇怪的毛病：自己不能說話，只能重複別人剛剛講過的字和短語。一天，納西瑟斯尋找他的朋友，呼喚道：「有誰在這兒？」

「這兒。」回音回答他。

「我們在這兒見面吧。」納西瑟斯說。

「在這兒見面吧！」回音又再回答。然而，當她走近納西瑟斯身邊時，他卻退開了。

「我寧可死掉也不會把我的力量給妳。」他說。

「會把我的力量給你。」她語帶玄機地說。傷心失望之餘，她喪失了她的形體，整個人只剩下一個聲音。

這則故事剛剛開始不久。我們所見到的是納西瑟斯還沒有獲得自我知識。他所表現的自戀，猶未達到神祕奧妙的境界。這兒我們看到的是症候：自我陶醉、畫地自限、拒斥一切情感上的交流。他的心有如石頭一般堅硬；別人對他示愛，他卻視同糞土。著魔似的，他的自我愛戀容納不下別人對他付出的感情。自戀的回音性質——這種人總覺得世界上每一件事物都是自己的水中倒影——使他不願放棄自己的力量。回應別人的感情，會損害到他那脆弱的、防衛的、堅持自我的力量。就像所有的症候性行為，自戀的人所執著的事物，往往就是他欠缺的。他會一再地問：「我做得夠好嗎？」他真正想說的是：「不管我做什麼，不管我多努力，我總是不能讓自己滿意。」換句話說，他所「展示」的自戀本身就是一個徵兆：他找不到愛自己的健全方法。

用榮格的術語來說，在納西瑟斯身上，我們可以看到心靈中具有「少年氣質」（puer）的一面：疏離、冷漠、自給自足。回音這個女孩代表的是「靈魂」（anima），迫切需要依附在少年的美貌上。然而，一旦面對納西瑟斯，靈魂卻枯萎退縮成只能重複別人話語的聲音。自戀的人沒有靈魂。沉溺於自戀中的人，會將靈魂貶得一文不值；在他們看來，靈魂只不過是他們思想的回音。他們說，世間根本就沒有靈魂這種玩意兒，有的只是產生電流和化學作用的大腦，除此之外，就只有行為、記憶和社會制約。我們的整個社會也沉湎在自戀中，毫不重視性靈。我們能制定一個城市或一個國家的預算，卻不懂得照顧靈魂的需求。自戀的人或社會，不會把權力交給有如山林仙子般美麗的靈魂。

幸好，故事還沒完。被納西瑟斯拒斥過的一個年輕人發出詛咒。「願他愛上一個人，得不到回報。」我們在遭受類似的蔑視和冷落時，內心裡也會這樣偷偷詛咒對方。失意的戀人會這麼說：「希望有一天你會發現，愛上別人卻得不到回報是什麼滋味。」我們感受到對方的冷酷無情，於是發出詛咒，然而，就像故事中泰瑞西亞斯的預言，對被詛咒的人來說，他的生命卻可能因此出現轉機。如果詛咒發揮效用，這個人的一生可能就會改變了。這未嘗不是塞翁失馬。

在神話中，詛咒的實現有時充滿戲劇性。在我們這個故事裡，復仇女神（Nemesis）聽到了那個年輕人的祈禱，決定實現他的願望。故事於是進入第二個階段。表面看來，它的主題是懲罰傲慢。納西瑟斯來到一個水潭邊，即將面臨生命中一個重大的、危險的精神轉變。神的介入，顯示症候性行為即將崩潰，納西瑟斯的精神病症開始在痛苦迷亂中冰消瓦解。神力摧毀他的自戀，而火力集中在他的自我認識和自愛。他對自己的身分會感到更加迷惑、更加混淆。

故事中的納西瑟斯走近一個水潭。水面平滑如鏡，從來沒有被人類或動物侵擾過。潭邊圍繞著一叢幽深的樹木。納西瑟斯把頭伸到水面上，正想喝一口水，卻看見水中自己的倒影，整個人登時呆住了。奧維德在詩中描寫，納西瑟斯被自己那大理石雕像似的容貌深深吸引，尤其是那象牙般光潔的脖子，更讓他看得目瞪口呆（讀者請注意：這兒使用的意象是堅硬的大理石和象牙，堅硬正是自戀的一個特質）。就像以前愛慕他的年輕人，納西瑟斯渴望占有這樣一個美麗的形體。於是，他把手伸進水裡，卻捕捉不到它。奧維德說：「你追求的東西無處可尋，轉頭走開去，你所愛的東西就會消失。」

這兒，我們看到徵兆開始應驗。原本無情無義、缺乏靈魂的自戀，逐漸轉變成對自己內心的探索。它變成了一種真正寧靜的心靈狀態——變成了對自我的好奇、對自己本身的思考。第一次，自戀的人省察自己的內心，如同觀察水中自己的倒影。以前，他的自我迷戀是空洞，如今卻激起他的好奇。在病態的自戀中，反省和好奇是不存在的。但現在它既然已經轉變成自己內心的探索，自戀的行為也就有了實質的意義，不再那麼空洞。自戀的人也許愛看鏡中的自己，但只有在探索自己的靈魂時，他才享受到深沉的、內心的思考。如同納西瑟斯，他必須面對自己的影像進行深思，但那種影像比一般自戀狂的顧影自憐、沾沾自喜，顯得更加扎實、更有靈氣。

然後，故事提到，納西瑟斯渴望和他在水中發現的影像結合。就像被他拒斥過的那些戀人，他開始感到痛苦，開始憔悴。我們擔心，在哀傷中他會像那個名叫回音的女孩，喪失他的形體。他在情感上所受的嚴酷折磨，是不容置疑的。他對潭邊的樹木說：「有誰的渴望比我更強烈嗎？」他向大自然傾吐心事。這點顯示：在哀傷中，他和他的靈魂建立了新的關係。靈魂存在時，大自然就會有生氣。

我覺得，治療自戀症最具體的方法之一，就是和大自然交談。把所謂「無生命的」世界引進對話中，我們等於承認它是有靈魂的。意識並不完全屬於人類。只有自戀狂會認為只有人類才有意識。有些心理學家說，我們和大自然對話時，是把自己的人格投射到大自然上。這種觀念也是一種自戀狂。因為這等於說，人格和靈魂是人類獨有的東西。如果我們在想像中走進大自然，就像走進一座鏡宮似的，跌跌撞撞橫衝直撞一番，那我們找到的不是靈魂，而是「我」和「我的產品」——投射。我們的渴望就沒有傾吐的對象，只能在無休無止、空洞虛無的欲望滿足中上演著。

心理學家希爾曼在著作中曾指出，渴望是心靈重要的活動之一，對年輕的、少年的心靈來說，意義格外重大。我們每個人的內心都有年輕的一面，而它總是有所思慕，有所渴望。它對分離感受特別敏銳，急切盼望自己的感情能找到依附。因此，納西瑟斯神話給我們的啟示是：當我們內心中湧起一股強烈欲望，想和我們新近發現的自我形象結合在一起時，我們踏出了治療自戀症的第一步。國家也好，個人也好，都會經歷這種成長經驗。做為一個國家，美國渴望「成為」充滿機會的新世界、照亮全人類的一盞道德明燈。她盼望實現對自我的期許。同時，她也深切感受到現實和自我形象之間存在著一個距離。美國的自戀十分強烈，赤裸裸地展示在全世界眼前。如果我們把美國當作心理病人來診治，我們會發現，她最明顯的症狀就是自戀。然而，這種自戀也未嘗不是一個轉機，可以給這個國家帶來新的生命。換言之，美國的自戀是一種純樸的、少年的、真誠地展現心靈新視野的精神。當務之急，是找到通往神話中那個水潭的路途，把冷酷無情的自我迷戀，轉變為跟全世界進行的一場情感交流。

但是，要克服一個心理症狀並不容易。故事中，納西瑟斯躺在水潭邊，內心飽受煎熬，因為他發現水中那張臉那麼的接近，卻又那麼的遙遠——可望而不可及。正在胡思亂想之際，他心中忽然靈光一現。「這就是我啊！」他驚訝地叫了起來。在這之前，他並不知道，他深深愛上的那張臉孔原來是他自己的。

這是故事中的一個重點。納西瑟斯愛上水中他自己的倒影，而他以為那是別人。自戀的人往往沉迷於自我的一些熟悉的、固定的形象。我們喜愛那種我們能夠認同的表面形象，然而，納西瑟斯卻意外地發現，世界上還有其他形象存在著，而且同樣的可愛。它們就在水潭中——就在我們真實身分的根源。治療自戀、陶冶心靈的一個方法，就是伸開雙臂接納這些形象。自戀這種病症，就如同神經質的納西瑟斯，十分頑強僵硬。然而，在水潭邊的納西瑟斯卻找回了他天性中的水分。一如水仙花，他變得溫柔、美麗、深深扎根在泥土中。

值得深思的一點：納西瑟斯學會把自我當做外界一個物體來喜愛時，才真正懂得愛自己。如今，他就可以把自己當做別人來觀察。這不是自我愛上自我，而是自我愛上心靈——愛上心靈呈現出的那張臉孔。我們可以說，治療自戀之道，在於擺脫自我愛慕，轉而喜愛自己內心深處的靈魂。換言之，革除自戀的習慣之後，我們就能擴大對自己的看法。

納西瑟斯發現水中那張臉孔原來是他自己的，忍不住感嘆起來：「我渴望的東西，我已經擁有！」愛上自我的新形象之後，他對自我以及自己的潛能就會有新的認識。

然後，在這個充滿涵義豐富細節的神話故事中，情節起了微妙的轉變：納西瑟斯開始想到死亡的問題。他說：「哀傷正在消耗我的元氣，我沒有多少時候可活了。我的生命在年華正盛時被切掉了。」這兒我們看到的，是所有成長經驗和成年儀式都會有的一個神祕階段──以前種種譬如昨日死。

接著，在故事中，作者奧維德將意象轉到「火」這種元素。他告訴我們，哀傷中的納西瑟斯用拳頭搥打他的胸膛，他的皮膚「漸漸泛紅起來」，有如蘋果的鮮豔光澤。然後，就像蠟在熱氣中融化、霜在朝陽下消融，納西瑟斯被隱藏的愛情之火吞沒了。愛情之火驅散以前那個納西瑟斯的冷漠。神學家們評論這個故事時，總喜歡把它當作道德教材，告誡人們不可自戀自愛。然而，事實上故事卻顯示，愛是促使納西瑟斯轉變的真正力量。溫暖的愛創造了靈魂。

納西瑟斯躺在潭邊草地上，然後整個人靜悄悄地消失進陰間，渡過冥河（Styx）時，他還一逕凝視著河水中的影像。那些出現在生活中，使我們心靈產生蛻變的影像，會一輩子縈繞在我們腦際。一旦我們被一個影像吸引，它就會隨時浮現眼前。譬如，你到烏菲齊畫廊（Uffizi Gallery）走一遭，看見十世紀義大利畫家波提且利（Botticelli）的名畫「早春」

（Primavera），往後一生，你會不時夢到它，在日常生活中也會常常提到，把它當成衡量美的一個標準。往往，在獨坐沉思或與友人談天時，它會乍然出現，提醒你它永恆存在。納西瑟斯神話的這個片段顯示，我們可以透過自戀陶冶心靈，而其中一個方法，就是保存和愛護一生中不斷出現在我們眼前的影像。這是藝術治療的基礎，也是養成寫日記習慣的目的：為轉變我們心靈的那些影像找個棲身之所。某些照片和舊信函，在我們生活中也能發揮神話水潭的功效。當然，觀賞戲劇、繪畫、雕刻和古老的建築，在文化上也能提供我們探索內心的機會。藝術可以成為治療自戀的良方。在西方語言中，curator（美術館館長）和cure（治療）的意義關係密切。我們把自己當成我們影像的保藏和守護者，就能陶冶照拂我們的心靈。

在奧維德筆下，納西瑟斯故事的結尾充滿浪漫綺麗的色彩。他的夥伴們到水潭邊尋找他的身體，百尋不獲，卻在他躺著的地方發現一朵花心金黃、花瓣雪白的花兒。我們發現，納西瑟斯原本僵硬冷酷、有如大理石般的自戀，已經變成花色柔美的水仙（narcissus，亦名daffodil）。文藝復興時代的僧侶也許會建議我們，當我們發現自己沉溺於自戀時，不妨在屋子四周栽種一些水仙花，以提醒我們這個神話的意義。故事開始時，我們看到的是一個自我封閉的心靈，在結尾的地方，我們那個心靈已經開花成長。陶冶心靈，我們必須在症狀中看到神話的意義。我們必須瞭解：在自戀的僵硬軀殼下，有一朵花兒正含苞待放、等待機會突圍而出。涉獵這則神話，使我們能夠接納自戀的症狀，在一瞥之間，發現了一條奧妙神奇的法則——心理上的疾病，它本身可能正是治療這個疾病的良方。

自戀與多神論

納西瑟斯的故事很清楚地表明：自戀帶來的一個危險，就是頑固僵硬、不知變通。而彈性是心靈一個非常重要的品質。希臘神話中的男神和女神都有柔韌、靈活的個性。祂們經常爭鬥不休，但也尊重彼此的威權。每一個男神和女神都能以獨特的方式，幫助維持祂們的多神體制。

做為心理學上的一個模式而非宗教上的信仰，多神論（polytheism）很容易遭到誤解。簡單的說，它指的是：我們內心深處的靈魂對我們有許多不同的要求。把所有這些本能的衝動聚合在一起集中管制，是不可能也是不智的。心理學上的多神論追求的並不是人格的統一，而是多元的境界。有些人一知半解，以為這意謂在道德上我們可以為所欲為，無所約束，不必為自己的行為負起任何責任，殊不知，多神論的「多」（poly）指的是「一些」（several）而非「任何」（any）。在多神論的道德體制中，我們容許自己去體驗不同的道德要求之間所產生的緊張關係。

心理學上的多神論基本上是「質」而非「量」的問題。如果你能容忍心靈的種種矛盾要求，你的生活會變得更加複雜，但也更加有趣。譬如，獨居和社交是兩種扞格不合的心理需求。大部分人心中都同時存在著群居和獨處的欲望，有時兩者會發生衝突。人們有時也會抱怨我們太過孤傲，令人無法親近。然而，這兩種需求其實可以結合成一個完整的生活，不僅在量上，在質上更是如此。事實上，我們把心靈複雜的、矛盾的需求結合得愈深，每一種需求就會變得愈加美妙有趣。在城市中我們可以發現鄉居的情趣，而在鄉野，我們也一樣享受得到社交生活。要在日常生活中實踐心理上的多神論，雖然並不容易，卻使我們的生命更富情趣的變化，不致變成一潭死水。我們的心靈面對多神論的競爭，有如陷身迷宮一般，反而會得到滋養，日益茁壯。

心理上的多神論能帶給我們最大的好處，是讓我們和我們的心靈更加接近、更加契合。如果我們用一種單一不變的態度，保持我們生活的安定和規律——循規蹈矩、因襲傳統、謹守正道——那麼，我們那狹隘的道德意識就會排斥我們本性中的某些要素，將它拒於千里之外，不聞不問。一位從未在野外露營的男士覺得，他討厭這種活動，但他愛上了一個喜歡在星光下席地而眠的女人。在他們出遊的第一個晚上，他仰望燦爛的星空，終於承認，他以前從不曉得享受如此單純、可愛的活動。他說，他從不知道他內心中有這股欲望。這番表白顯示，他已經朝向心理上的多神境界，邁出了小小的第一步。

心理上的多神論讓我們——在某種程度上——接受原本被狹隘道德意識所摒棄的人性和我們的本性。一個神經質的自戀者不會有工夫停頓下來，好好探索和觀察構成性靈的諸多情感、記憶、願望、幻想、欲念和恐懼。結果，這個沉溺於自戀的人，對自己只有一個固定不變的看法，其他可能性都被自動排除。納希瑟斯的神話，尤其是水潭中發現「另一張」面孔的那一節，我們可以當成心理多神論的寶貴一課。

因此，我們可以將自戀視為一個心理契機，而非心理問題；換言之，自戀並不是人格上的缺陷，而是心靈試圖尋找它的另一個面貌。自戀不單純是迷戀自我，更正確地說，它顯示的是：我們必須培養一個更複雜、更弔詭的自我意識。既包含原有的自我，也能接納非自我的一切。

生命的開花

若干年前，我在一間州立大學教授心理學，有個才華橫溢、與眾不同的年輕人來上我的課。他看起來相當成熟，對社會問題頗為關心，也喜歡討論思想觀念，甚至在課外自己看一些嚴肅的書籍——在這所大學，這現象頗不尋常。然而，我卻在他身上發現了早期的納西瑟斯：他總是有辦法吸引人們圍繞到他身邊，而同時又刻意保持一段距離。在他身上我也看到「回音」。他老喜歡把從別的地方聽來的觀念，當作自己的東西向人講述——這就是自戀的明顯證據。但我還不清楚他究竟沉陷得多深，直到有一天他要求私底下跟我談一談。

他在我對面坐下來，神色出乎尋常的嚴肅。

「想說什麼？」我問道。

「我必須告訴別人，」他眼神炯炯發光，「發生在我身上的事情。」

「說吧！」我說。

「我發現了自己的真正身分。」

「是。」

「我是耶穌基督。」

「喔！」我說。這種毫無保留的表現自大自尊，出乎我意料之外。

「我身負拯救世界的使命，」他繼續說，「我知道我能夠創造神蹟。請別誤會，我的意思並不是說我只是個普通的基督徒，或只是耶穌的追隨者，或只是一個像耶穌的人。我就是耶穌本人，重返人間。我知道這聽起來有點詭異，但這是千真萬確的事。」

我相信，這位年輕人對他的生命確實具有強烈的使命感。他有才華、信念、理想和精力。但是，毫無疑問，倘若他那症狀性的自戀不能深化，加以昇華，他的麻煩可就大了。也許他這一輩子不會成就任何事業，最多只能在挫折沮喪中度完一生。有一回，我向一位在州立醫院服務的同事提到這個年輕人的事。他的反應是：「喔，我們病房裡有好幾個耶穌。」然而，在我看來，我這個學生的自戀和妄想固然荒誕，但他的生命潛能也同樣深厚。對他來說，陶冶心靈之道，在於細心照料這些幻想，培育它們，把它們焠煉成一種積極有效的生活力量。與其從純粹的病理學角度看待他的幻想，不如當做一種契機，促使他展開積極進取的新生活。與其質問，這些荒誕絕倫的想法從何而來，不如問問自己，這個年輕人該如何實現他的理想？他自稱是耶穌；這種想法的危險和瘋狂，我當然知道。說不定，他會變成另一個行事詭異的邪教教主吉姆．瓊斯（Jim Jones）。但是，只要我們能以謹慎積極的態度處理自戀問題，它未嘗不能在日常生活中開花結果。

有些心理學家卻認為，那些終日神遊物外、內心充滿理想的年輕人必須回到地面上來，體驗一下真實的生活，約束一下心中種種不切實際的念頭。我們應該把他從天馬行空的幻想中拖下來，讓他跟一般人生活在一塊。然而，我懷疑，從一個極端轉變到另一個極端，會有真正的補償作用。我擔心，這樣做反而會使裂痕更難彌補，而這個沉湎在幻想中的年輕人會感到更惶惑不安。我們不如因勢利導，以同情的態度看待症狀中顯露出來的問題，同時設法將它昇華。

在神話故事中，納西瑟斯的心靈最後變成一朵盛開的鮮花。他並沒有變成一個成熟的、世故的大人；他不為少年時代的愚昧懺悔。事實上，進入陰間後，納西瑟斯還一逕凝視著自己的影像。這個情節顯示：自戀一旦被吸納入人格的核心，使年輕的神永遠存留在心靈中，這個病症就會豁然而癒。一般來說，行為若不被接納——不被承認為我們本性中一個合法正當的成分，它就會變成一種症狀。我那個年輕學生也許需要經過多年的思考，才能將他的自戀轉變成一個深沉的、充實他生命的神話。然而，倘若我們缺乏年輕狂熱的理想，不敢妄自尊大，拿耶穌、莫札特或黑人民權運動領袖金恩牧師（Martin Luther King Jr.）來期許自己，那麼，我們個人和社會還有什麼指望呢？插著自戀翅膀的理想主義翱翔在天空，我們何必強迫它降落，我們何不接納它、探索它、擁抱它，讓它自然而然從冰冷的象牙塔理想轉變成柔韌、美麗、充滿人間煙火氣的生命。

通常，我們不願正視自戀可能產生的正面成果，是因為它會在我們心中激起強烈的不安。自戀的行為違反美國文化一個顯著的美德：謙卑。為人處世，我們都應該保持謙恭、不妄自尊大的態度。自戀是自謙的反面，因此我們不能不壓制它。然而，我們社會若想善用自戀，則我們需要的不是謙卑，尤其是那種專門打壓年輕人旺盛企圖心的虛假謙卑，我們需要的是偉大的夢想、崇高的理念以及對自身才華能力的信心。

自戀的問題不在於崇高的理想和旺盛的企圖心，而是如何落實。自戀的人發現，在他自己內心中以及在周遭的人群裡，都有力量抗拒他的行為。人們一旦在朋友和同事身上看到自戀的跡象，就會立刻嗤之以鼻。他們的反應，甚至「反擊」，往往是高高在上、充滿道學口氣的訓斥：「那個年輕人應該從象牙塔上走下來，體驗一下真實的生活！」或者：「他什麼時候才長大呢？」然而，「長大」並不能解決自戀的問題。相反的，我們應該設法瞭解這個神話的意義，盡量發掘自戀的潛能。只要有一朵小小的蓓蕾出現，人格如鮮花一般綻放就指日可待。

自愛

自戀是一個人「不愛」自己的狀態。當一個人不愛自己，他會過度努力尋求自我認可，這是一種愛的反向表現。我們可以在刻意的努力和誇大之中看到這種情結。周遭的人常能一眼看穿自戀的愛是很膚淺的。我們光憑直覺就知道不斷談論自己的人，一定沒有強烈的自覺。對於陷在這種神話中的人而言，無法愛自己，就像一種受虐，而我們都知道，心中一旦有受虐的元素在運作時，施虐必然也如影隨行。這兩種態度就像在典型的分裂力量中各據一端。

我們可以在一個自戀的人在對他人的排斥和自我優越感中，看到明顯的施虐傾向。而受虐傾向，則在我所謂的「負面自戀」中特別地顯而易見。有些人以為可以透過不斷的批評、苛責自己來避免自戀。儘管這看起來與自愛恰好相反，但這仍然是一種自戀：不注重生活和他人，只重視自己，即使這是一種負面的關注。這種受虐傾向可能會變成自我批判的習慣。

有一次，一位女藝術家跟我談論她的繪畫。她讓我看了一些作品的樣本。在我看來，她才華洋溢，足以畢生致力於藝術創作。但是當我們聊天時，我發現她對自己和自己作品的態度有些許抵觸。

我說：「我特別喜歡妳最近的畫作，不用透視圖法來表現現實主義。」

「喔，我不知道，」她說，「我想這只是顯示我欠缺學習。你知道嗎？我一直想要上藝術學校，但我的家裡負擔不起。」

我真的很喜歡她的風格，於是問她：「妳如何讓這些顏色看起來如此協調又充滿對比，如何同時表現這些特色？」

「這些東西，我沒有受過真正的訓練。」她還是很在意自己的背景和學歷。

自我輕蔑其實是自戀的另一種面向。這會剝奪靈魂與世界的連結。這位女藝術家非但無法對樹說話——在神話中，納西瑟斯對樹木說話，就象徵進入了某一種境界——她甚至無法談論自己的畫作。她的「自我」擋在中間。她因為過度關注自己的形象，無法與自己的創作建立連結。我這麼想著，她如果能以藝術家自居，並且愛上這個形象，就能忘卻自卑感，專注在創作上面。靈魂永遠有連結的成分存在，但是正如我們在神話中所見，自戀就是自我無法建立連結。在自戀的狀態中，我們有如象牙雕像，看似美麗，卻又硬又冷酷。

儘管自愛與自戀剛好相反，但是很多人很難分辨何謂自戀，何謂適度且必要的自愛。因此當一個人不明白自己其實是太渴望讚美，他就會壓抑對成就的喜悅。他可能會輕視明顯的成就，或是很難接受恭維和讚美，以為這樣就可以避免可怕的自戀。虛假的謙卑會否認自我渴望的關注，但是否認本身就是一種自戀，因為這只是負面地把注意力放在自我上面，而不去關心生命中可能的樂趣。

我們可以透過給予自我需要的東西來治療自戀，來滿足自己某些症候性的渴求，像是對成就的喜悅、接受或某種程度的認同。一個人如果受虐般地拒絕自我的欲望，是不可能關心靈魂的。相反地，用靈魂的需求換來虛假的美德，充其量只是一種禁欲的交易。一個人如果是被純潔和自我控制的想法所驅使，就會否定自我所需的所有慰藉，而且可能充滿自戀。靈性的修行中常常充斥對個人進步的關注、權威的接納，或是祈求獲得聖徒身分或某些更高的地位。不過我提醒各位，還有另一種方式，那就是聆聽靈魂的抱怨，在靈魂最需要的地方給予愛與關注，即使這也是我們最心存懷疑的部分。

治療自戀症的祕訣不在於將它完全治癒，而是聆聽它的聲音。自戀是一種訊號，象徵靈魂沒有獲得充分的愛。越是自戀，就代表被給予的愛越少。這個神話格外地微妙。納西瑟斯愛上自己的影像，卻不知道被愛的影像，其實就是自己。他從自身的經驗發現自己是可愛的。接下來，他把自己當成一個物體來愛。我們身處於個人主義和主觀至上的時代，總認為將人物化是一種罪惡。然而唯有如此，我們才能客觀地看待自己。我們可以把自己生活中的事物和性格特質，當成物質一樣檢視，與「我」這個概念劃清界線。如此一來，我就是一種東西，我是由事物和特質建構而成，我如果愛這些事物，我就是愛自己。

我們如果在深入洞悉靈魂之際，像榮格一樣投向鍊金術的懷抱，這會有一個好處。就鍊金術的觀點來看，自我是由物質、物質的過程和性質組合而成，其中包括鹽、硫磺、鐵和水；冷和熱；乾燥和潮濕；煮、煨、燜和沸騰。我們可以在日常生活中用這些字來描述靈魂的狀態。當我們認同靈魂的客觀本質後，我們就會愛自己的靈魂，而不會陷在唯我論的自我專注裡。我們可以像納西瑟斯、像他者一樣愛上自己。我們甚至可以用這種方式來體驗自我。我們知道自己的習慣、弱點、強處和怪癖。用愛與興趣看待這些東西，並不一定是自戀。事實上，我們如果能覺察靈魂的特質，就像納西瑟斯發現自己與自己喜愛物體之間的距離，將有助於把自戀轉化成真實的自愛。

順帶一提，自戀不全是人的狀態。我們的建築物、藝術品、一個城市的設計、一條高速公路、一部電影和一條法律，其中都帶有些許、甚至強烈的自戀傾向。一個自戀的物體代表它不愛自己。這說起來有些古怪，不過一棟建築物即使本身的基本形式已經具足，也很討喜，卻會過度炫耀自己。舉個例子，在我眼中，紐約的帝國大廈巍然聳立，充滿自信，但在這個城市中有太多的建築物過度堅持獨特性。它們看似想要獨立存在，彷彿自覺在這群高樓大廈中有些自卑，不如其他的建築物，所以必須誇大自己，才能被人注意。然而，帝國大廈不會因為旁邊的建築物比它更高更新就失去地位。它在自愛中顯得安然自得。

這個神話也教會了我們另一件事：自戀只是一場更大轉化的其中一環。在這個故事裡，場景從樹林轉到陰間，主角從人類變成花朵，亦即從人類變成物體。在我看來，這是遠離凡人的主觀，轉而投入大自然的懷抱。人如果能遠離寂寞，進入創作的國度，自戀就會不藥而癒。當我們處於自戀的狀態時，我們會傷害大自然，製造無法被愛的事物，但是當我們的自戀被轉化時，結果就是自愛，而這可以帶來與大自然萬物融為一體的感受。你可以說，之後我們會生出一種共享的自戀、一種互相的自愛，一種存在於萬物之間、神祕的血水交融。我們如果不迴避神祕主義的詮釋，也可以說這種症候型的自戀唯有變成一種真實的宗教美德，才可被治癒。當我們深究人類所有的症狀和問題時，並用靈性的方式去理解它們時，就會發現終極的解決之道都存在於宗教性的感知裡。

德國詩人里爾克（Rainer Maria Rilke）詮釋了日常事物化為神聖、有形化為無形的哲學。他在一封一九二五年的知名信件中寫到：「我們的任務就是將這短暫凋零的大地深深地、痛苦地、熱情地烙印在內心深處，它將再起，化為我們心中的『無形』」。這讓我想到納西瑟斯變成了一朵花：大自然會透過人類的生命展現自己，而我們性格的花朵就是創造的行為。里爾克在他知名的《致奧爾菲斯的十四行詩》中，再次直接提到了納西瑟斯：

儘管池中倒影
常在眼前朦朧不明
但要明辨這個影像
唯有在雙重境地
歌聲才會變得永恆且柔和

自戀者可能鐵石心腸又殘酷，即使他也可能因嚴厲的自我批判而飽受煎熬。但是當納西瑟斯發現這個「雙重境地」時，他在水潭旁躺下，碰觸另一個自己，接著一些持久、永恆、平靜的深刻感受出現了，帶給他踏實感和自信。這些感受可以軟化自戀症的施虐傾向，撫平其銳角，因為在這發現自己的潭水中有一股柔和的力量。我們就像納西瑟斯一樣，心中不再會有如大理石般堅硬的自衛念頭，反而會像花朵一般，將根深扎於泥土之中，穩穩地、恣意地綻放美麗，享受大自然最真摯的謙卑。

這裡的問題在於，我們常常沒有用心改善自己的症狀。我們如果不投入藝術的領域，就不會發生蛻變。這就是費奇諾和皮柯·德拉·米蘭多拉（Pico della Mirandola）這些文藝復興時期魔術師的教誨：我們必須成為個人生命的藝術家和詩人。想像力可以改變症狀。我如果聽到自己的話語中吐露一絲自戀，就能依此抽絲剝繭，發現自己在哪些地方不愛自己的靈魂，不照顧自己的靈魂。我自戀的情境、時機和特別的用語，可以明確地告訴自己必須注意哪些地方，必須如何採取行動。說來奇怪，我如果能辨識自己的自戀，在其中聆聽到神話的餘音繞耳，我將會非常感謝自戀這件事。自戀之中包含了自我接受的種子，還有與寬廣世界的愛的連結。

第四章

愛的入門

柏拉圖說，愛情是一種瘋狂、天賜的瘋狂。今天我們談論愛情，主要是把它當做人際關係的一環，而在相當大的程度上，我們認為愛情是我們可以控制的東西。我們關心的是，如何談好愛情，如何使它成功，如何克服它的問題，如何接受失戀的打擊。身為心理治療師，我發現病人的許多問題癥結在於：他們對愛情期望太高，結果大失所望。顯然，愛情並不單純。愛情牽涉到過去種種糾葛和日後的希望，一些芝麻蒜皮小事，只要稍稍牽扯到對方，也會對兩人的感情產生重大的影響。

有時我們以輕鬆的態度談論愛情，忽略了它那強勁而持久的一面。我們總是期望愛情完整，能夠撫慰我們的心靈，然而卻往往驚訝地發現，愛情也能夠在我們心中留下空洞的切口，留給我們一場空虛。離婚通常是一個漫長而痛苦的過程，永遠不會有真正的了結。離婚的男女永遠無法確定他們的決定是對是錯，雖然分手之後，他們的心靈會獲得些許的寧靜，但夫妻的恩情會永遠留在記憶中，即使只是在夢境中出現。沒有機會表達的愛，也會折磨人的心靈。有一位婦人最後一次見到她父親時，他正在醫院手術間。每回想到這一幕，她忍不住放聲痛哭。當時她真想告訴父親，她愛他，儘管這些年來他們父女的關係一直非常惡劣。但在最後一刻她退縮了，然後一切都太遲了。為此，她一輩子懺悔自責。在討論愛情本質的對話錄中，柏拉圖把愛情稱為「完滿與空洞的孩子」。愛情的這兩個層面，總是互為依存。

我們喜歡愛情，而我們都期望愛情使生命更加圓滿。這是每一個愛過的人都有的感覺。愛情似乎許諾我們，生命的傷口會癒合。儘管以前愛情曾給我們帶來痛苦和不安，我們也不在乎。愛情具有一種自我復甦的力量。就像希臘神話中的女神，祂只要在遺忘之水中浸沐一番，就能恢復貞潔。

我覺得，每經歷一次愛情，我們就對愛情多一分瞭解。每回失戀之後，我們就痛下決心，絕對不再犯同樣的錯誤。我們的心變硬了一些，我們自己也變聰明了一些。然而，愛情本身永遠是年輕的，時時會顯露出年輕人的愚騃和荒唐。因此，與其讓痛苦無望的愛情折磨得憔悴不堪，不如坦然接受愛情帶來的空虛，因為空虛是愛情本質的一部分。我們不必刻意避免重蹈覆轍，也不需學乖。遭受失戀的打擊之後，儘管心有餘悸，我們也只好一頭再栽進愛情中，進一步體驗愛情那神祕的、必然存在的黑暗和空虛。

把愛情看成心靈的一種活動，不把它當作人際關係的一個層面，也許會讓我們更能享受愛情。古時的愛情手冊採取的就是這種觀點。他們不談如何維持關係，雖然他們很珍惜友誼和溫馨的感情。這些書強調的是愛情對心靈的影響。愛情能使我們的心胸更加開闊嗎？愛情能在某些方面啟發我們的心靈嗎？愛情能把戀愛中的男女帶離塵世，讓他們一嘗天堂的滋味嗎？

文藝復興時代的哲人費奇諾說：「人類的愛情是什麼？它的作用在哪裡？愛情是一種欲望，讓我們和美好的事物結合在一起。使我們在塵世中也能享受永生。」新柏拉圖主義學派的一個基本看法是：俗世的樂趣是通往永恆的精神享受的一個途徑。費奇諾認為，在日常生活中，吸引我們趨向永恆的這些東西是「充滿魔力的誘餌」。換句話說，兩個人之間表面看來純粹世俗的關係，事實上，同時也是通往心靈深層經驗的途徑。愛情使戀愛中人感到困惑，因為它在心靈中的活動，並不能跟男女關係的表面節奏和需求密切配合。早期的德國浪漫主義詩人諾瓦利斯（Novalis）說得很乾脆：愛情不是為這個世界創造的。

佛洛伊德提供一個方法，我們可以藉此將愛的焦點從雜沓紛擾的生活轉移到心靈。他說，愛往往牽涉到情感的轉移，和我們童年時的家庭型態有密切的關係。父母親和兄弟姊妹總是牽連在我們的愛情中，成為一種隱形的影響力。佛洛伊德把我們的注意力轉到內心深處的幻想——愛情產生時，這些幻想就會開始活動。當然，我們可以把佛洛伊德的這個觀點解釋得很簡單，那就是：我們現在的愛情不過是舊愛的復活。但我們也可以做更深一層的解釋：佛洛伊德是要我們好好想一想，愛情如何應用記憶和影像，使我們的心靈更豐富。

佛洛伊德提醒我們，一個人的愛情會牽扯到形形色色的人。記得大約十五年前，我作過一個夢。我發現自己身在一個巨大的臥室，旁邊只有一位陌生的美麗婦人。我想關掉討厭的燈光。在牆上，我看到長長一排開關，總共有二十個按鈕。我按了一個，有些燈熄掉，其他則繼續亮著。我按了又按，但總是沒辦法讓全部的燈熄滅。最後，我放棄了，接著就有成群的人走進臥室來。這下可沒戲唱了。我原本就沒法子關掉所有的燈，現在連隱私也沒有了。

戀愛中的人總是渴望黑暗、沉醉和免除一切干擾的自由。在那場夢中，我不願讓心靈的其他層面介入這個單純的、毫無雜質的戀愛機會。我也不要任何燈光。我要的是純粹的無意識狀態，絕對的黑暗。事實上，兩人之間的愛情變得複雜後，就會開始想到對方的種種，想到彼此的關係，左思右想的結果，難免會損害單純的戀愛樂趣。我們實在不願讓心靈帶著複雜的歷史和記憶，介入我們的愛情。

我認識一個即將結婚的婦人。那時，她一連好幾個晚上都作奇怪的夢，夢中她的兄弟老是干涉她的婚事。這位兄弟愛上她，因此決定阻撓這樁會結束他們之間親密關係的婚事。那位婦人告訴我，白天醒著時，她也幻想著和自己的兄弟相愛，希望能同時嫁給他和她的未婚夫。她的感受非常強烈，但最耐人尋味的是，在真實生活中她並沒有兄弟。他其實是她心靈中一個強悍、活躍、愛管閒事的影像。他的出現，是要讓她思考和質疑她自己的婚事。用榮格的術語來說，他扮演重要的「精神」角色，對當事人的行為提出批評，發揮煞車的作用。他也是心靈的代表，提醒她，人類的愛情並不像表面看起來那麼單純。在一篇討論婚姻的文章中，榮格說，愛情往往牽涉到四者：當事人、情人、心靈和精神。但這些夢境卻顯示，其中還牽連了更多因素，而且可能會在新婚之夜出現。

佛洛伊德的一個基本觀點值得我們深思：愛情激發我們的想像力，它格外活躍起來。「墜入愛河」有如「沉湎於想像中」。日常生活的種種瑣事和雜務，昨天還盤據在我們心頭，今天卻全被愛情的夢幻驅散了。具體的現實消退了，取而代之的是一個想像的世界。因此，愛情帶來的「天賜瘋狂」，感覺上就如同偏執妄想狂（paranoia）和精神分裂。

這是否意謂，我們必須治癒這種瘋狂？十七世紀英國哲學家羅勃・柏頓（Robert Burton）在他那部卷帙浩繁的修身勵志著作《憂鬱的剖析》（*The Anatomy of Melancholy*）中說，治療愛情所造成的憂鬱症只有一個方法：不顧一切，一頭栽進愛情中。今天有些作家卻告誡我們說，浪漫的愛情是一種危險的幻覺，我們應該防備它，隨時保持我們的理智，免得被它引入歧途。提出這種警告的作家，不信任人類的心靈。事實上，我們應該袪除的是沒有幻想的單調生活，而愛情正是一種良方。愛情的一個功能，也許就是幫助我們治療貧血的想像力，擺脫那種缺乏浪漫精神、唯理智是尚的生活。

愛情解放我們，讓我們進入超塵脫俗的想像世界，使我們的心靈得以擴張，從而滿足我們在精神上的渴望和需求。當一個戀愛中人把他的對象想像得太美好時，我們會批評他故意漠視她的缺點——「愛情是盲目的」。然而，情況可能正好相反。愛情讓一個人看到另一個人真正的純潔本性，有如看到神頭頂上的那圈光環。毫無疑問，從日常生活的角度來看，這是瘋狂和妄想。但是，如果我們能擺脫唯理智是尚的觀念和心理，我們也許就能體會愛情帶來的那種永恆的、柏拉圖所謂「天賜瘋狂」的感覺。

愛情把我們的意識帶進夢幻的境界。和夢一樣，愛情所揭露的比它所扭曲的還要多，而且，它揭露心靈奧祕的方式也如同一場夢——含蓄地、晦澀地，彷彿一首詩。我們若想真正瞭解柏拉圖的愛情理論，就必須把其他形式的瘋狂，諸如妄想狂和各種癮癖，看成心靈試圖滿足它的渴望時顯露的徵象。柏拉圖式戀愛，並不是沒有性行為的愛情。這種愛情在人的肉體和人的關係中找到通往永恆之路。創造「柏拉圖式戀愛」（Platonic love）這一名詞的費奇諾，為答覆柏拉圖的對話錄，寫了一本討論愛情的書《歡樂》（*Convivium*）。

他在書中一針見血地說：「心靈一半存在於永恆，一半存在於時間。」愛情橫跨這兩個境界，讓我們能夠同時生活在兩者之中。然而，永恆的境界侵擾到日常生活時，我們通常會感到不安，因為它攪亂了我們對生活的安排，打破了我們依靠世俗的理性建立起來的生活規律。

崔斯坦和伊索德

為了體會愛情的「奧祕」，我們切莫把愛情看成心理上的問題，也切莫以為，只要我們多讀愛情指南、多聽專家的勸導，就能夠以理智的態度面對愛情，而不會陷入幻覺和愚昧的行為中。把心靈收縮到合乎理智要求的大小，並不是陶冶心靈的正當方式。我們這個時代太過講究心理衛生，以致於把各種形式上的瘋狂都看成疾病。然而，即使從我們的心理衛生角度來看，柏拉圖的「天賜瘋狂」也不是一種病，而是通向永恆的路途。它把我們從務實的、「消毒過的」生活中釋放出來，讓我們擺脫種種嚴苛的精神束縛。它是一扇門，通過它，我們就能從人類的理性中走出來，進入天賜的神祕領域。

西方文化傳統中的偉大愛情故事，能幫助我們探索愛情的永恆境界。這些故事中，有許多具有無窮的奧祕和豐美的辭藻，以致於被當做神聖的經典膜拜。它們被印成紅色皮面精裝書，繫上絲帶，而我們閱讀時必須正襟危坐。這些故事呈現愛情各種樣貌。包括：「耶穌的受難」（受難Passion一字具有豐富的多重意義）、「舊約創世紀中神創造天地」、「奧迪修斯流浪回來」、「哈姆雷特的憂鬱」以及「崔斯坦和伊索德的苦戀」。

最後一個故事尤其淒美悲涼，很能配合我們現在談的主題。它講的是愛情的惆悵。男主角的名字崔斯坦（Tristan）在法文中意思是悲傷（triste）。他一出生就取了這個不尋常的名字，因為他父親在戰場上身負重傷，而他母親也因難產而死。就像傳統和神話中的許多英雄，他由養父母扶養長大；事實上，他的舅舅馬克國王後來收養了他，把他當作兒子，因此，他一生中總共有三個父親。我們知道，在神話中這種多重身世是命運多舛的象徵，顯示一個靈魂在不尋常的狀態中，遭受變化莫測的人生種種嚴苛的磨難。

成長立業以前的崔斯坦，是一個典型的年輕人。用榮格的術語來說，他是「少年精神」的化身。這個年輕人風度翩翩，個性勇敢，喜歡冒險犯難，卻又常常陷入一種莫名的愁緒中。他才情橫溢，但又顯得無比脆弱。崔斯坦的故事有幾個古典版本。其中之一的作者史特拉斯堡（Gottfried von Strassburg）說，崔斯坦精於音樂、語言、狩獵、遊樂和閒聊。每回來到新的地方，他立刻學會當地的語言，編造各種稀奇古怪的冒險故事，說得活龍活現，並不忘一展迷人的歌喉，贏取人們的歡心。因此，崔斯坦和伊索德的故事有個主題：愛情從年輕奔放的生命出發，進入人生中充滿悲劇的那一面。天真爛漫、多才多藝的少年，墜入了千糾百結的情網，無法自拔。

崔斯坦的故事有個含意豐富的重要意象，那就是水。展開冒險之旅前，崔斯坦正在海港的一艘船上，跟一群來訪的挪威水手下棋。他們把崔斯坦拐走，啟碇揚帆而去。海上起了風暴，為了安撫風神，這群水手把崔斯坦一個人趕下小船。崔斯坦漂流到愛爾蘭，遇見女王和公主伊索德（Isolde）。他隱瞞自己的身分，把名字改成坦崔斯（Tantris），因為他不想讓她們知道，他殺過的仇敵中有一個是伊索德的舅舅。然而，有一回他正坐在澡缸裡沐浴，伊索德卻識破他的身分，並且解開他名字之謎。這一幕呈現出的是一種洗禮儀式——兩個年輕人接受愛的洗禮。後來，在另一個機緣中，崔斯坦又只帶著他的豎琴，乘坐一艘無槳無舵的小船重抵愛爾蘭。學者約瑟．坎伯（Joseph Campbell）指出：這一幕顯示崔斯坦憑著他那能使諸神垂聽的音樂才華，把自己整個的交給了命運。

崔斯坦是「才情」的化身。當他漂流在海面或浸泡在水中時，他的特性分外顯露：永遠充滿年輕的生命力，彷彿剛經過洗禮一般，不沾一絲凡俗生活的塵垢。每次聽到有人說，他夢見自己漂浮在湖面上或浸泡在澡缸裡，我就不禁想到崔斯坦這個人。他並不會游泳，總是困坐在水中一艘舟艇上，隨之漂流。他不懂得如何操持一艘航行中的船，在水中求生，他憑藉的是美學和精神價值。漂流向命運時，他顯得極端脆弱，然而，他對自己的能力卻充滿信心；他用音樂的美學因應生命的法則，從中獲得無窮的樂趣。他在流動中，但不會被淹沒。

這種充滿朝氣的心境，很容易墜入情網。陰錯陽差，崔斯坦和伊索德喝下了女王為崔斯坦舅舅馬克調製的春藥，此後，在故事的下半部，我們看到這對年輕人如何在危機四伏、充滿敵意的環境中，不顧一切地追求他們的愛情。禮教習俗阻撓不了他們相愛，然而，這種為當時社會不容的愛情是沒有保障的。結果，崔斯坦和伊索德雙雙慘死，這場戀愛也就宣告落幕了。生前這對年輕人只能偷偷相會，而每次見面，悲苦之情總是伴隨著他們，給他們的歡愉蒙上一層揮之不去的陰影。

閱讀這樣一個故事時，有些人會把它看成一則道德寓言：不倫之戀會得到懲罰，而浪漫的愛情是不成熟的行為，注定給當事人帶來悲慘的下場。如果我們能避免以這種現實的態度看待它，這個故事也許能提供我們一些線索、指示，告訴我們如何在戀愛時照拂和陶冶我們的心靈。

我們習慣以醫療衛生的角度看待心靈，因此，我們都希望活得健康、愛得健康。偏離這種要求和期望的行為，都會被當成疾病。我們不讓哀傷的情緒滲入戀愛。崔斯坦如果活在今天，人們會管他叫「憂鬱狂」（Depresso），因為在臨床上我們已經把心靈的哀傷渴望界定為一種憂鬱症，認為它需要用化學藥物治療。然而，這則中古世紀愛情故事卻能滿足我們心靈的需求，尊重愛情所帶來的哀傷；就像一種順勢療法，它彈奏的是我們能感同身愛的哀傷樂章。它能淨化我們的心靈，並不是因為它以道學家的口吻指斥愛的激情，而是因為它以鮮明強烈的意象，把瀰漫心靈的愛情憂傷地呈現在我們眼前。它也幫助我們瞭解，年輕生命和悲劇愛情之間的密切關係。

我們若想呵護心靈，就必須尊重它的種種情感和幻想，不論這些情感和幻想有多令人嫌惡。閱讀崔斯坦和伊索德的故事時，感覺上，我們就好像被夾在老虎鉗的兩只鉗子當中似的，一面肯定他們那熾熱強烈的愛情，一面卻又嫌棄他們的欺瞞行為。傑出的法國作家喬治．巴代伊（Georges Bataille），長久以來一直探討人們心路歷程中的陰暗面。他說，每一個愛情都難免有違規越軌的行為。在禁忌的邊緣上，我們常常可以看到性靈的真誠顯現。在小說、電影、傳記和新聞報導中，最吸引我們的往往是為社會所不容、充滿悲劇性欺瞞行為的愛情。

陶冶心靈時，我們遭遇的一大困難，是承諾在人生中哀情和悲劇是必要的。如果我們高高在上，用道學家的眼光或心理衛生的角度來看待愛情，那麼，我們就會忽視它在底層顯露的性靈。當我們思考自己在愛情中遭遇的悲劇，慢慢從痛苦的經驗摸索出來時，我們就會第一次體認到心靈的神祕運作方式。愛情是讓我們啟開心靈的一把鑰匙，也是我們的嚮導。愛情陪伴我們，遨遊在心靈的迷宮中。愛情發生時，我們若能全心全意接納它，尊重它那出乎我們意料之外的表現方式和發展方向，我們就能進入心靈的底層，發現那兒緩慢地、弔詭地顯現出來的意義和價值。在心靈深處，我們變成了崔斯坦，一邊無憂無懼地航向命運，一邊彈奏我們的性愛之歌。崔斯坦是充滿宗教色彩的人物，有如一個躑躅在愛情路上的僧侶。他無時無刻不顯露出對天意的徹底信賴。他永遠在洗禮中，經常取新名字，總是和生命源頭的水保持接觸。他是那麼的接近自己的心靈，以致於能夠在困厄的愛情中圓滿地實現他的本性。我們的愛情何嘗不能如此。我們若把崔斯坦當做戀愛悲情的象徵，而不死心眼地把他看成一個戀愛失敗的男子，我們就能體會愛情的光輝，也能尊重它那深沉、陰暗的一面。當愛情的悲情降臨在我們身上時，記住，即是崔斯坦漂流在一艘小舟上，聽天由命地航向人生中充滿悲劇的一面，讓他個性變得更加穩重成熟。我們何必去找心理醫生，要求他祛除我們心中的這股悲情，因為這樣就等於驅逐一個重要的心靈訪客。我們的心靈都需要愛的悲情。它是意識的一種形式，給我們帶來一種獨特的智慧。

愛的失敗、淪喪和分離

我們若把崔斯坦和伊索德的故事當做神話閱讀，就會開始領悟，愛情中原本就存在著失敗的因素和複雜的一面——它們是愛情的一部分，不是外來的。對於分手和愛情的喪失，我們的看法也會比較超脫。分手的念頭經常出現於夫妻和情侶心中。然而，念頭和實際的行動畢竟不同。分離的觀念會讓我們對愛情產生許多想法，但若真的採取分手的行動，就只會造成一種結果：目前兩人維持的關係，宣告破滅。

照顧心靈時，我們固然要尊重它的種種幻想和念頭，但切莫率爾付諸行動。當然，有時我們必須採取行動，但行動之前最好三思，好好探索一下它的意義。譬如，我們可以問問自己：兩個人之間原本完美無瑕的關係，怎麼會突然出現分手的念頭呢？這意味著關係的結束，抑或還有更深刻的一層涵義？

一位敏感、聰慧、心地善良的女士曾來找我，心中只有一個念頭。「我必須和我丈夫分手，」這位名叫瑪麗安的女子滿臉愁容地說，「但我狠不下心來離開他。」

「到底怎麼回事？」我問道。

「他是個好人，」她說，「我愛他，也尊敬他，但我心中有一股強烈的欲望想離開他。我們常常爭吵，性生活也糟透了。我們有三個孩子；他是個好父親。但我內心中那股分離的欲望，比我對孩子們的關愛還要強烈。」

我注意到，她一再使用「分離」這個字眼。我們討論她的想法和期望。一想到要結束她的婚姻，她就覺得心碎，但分手的欲望是那麼的強烈，她知道沒有人能說服她改變主意。我決定集中焦點，和她探討她心靈在那一刻呈現的意象——分離。

在研究中古時期煉金術的著作中，榮格把分離當成一種心靈活動來討論。中古煉金術士認為，要把普通的物質轉變成黃金，分離是必要的手段。榮格從心理學的角度詮釋這個隱晦的意象。對他來說，「分離」是把心靈中需要區別的東西分隔開來。也許它們在心靈中擠得太緊了，以致於喪失各自獨特的面目。帕拉西爾蘇士認為，「分離」是各種創造行為中的主要活動，包括宇宙的創造和人類每一個創造性的行動。那天，我傾聽瑪莉安訴說她和丈夫分離的欲望時，心中不禁想到這些古老的觀念。

像瑪莉安那樣的婚姻，之所以會出現分手的需求，最明顯的原因是：做為夫妻的兩個個體之間缺乏適當的區分。當兩個人相愛、結合、攜手組織一個家庭時，他們內心中的幻想有時會融合在一起，然後各自透過對方活著。在這種情況下，人的個體性難免就會喪失。在討論的過程中，我發現，瑪莉安生命中還有其他心靈上的束縛，是她亟思擺脫的。例如，她的父母非常專制，不讓她選擇自己的生活方式。她覺得，她姊姊也過分干涉她的生活。

她告訴我，剛結婚時她有一股欲望，想創建自己的家庭，脫離父母親，擺脫他們的影響。然而，父母親卻透過經濟上給予她支援，一再侵擾她的生活。不知不覺中，她以父母對她的態度對待自己的丈夫，不准他擁有獨立的個性。我發現，整個來說，在她生活中的許多層面，她需要許多種不同形式的分離，尤其在待人處世的方式上。至於她自己的心靈，她似乎渴望把它從多年的精神樊籠中釋放出來。

一天，瑪莉安來告訴我，她決定搬出去住。她說，她準備讓分離變成事實。這陣子，我們一直在討論她的分離欲望所蘊含的複雜意義，而她告訴我說，這些話她都記在心裡，但她直覺地感到，她應該把所談付諸行動。我覺得她的決定是明智的。為求自我覺醒，有時候我們必須在生活中採取堅強的行動。獨立生活也許能讓她更精確地瞭解，她的心靈究竟在追求些什麼。

她搬出來住，找到一份新工作，結交一些新朋友。她跟幾位男士約會，大體上相當享受她新獲得的自由。她很驚訝地發現，她丈夫對新生活也適應得非常好；多年來第一次，她感到有點妒嫉了。這時她才領悟，她離開丈夫的動機之一，就是要懲罰他，至少要讓他知道她心中怨氣究竟有多深。

她終於嘗到了童年經驗以外的生活。她父母親當然強烈反對她和丈夫分居，但他們的不滿卻反而使她感到得意。違反父母親的價值觀，故意跟他們唱反調，是最讓她高興的事。她結婚得很早，如今總算體驗到單身和獨立的生活，而她喜歡這種滋味。她用新的眼光看待自己，用新的方式感受生活。

「分離」三個月之後，她決定搬回家，回到丈夫的身邊。往後幾年，她在那個家中生活得十分愜意，不再有離開的念頭。她現在操心的是別的事情，和婚姻沒有關係。至少在某一方面，她已經是個「分離／獨立」的人。

瑪莉安的經歷顯示，回應心靈傳出的訊息，讓我們的生命進入原先從沒想到過的境界。分離的觀念似乎與愛情和婚姻的本質相抵觸，然而，也許婚姻中原本就有分離的因子存在，潛伏在底流，而我們能用開闊的胸襟和想像力接納它，不致傷害到愛情。連離婚都已被看成愛情的一種實現、一種圓滿。愛情對我們要求很多，包括在必要的時候，採取和長相廝守的盟誓背道而馳的行動。然而，到頭來，這些陰暗的層面會把愛情帶到一個適當的歸宿，儘管神祕而不可預測。

愛的陰影

我們必須勇於面對愛情陰暗的一面，否則我們的愛情經驗將不會完整。只接受愛情浪漫和光明面的膚淺觀念，在愛情的第一道陰影——分手的念頭，對目前的關係喪失信心和希望、伴侶的價值觀突然改變——出現時，就會顯得破綻百出。這種偏頗的觀念也會帶來無法實現的理想和期望。不能配合這種理想的愛情，往往就會遭到唾棄。我時時提醒自己，在西方的文學和藝術傳統中，愛情總是被描繪成一個小孩，而且往往被蒙住眼睛，再不然就被比喻為一個不聽管教的頑皮少年。本質上，愛情給人的感覺是殘缺不全的，但這種殘缺卻能涵容愛情各式各樣、多采多姿的情感。就在不完整、不可能、不完美的感覺中，愛情找到了它的靈魂。

身為心理治療師，我對愛情的陰影實在太熟悉了。有些人來找心理醫生，原本是想得到醫療照顧，後來卻愛上了那位醫生。心理治療室中的情境——定期的會面、隱密的房間、親切的對話——有時真會激起愛的火花，效力和伊索德的愛情藥一樣強勁。病人往往被這種豐沛強烈、卻得不到回應的感情折磨得痛苦不堪。

「大大，你為什麼不跟我談談你的事呢？」在絕望中，病人會這麼說。「你坐在那兒，一副怡然自得、胸有成竹的模樣，顯得那麼超然、那麼專業，而我卻向你傾吐心事，把心肝都掏出來給你看。我把自己弄得可憐兮兮，因為我愛你，但你並不愛我。我只不過是你一大堆愛人裡頭的一個。你一定是窺祕狂。」

我們很容易對某些人產生愛情的幻想，尤其是對一些特定行業的人，諸如教師、企業主管、護士和祕書。在當事人心靈中，這種愛情是真實的，但在現實生活裡它卻顯得很荒誕。心理診所、醫院和校園中進行的親切談話和自白，很容易點燃愛情的火苗，有時候光是聆聽對方的傾訴，就足以讓對方產生情愫。對方傾聽你的心事、關心你的幸福，不知不覺間愛苗就會在你心中滋長。

希臘神話中有一個陰森、奇異的愛情故事。亞德米特斯（Admetus）是一個豪傑，在一次機緣中，他幫助天神阿波羅解決困難；為了報答他，阿波羅告訴他一個迴避死亡的方法。當死神前來押解他進入陰間時，阿波羅特准他去找一個願意代他而死的人。他就去找年事已高的父母親幫忙，但他們都各有藉口，拒絕了他的要求。他的妻子艾克斯蒂絲（Alkestis）卻答應跟隨死神進入陰間。碰巧這個時候，大英雄海克利斯（Herakles）正在他們家做客，聽到這個消息，立刻去追死神，和他格鬥。然後，一個帶著面紗的婦人走出陰間，看來似乎就是被海克利斯救出的艾克斯蒂絲。

根據我的瞭解，這個故事呈現的是愛情中的一種深沉幽微、難以解釋的奧祕。愛情和死亡的關係一向非常密切。傳統上，人們都把這個故事解釋成妻子履行她的義務——為了丈夫，放棄自己的生命。然而，這樣的詮釋，顯然有仇視女人之嫌，因為它強調的是表面上的順從。我覺得，艾克斯蒂絲的死亡有點像納西瑟斯在水潭邊的死亡。愛情帶我們離開生命，擺脫我們為自己的生活所做的種種安排。艾克斯蒂絲代表我們心靈中女性的一面，而她的任務是引導我們走出生命，進入一個幽深的境界——在希臘神話中，這個境界被想像成死亡的陰間。在某種意義上，把自己奉獻給愛情和婚姻等於把自己交給死神。順從意謂放棄自己的一部分生命，但是，我們的心靈也因此更加豐美。正如古希臘人告訴我們的，心靈在陰間最感到舒適自在。愛情也許會帶給自我和生活一些實際的利益，然而，在愛情和死亡的密切交往中，心靈卻獲得了滋潤。戀愛中的人覺得他們喪失了意志和控制力，但那種損失，對心靈來說，卻可能是無上的營養品。

不過，話說回來，愛情那充滿死亡氣息的一面，並不是每一個人都能輕易接受的。它牴觸我們理智上的價值和需求，違反我們要求自主的欲望。死神出現時，我們都會像亞德米特斯的父母親那樣，找出合情合理的藉口，拒絕代替兒子進入陰間。畢竟，我還要好好享受人間的榮華富貴，幹嘛要我為了愛放棄這一切？我們也可能像大英雄海克利斯那樣，大怒之下，硬是把失去的東西從死神手裡搶回來。在我們心中，也許有一個艾克斯蒂絲，願意屈服於愛情的要求，但可能也有一個海克利斯，一聽到這件事就冒火，不惜跟死神拚鬥。

此外，這個故事的結局也很曖昧神祕。從陰間走出來的那位婦人，果真是艾克斯蒂絲嗎？她為什麼要戴上面紗呢？這是否意謂，當我們把因愛而失去的東西，用強迫的手段奪回來時，我們得到的僅僅是一個虛幻的影子？也許，我們永遠沒法使心靈完全復活。也許，她得永遠帶著面紗，至少能遮擋掉現實生活的一部分嚴酷壓力。愛情要求的是徹底的順從。

在心理治療中，醫師就像海克利斯，試圖把心靈從死神的手裡解救出來。為了讓病人擺脫憂鬱，我們鼓勵他積極參與生活——這正是海克利斯要求的。但是，結果我們面對的卻是一個戴上面紗的人：他能適應現實生活，但也懂得掩飾自己，心靈已經遭受扭曲。有時我們使用藥物，幫助病人回到社會中生活，卻往往發現他帶著還魂屍一般的臉孔，置身一群活人中，就像被海克利斯救出陰間的那個婦人。我們何不停止這種英勇的、為生命所做的奮鬥，在我們心靈中找一個艾克斯蒂絲，讓她隨心所欲進入陰間一遊，接受命運為我們心靈所作的任何安排。

我們以為，不論在理論上或在實際經驗中，我們都知道愛情是什麼。然而，很多人不瞭解，愛情往往顯現在心靈底層陰暗幽祕的坑洞中。它的現實是死亡——是生命進展到這個階段的終結，而不是我們期望的新生活的開始。愛情把我們帶到我們所知道的和經歷過的情感邊緣，因此，每回墜入情網時，我們就變成了艾克斯蒂絲，心甘情願地伴隨帶著死神面具的他，進入陰間一遊。

群體的愛

心靈的一大需求是群體生活，然而，心靈所追求的群體卻有別於我們一般所說的社區。心靈渴望情感上的歸屬、多采多姿的人際關係、親切的交往和獨特的友誼。因此，它在群體生活中所追尋的也正是這些東西，而不是泯滅個性的妥協和一致。

我們的社會出現的許多徵象顯示，我們都欠缺深刻的群體生活經驗。大家都在急切地追尋群體生活，嘗試一家教堂又一家教堂，希望能紓解心靈中那份莫名的飢渴。他們悲嘆家庭和社區崩潰，懷念一個已經消失的黃金時代——那個時候，在自己家中或在街坊鄰里之間就可以找到溫馨的情誼。對我們這個時代的人來說，孤寂是最大的問題，在情感上給我們造成刻骨銘心的痛苦，有時還會引發自殺的念頭。

我認識一個喜歡熱鬧、擅長聊天、興趣非常廣泛的婦人。她手頭上總是有忙不完的事，終日奔波不停，可是，一到晚上，再也沒有事情能讓她分心，她內心中的孤寂就會突圍而出，像惡魔一般折磨她，不讓她安睡。身為一家大公司的副總裁，她回到家中卻得忍受孤寂的煎熬，後來實在受不了了，就開始有自殺的念頭。

她常常讚美周遭的人，一再說她喜歡和朋友們相處，可是我發現，她太過強調這一點，顯示她心中另有不同的想法。有一天她告訴我，她最近和一個老朋友見過面。她說，道別時那位女性朋友想擁抱她，但她立刻退開，因為她覺得一個女人在大庭廣眾間表露感情，是很不得體的行為。她懷疑這位朋友是雙性戀者，在向她示愛。

這件事使我斷定，這位女士的問題不在於朋友的多寡；她所以感到孤寂，是因為她的道德意識太強，她把自己保護得太過周密。後來她又告訴我一件事。她和一群人在沙灘上參加一個聚會，跟往常一樣，她忙得不可開交，幫忙準備食物和招呼客人。餘興節目開始，大夥兒熱熱鬧鬧一齊跳舞唱歌，她卻悄悄溜到後面，躲藏在陰影裡，但有人發現她，硬是把她拖回人群中。她原想找個藉口開溜，然而，心念一動，卻開始唱起一首兒時學會的小曲子。以前她從沒有在公開場合唱過歌，因此覺得很難為情，但大夥兒都聽得很開心。經歷過那個夜晚之後，她覺得內心中的孤寂開始消融。她已經從狹隘的道德意識和社區理想走下來，敞開胸懷，真誠地、無拘無束地接受群體生活的陶冶。

文藝復興時期的人文主義大師伊拉斯謨斯（Erasmus）在《讚美愚戇》（*In Praise of Folly*）一書中說，人們都是透過愚蠢荒唐的行徑建立友誼的。群體生活不能陳義過高。它茁壯於性靈的幽谷，枯萎於精神的高山。本書稍後第七章會提到傳教士比爾，常常跟我談到他的修道會。他說，在修道院中，群體生活是被當成一種理想，在宗教書裡或在靈修導師課上討論。然而，如今比爾回顧他的傳教士生涯，卻找不到幾個稱得上知心好友的同僚，而在群體生活中他總是感到孤獨寂寞。他說，那種生活實在沒有什麼機會，可以讓人建立親密的情感。大家期望你談論宗教，甚至運動，但絕不可以談論自己。當他面臨個人的心靈掙扎，內心充滿疑惑時，他會走到一群共事的傳教士面前坐下來，但他耳邊聽的永遠是：「洋基怎麼表現得那麼差勁！」如果你不懂職業棒球，你就插不上話，也就不能成為「群體」的一份子。

造成孤寂的一個原因是：有些人以為，只有在別人接納你時，你才能成為群體的一份子。許多人就靜靜等待群體中的成員邀請他們加入，而願望實現之前，他們只好忍受孤寂。這種心態，就像一個小孩子渴望家庭的照顧和關愛。但是，群體畢竟不是家庭。它是一群為了滿足歸屬感結合在一起的人，而歸屬感並不是與生俱來的權利。「歸屬」（belonging）

是主動動詞，意謂我們必須積極行動。費奇諾在一封信中說：「守護生命的是愛，但在被愛之前你必須先去愛別人。」飽受孤寂煎熬的人，何不直接走進外面的世界，開始歸屬於它，但不一定要參加任何團體，只需親身體驗心心相連的感覺——和其他人、大自然、社會以及整個社會相連結。這種連結感是我們心靈渴求的。一旦接納了有時脆弱的連結感，性靈會注入我們的生活，滋潤我們的生命，而不再以症狀的形式顯現。

第五章

嫉妒和羨慕

滋養心靈的毒藥

儘管陶冶心靈的目的不在改變、修補、調適或改進自己的個性，我們還是必須找出法子，處理那些令人不安的感覺，諸如嫉妒和羨慕。這類情緒會腐蝕我們的心靈，因此，我們不能任由它滋長，讓自己經年累月沉陷於其中，不能自拔。可是，除了設法根除它之外，我們又能怎麼辦呢？解決之道就在我們對它的嫌惡：任何令人嫌惡的東西，一定具有某種特殊的魔力，可以轉變成一股創造的力量。我們常常發現，在心靈的活動中，最被厭棄的東西往往最具創造力。被建築師丟棄的石頭，反而能成為這棟建築的基石。

大家都有嫉妒和羨慕的經驗。兩種感覺完全不同：一種是冀求別人所擁有的東西，一種是擔心別人會取走我們所擁有的東西，但兩者都會腐蝕我們的心靈。嫉妒也好，羨慕也好，都會讓我們自己感到可恥。這兩種情緒都沒有什麼值得誇耀的地方。可是，說來奇怪，我們並不是很想擺脫它們。嫉妒心重的人會在猜疑中獲得某種樂趣，而喜歡羨慕的人，因為成天渴求別人擁有的東西，內心中也會獲得某種滿足。

西方神話顯示，羨慕和嫉妒是深深根植於我們心靈中的兩種情感。連天上諸神都不能免於嫉妒。希臘悲劇家尤里皮底斯（Euripides）的作品《希波里特斯》（*Hippolytus*）根據一則神話故事改編，主角是個年輕男子，他把自己全心奉獻給貞潔的月亮女神亞特米絲（Artemis）。愛神阿芙蘿黛蒂（Aphrodite）厭惡他的忠誠，而希波里特斯對愛神主管的兩件事——愛與性——又抱著輕蔑的態度，更使她覺得難以忍受。阿芙蘿黛蒂又氣又妒，於是，她設法使希波里特斯的繼母菲德拉（Phaedra）愛上他，這一來整個家庭就鬧得不可開交，最後，希波里特斯慘死在馬蹄下，因為阿芙蘿黛蒂在海中製造一個公牛形狀的巨浪，驚嚇了他的坐騎。希波里特斯死於牲畜蹄下，可說是一種報應——他生前對馬的疼愛（這種動物反映他充沛的精力）遠勝於對任何一個人的愛心，尤其是女人。

在希臘悲劇中，諸神直接對我們說話。尤里皮底斯這齣戲一開頭，愛神阿芙蘿黛蒂就坦然公開說：「凡是不理睬我、藐視我、在我面前耍個性的人，我準會好好修理他。」在公元前第五世紀的這部文學作品中，我們看到了現代心理學家佛洛伊德的觀點：壓制性本能，就是自討苦吃。愛神親口告訴我們，如果我們刻意不回應性的需求，我們的性本能就會深受困擾。貞潔的月神亞特米絲也不能免於嫉妒。這齣戲臨近結尾時，她揚言：「我會選擇她最喜歡的一個男人，一箭把他射死。」這句話中的「她」指的是阿芙蘿黛蒂。

《希波里特斯》呈現的是標準的嫉妒型態：三角關係。在這齣悲劇中，它牽涉到兩位女神和一個凡間男子。這顯示，儘管嫉妒的情緒通常表現在日常生活，但其中也蘊含著重大的、深沉的神話意義。一般人總以為，嫉妒是我們能用理智和意志控制的情緒，而我們也一直努力控制它。然而，事實證明，人類的心靈是一個競技場，在那兒，各種重大的、比我們的理智所能瞭解深沉得多的鬥爭，正在激烈地進行著。嫉妒給人的感覺之所以那麼強烈，是因為它不單純是一個表面現象。當它出現時，各種問題和價值觀念就會在我們心靈深處互相激盪，而我們所能做的，是盡量不介入，讓這場鬥爭自行了結。

嫉妒

古典悲劇和神話既然認為諸神都有嫉妒心，我們就可以據此推測，這種情感在天道和神意之中一定有它的作用。嫉妒不單純是缺乏安全感或情緒不穩定的表現。如果連神祇都難免於嫉妒，那麼，我們的嫉妒就屬於一種原型經驗，並不是人際關係、個性或家庭背景所能完全解釋的。嫉妒所產生的強烈感覺，不僅僅是個人處境造成的；它牽涉到的，可能是一些更複雜、更重大而互相衝突的因素。尋找我們那迷失在嫉妒中的心靈，第一步，我們必須用古典神話的方式和角度思考這個問題，看看這些強烈的情感和深沉的調適，牽涉到究竟有多大的層面。

希波里特斯的故事向我們透露：嫉妒的目的是什麼。這個男子慣常地、刻意地漠視一位女神，而這位神祇的職司是照顧人生中一個極為重要的層面——愛、性、美和肉體。愛神阿芙蘿黛蒂宣稱：謹守亞特米絲式的貞潔，在情感上自給自足，是無可厚非的，但是，冀求別人的愛也是一種正當的、重要的欲望。阿芙蘿黛蒂之所以爆發妒火，最後將年輕的希波里特斯送上死路，是因為他漠視她的需求。他全心全意崇拜一位神祇——貞潔自守、排斥異性的月神亞特米絲——卻因此冒犯了另一位。希波里特斯所犯的罪是棄絕性靈多元的需求。

從神話的角度思考，我們就能想像，我們自己的痛苦、妄想、猜疑和妒火是一位被漠視的神祇發出的不平之鳴。我們也許就像希波里特斯，一心奉行我們認為無可置疑的原則，然而，就在不知不覺間，其他各式各樣的、表面上格格不入的需求，卻在我們心靈中浮現了。希波里特斯之所以守身如玉、拒斥女人，在某種程度上，是因為他不肯敞開心胸，接納另一個世界——一個和他所熱愛和欣賞的生活完全不同的境界。結果，他被馬踩死了，而馬正象徵他那種自負精神。他那孤傲的、心中只容納得下一位神祇的個性害死了他。他太貞潔、太單純、太過抗拒生活加諸於心靈的種種複雜、強烈的需求。

嫉妒心開始作祟時，連個性複雜、精明世故的人，往往也會顯露出他那清高的、道德主義者的一面。嫉妒心要求我們滿足性靈新的需求，而為了自我防衛，我們就躲避到狹隘的道德意識中。然而，我們必須記住，嫉妒是兩個正當的需求在我們心中對峙，造成心靈上最根本的緊張關係。拿希波里特斯來說，他一方面渴望守身如玉，另一方面卻又冀求和別人親密交往。亞特米絲和阿芙蘿黛蒂在他心靈中交戰。我們想擺脫嫉妒心，甚或克服它，卻又不願得罪亞特米絲。最明智的做法是開拓我們的心胸，同時接納這兩位女神，讓她們自行協調，找出一個和平共存的方法。這就是心靈多神論的宗旨，也是陶冶性靈的法門之一。

希波里特斯的名字，在希臘文中意指「脫韁的馬」。這個神話的主角所畜養的馬匹——活力充沛的動物——失去了控制。牠們躍過了畜欄的圍籬。馬兒很美麗，也很危險。有時候，在一些不很年輕的人身上，我們會看到這種希波里特斯式的駿馬精神。他們狂熱地獻身於一種信仰，或投身一種社會運動中。他們的動機和獻身的對象都十分崇高，無可挑剔，而他們的奉獻精神也堪為別人的楷模。可是，那種心無旁騖的追求卻顯露了他個性中陰暗的一面——他完全漠視其他價值標準，有時甚至出現虐待狂的傾向，動輒以拳頭解決問題。

然而，就像所有陰暗的情感，嫉妒這種毒藥也可能成為治療我們心靈的良方。尤里皮底斯這齣戲的情節，講的就是如何祛除亞特米絲式的高傲。孤芳自賞、頑固剛強的希波里特斯，心靈被撕裂成兩半，而就在心靈的崩解中，他的精神失調症得到了治療的機會。故事的結局也許充滿悲劇意味，然而，即使在日常生活中，悲慘的遭遇也可能帶來調整和重組心靈的契機。它是一種痛苦甚至毀滅性的經驗，但在摧殘我們的心靈之餘，卻也能建立新的秩序。「克服」嫉妒心的唯一方法，就是「經歷」它。我們不妨讓嫉妒心發揮它的功能，替我們調整基本的價值觀念。嫉妒會帶給我們痛苦，其中一個原因是，它在我們心靈中開拓了以前未曾探測過的領域，迫使我們在面對前所未知、令人不安的人生新層面時，放棄舊有的、熟悉的信念。

我認識的一個年輕人，各方面都很像希波里特斯，除了不會騎馬——他騎腳踏車。他在一家速食店工作，愛上一個女同事。他為她神魂顛倒，雖然時時約會，但他總覺得對方不怎麼把他放在心上。每回談起這個女孩，開始時他總是充滿柔情，但往往說不上幾句，語氣就會變得凌厲起來，百般指責她的不是。他批評她個性冷漠、自私（嫉妒心重的人往往自以為知情明理，毫不自私，相形之下他的愛人就顯得過分自私）。有一天，這個年輕人來告訴我說，他已經情緒失控。他對女朋友大肆咆哮，差點兒狠狠揍她一頓。

對他那突然發作的怒氣，我們都很關切。孤芳自賞的人很容易情緒失控，行為變得十分暴戾，原因是這種人往往察覺不出他內心潛在的暴力傾向。不過，我不想指斥他的心靈

——這會兒他心中正充滿著嫉妒和妄想，但他卻為自己的情緒和念頭感到不安。「我怎麼會做出這種事？我怎麼會有這種感覺？」他一再地說。

我覺得，他的自責只是想證明自己無辜。他口口聲聲說，他並不是嫉妒心很重的人，以前從來不曾有過這種感覺，可是，他的行為卻變得愈來愈兇暴。我想進一步探索他的嫉妒。面對如此強烈的情緒失控，我們往往會把它看成一種純粹的情感，忽略了它的內涵——糾結在情感中的種種觀念、記憶和幻想。我想探索的是，在他心靈中究竟是哪一位神祇引發這場嫉妒。受到尤里皮底斯的悲劇啟發，我在想，這個年輕人是不是和希波里特斯一樣，冒犯了某一位神祇。

把嫉妒的問題個人化，只談論「我的」缺乏安全感，是避重就輕的一種做法。把嫉妒簡化成自我的一個缺失，是漠視它的複雜性，不敢碰觸我們心靈深處嫉妒潛藏的那個地方。我們若把問題攤在天光下來看，我們就會發現，嫉妒在我們自己的生活以及家庭中，都有它的根源，而這次它之所以發作，也有它的原因。這些層面都很隱晦，因此，我們通常只注意到表面的情感和解釋。我卻想往深處挖掘，看看那簡單明白的一句話「我嫉妒」，裡頭究竟隱藏多少人物和主題。在陶冶我們的性靈時，我們必須撰寫我們自己的悲劇，這樣才能徹底明瞭我們究竟身處在哪一個神話。這是在情感中尋找想像的一個方法，而心靈唯有透過想像才能顯現。

「我猜，她現在和別的男人交往。」對女朋友大發脾氣後的第二天，那位年輕人告訴我說。

「你怎麼會這樣想呢？」我問他。

「我打電話給她，她卻不在家，而她先前告訴我說，她一定會在家。」

「你在查勤嗎？」

「是的，我實在忍不住。」說著，他眼眶紅了。

「你對自己瞭解多少？我是指在你嫉妒心發作時，你不願意承認的那一面。」

「我想我這個人不值得信任。在男女關係上，通常我都不很忠實。」

「如果她發現你這個毛病，那怎麼辦呢？」

「她愛怎麼樣，就怎麼樣吧！」

「你不願讓她得到自由。」

「當然，理智上我願意讓她得到自由。我是崇尚自由的人，我討厭束縛太多的關係。但是，情感上，我不願讓她享受一丁點兒自由。」

「這麼說來，你的嫉妒心使你變得不那麼寬容囉？」

「是啊！我真不相信自己會這個樣子，那跟我做人的原則格格不入。」

「也許你能從你的嫉妒中學到一點東西，譬如，對人不寬容有時也是應該的。為人處世，有時你本來就不應該那麼寬容。」

「對人不寬容，有它的正面意義？」

「我想是的。」我說。「依我看，你心靈中有一股積極、強大的力量，要求徹底的開放和自由。因此，你就壓制心靈的另一個需求，那就是秩序和約束，而這個需求開始反彈時，就會變得狂野、不理性，甚至暴戾。你口口聲聲說，你的個性並不喜歡苛求別人。也許，你個性中苛求的一面一直被你壓抑，如今開始反彈了吧？」

「我崇尚自由，」他驕傲地說，「要維持關係，就必須給對方充足的自由。」

「也許你應該重新檢討你的信念了。你這次大發脾氣，疑神疑鬼，這就表示你必須好好反省，在心態上做某種調整。不管在意識上你是否同意，你的嫉妒心已經在你生命中設下一些限制。」

「我變成了一個警察，簡直不可思議，而她變成了罪犯。我理直氣壯地懲罰她。」

希拉：嫉妒女神

我們在神話中找到的嫉妒事例，並不僅僅限於阿芙蘿黛蒂和亞特米絲。不論男女，希臘的神祇全都脾氣火爆，但嫉妒心最重的，要數眾神之王宙斯的妻子希拉（Hera）。她一年到頭為她丈夫——天字第一號登徒子——的婚外情打翻醋罈子。在世世代代西方人心目中，宙斯是一位偉大的神，但也是一個到處留情的薄倖郎。然而，儘管希臘神話是以人間的意象描繪和呈現，但目的畢竟不在探討人性，包括它的種種弱點。面對一則神話故事時，我們往往必須朝深一層挖掘，才能體察它的邏輯和奧祕。我們若能用詩人的眼光看待希臘神話，我們就會發覺，身為宇宙主宰的宙斯，要求和世間每一個生命發生性愛關係，乃是合情合理的事。

但是，嫁給性欲如此旺盛的男人，身為他的結髮妻子，滋味又如何呢？以人類的標準來說，那就彷彿嫁給一位感情異常豐富的藝術家，或一個具有群眾魅力、廣受世人愛戴的政客。宙斯遨遊天地，處處留情，他的妻子又怎能不時時刻刻感到坐立不安呢？

奇怪的是，在希臘神話中，希拉這位眾神之王的元配夫人，是以嫉妒聞名於世的。在人們印象中，她並不是一位母儀天下、撫慰生靈的天后，也不是一個顛倒眾生的絕世佳人。相反的，她是一個脾氣乖戾火爆、滿懷冤屈的妻子。希拉的暴怒是她表現嫉妒的方式，一如宙斯的性欲是他統御世界的工具。看來，要維繫宇宙的生命和文化，希拉的妒火和宙斯的權力一樣重要。在神話中，嫉妒心結合了政治勢力，聯手制宰整個生命和文化。

宙斯擔任原始的「眾神之父」，仲裁天地間根本的糾紛。他對轄下的每一個子民都心存情欲。他的欲望是針對外面的世界，而希拉發怒，是為了保護家庭和婚姻。他們之間的緊張關係，是家庭與世界、「我們」與」「其他人」兩極之間的陰陽互動。他朝外；她內向。創造世界需要性愛，而嫉妒心的作用在於保全家庭生活。我們若沒有嫉妒心，這個世界就會變得亂糟糟，生活就會失序，兩性關係就會變成露水之緣。嫉妒能裨益我們心靈，因為它在我們生命中設下一些限制，並且要求我們時時反省。

一神論者面對崇奉多神論的宗教時，會遭遇一個障礙：他無法理解多神教奇特經驗的正當性。在希拉的宗教中，占有欲是一個重要的美德。從她的觀點來看，當婚姻的一方發現對方不忠時，不但應該表示憤慨，而且必須這麼做。那位懷疑女友另結新歡而大發雷霆的年輕人，事實上還沒有發現占有欲是一種美德。他覺得，占有欲違反他做人的原則，不是他個性的一部分，因此，他所表現的那種占有欲是衝動的、暴戾的，使他不知所措。他強烈渴望女友對他忠貞，是為了補償他那膚淺的結合欲。他玩弄親密關係，但當親密的感覺真的在他心靈中出現時，他卻覺得很不習慣。一時之間，他不知如何是好。

在崇尚個人自由和選擇權的西方文化中，占有欲是不可取的，但它確實是人類的一種欲望。兩人真正結合時，嫉妒心就會出現。這種結合對雙方都會提出嚴苛的要求。它要我們互相廝守、互相依賴，在夥伴關係中找到滿足感，但也提醒我們，一旦分離，雙方都會非常痛苦。這就是希拉傳統上所代表的特質。

同時，我們也必須記住，儘管希拉占有欲很強，她也深深受到宙斯這位崇尚性解放的神祇吸引。在兩性關係的辯證法中，她代表的是廝守和專情那一面。她的心靈沉陷在占有和放任的掙扎中。經歷這種緊張關係，能讓我們把心靈的不同需求結合在一起：我們都是個體，在人生中本來就是孤獨的，但我們也必須依賴別人，和別人廝守。當我們渴望嘗試新的經驗、建立新的人際關係、展開新的人生旅程時，嫉妒心會讓我們想起舊有的恩情，使我們感受到分手和離異帶來的無窮痛苦。

妻子的原型

在一個壓迫婦女、貶抑所有女性特質的文化中，「妻子」這個稱謂並未得到它應有的尊重。當這個「靈魂」形象在男人心中得不到尊重時，妻子的地位就會淪為附庸，而婦女必須負起照顧家庭和孩子的全部責任。男人固然擺脫了家庭生活的束縛，但也因此蒙受一大損失，因為在照顧家庭時，人們的心靈會得到情感上的豐富回饋。一般男人比較喜歡從事冒險性的活動，譬如經商或建立事業。當然，職業婦女如果獻身於建立文化的迷思，也會喪失「靈魂」。男人和女人都會蔑視妻子的形象，也都會為自己能擺脫這種卑下的地位而感到慶幸。在這種情況下，希拉的神話形象提醒我們，妻子應該受到敬重。她在希臘神話中的表現顯示，「妻子」代表的是我們性靈中非常深刻的一面。

對希拉來說，當一個人的身心和另一個人連結在一起時，他或她的個體性最為凸顯，而這種觀念違背了我們現代人對獨立和分離的重視。在我們這個時代，想透過別人的關係尋找自己的的身分，是會貽笑大方的。然而，這正是希拉的神祕魅力。她的依賴具有一種尊嚴，甚至神性。在古代，她的地位非常崇高，人們都以無比的敬意和愛心膜拜她。今天，人們常常抱怨，每回和別人建立感情關係時，他們就會變得過度依賴。這種症狀，可以視為「欠缺希拉式的情操」，而最好的藥方是敞開心靈，接納更多緊密深沉的男女情愛和關係。

在兩性關係中，要恢復妻子應有的地位，需要特殊的技巧和敏銳的心靈。通常，我們都會把原型實體貶低為社會角色。一個女人結婚後，就會不知不覺扮演起妻子的角色來，而男子就以那種角色看待她。但是，原型和角色之間存在著極大的差異。我們可以設法將希拉的精神引入夫妻關係中，這樣一來，兩個人就能成為相敬如賓、相互扶持的伴侶。我們也可以求助於希拉，在婚姻生活中創造相依為命、夫妻一體的氣氛。在希拉的精神感召下，夫妻倆細心呵護他們的婚姻，尊重彼此所表現的依賴。為了希拉，當你出門在外時，記得打個電話回家。為了希拉，當你籌畫未來的生涯和事業時，請將你的伴侶包括在內。

嫉妒的感覺，和伴侶間這種相互依賴的成分是分不開的。嫉妒是妻子原型的一部分。希臘神話中的希拉，對丈夫充滿柔情，但也會隨時打翻醋罈子。如果有一方不珍惜真誠的伴侶關係，希拉的精神就會離去，而婚姻就會淪為無可奈何的同居。然後，這對夫妻就會分裂成兩種不同的人：個性獨立的那位追求自由，而喜歡「相互依賴」的那位則飽受嫉妒心煎熬。在婚姻關係中，如果有一方很明顯的扮演妻子的角色——不見得就是女方——希拉會覺得很不高興。如果你的婚姻出現了警訊，那就表示希拉沒有得到尊重而感到悲傷。

希拉這位女神負責守護婚姻，不僅僅是具體的男女關係，也包括天地間各種各樣的結合，不論是情感上的或大自然中的。正如榮格所說的，婚姻往往是心靈的事務。一個人心靈中或一個社會裡某些特殊成分的結合，希拉也可能會加以保護。

人們經常夢到妻子和丈夫。這些夢不一定跟實際的婚姻有關；它們能引導我們探索比較微妙的一些結合。譬如，一位男士夢見他在酒吧喝酒，旁邊坐著一個他覺得相當有吸引力的女人。那女的主動親吻他，他感到飄飄然，但不時回過頭去看看他老婆有沒有在後面盯著他。在現實生活中，這位男士婚姻相當美滿，但偶爾仍會受到別的女人吸引，因而感到內疚。每隔一陣子，他還會夢到酒。在這類夢境中，他總是會遇到喝醉酒的人，心裡感到很厭惡。這個人平日做人一本正經、道貌岸然，因此，他的夢呈現異於日常生活的經驗，也就不足為奇。他總是意識到「妻子」——他所娶的女人只扮演這種角色——的存在，而這份認知非常明確，對他有利。如果他真的在外面搞七捻三，他的婚姻就會觸礁，而他的整個生活也會亂成一團。可是，他的心靈還有其他相當迫切的需求，分別由酒神戴奧尼索斯和愛神阿芙蘿黛蒂代表，顯現在充滿酒和性的夢境中。事實上，這正是她目前在生活中面臨的最大衝突：他對結縭妻子和社會價值體系，有如希拉一般忠誠，而且維持了多年，如今卻遭受挑戰——酒神和愛神邀請他一探情欲的幽祕，嘗嘗酒色的滋味。

一位婦人告訴我說，她曾經夢見她丈夫和三個孩子，跟三個陌生的紅髮女子在青翠的山坡上野餐。在夢中她發現，這三個女人是她丈夫的情婦。她們似乎也在勾引那三個孩子。作夢的這位婦人站在她家窗口，觀看這一幕，心理覺得很矛盾，一方面為家人和樂團聚感到欣喜，一方面卻忍不住嫉妒那三個女人。

這兒，我們又看到典型的希拉式矛盾和辯證。作夢的這位婦人享受她的妻子和母親角色，但對糾纏在旁、嗲聲嗲氣的三個女人，卻也像希拉那樣感到一陣嫉妒。在西方人的藝術和夢境中，三位同行的女人是一再出現的意象，例如希臘文化中的優雅三女神（the three graces）和命運三女神（the three fates），代表過去、現在和未來。也許，在命運的安排下，某種以前未曾經歷過的、火燄般熾烈（紅色）的情欲——不一定是某個特定的人——正進入這位作夢婦人的心靈中，引發了新情欲和舊有生活方式之間一場激烈的衝突。在這個階段，作夢的婦人扮演的是旁觀者的角色，如同希拉一般，坐在家中，隔著一段距離，觀看這個新近崛起的情欲力量。

我們愛戀和結合的對象不一定是人。詩人溫德爾・裴瑞（Wendell Berry）在一本著作中作了一番很有趣的表白。他說，出門旅行時，他往往會愛上一個新地方，恨不得搬到那兒去住，就像一般人有時會有另結新歡、重新嫁娶的念頭。但是，緊接著，裴瑞就站在希拉的立場提出忠告，勸我們珍惜原有的那個家，莫為外界的誘惑所矇騙。我們在夢中面對這種衝突時，卻往往不知如何是好。夢境呈現的往往只是景象和妒念，而妒念之所以發生，是為了要求我們繼續忠於家庭。這場衝突所牽涉到的，一邊是對現有生活的留戀，一邊是對新鮮情愛的憧憬。為了陶冶我們的性靈，我們沒有別的選擇，只有擴大我們的心胸，使它寬闊到足以容納這兩種扞格不合的需求，讓兩者都有申訴的機會。

有關希拉的一件事情值得一提。榮格的朋友卡爾・克倫怡（Karl Kerényi）是一位歷史學家，對神話的原型研究有一套獨特的方法。在著作《宙斯與希拉》（*Zeus and Hera*）中，他提出一個耐人尋味的觀點：希拉在性愛中獲得滿足（fulfilled）。（順便一提，fulfilled 這個字對希拉來說具有特殊的意義；其他用來形容希拉個性特徵的希臘字，都和 telos 這個字有關，而 telos 意指「結果」或「目的」。）克倫怡的意思是說，在本質上，希拉必須透過性交實現她的生存目的，從而獲得滿足。當然，性是妻子的權利和義務，但我要特別強調的是，這種特別的性愛——親密感的滿足和伴侶關係的實現——本身具有一種神性。身為宙斯的伴侶，希拉備受世人崇敬。希臘古詩「荷馬體希拉頌歌」告訴我們，希拉和宙斯的蜜月長達三百年。此外，根據克倫怡的說法，希拉每年在卡納索斯泉（Kanathos）恢復她的童貞——這是一個真實的地方，每年都會舉行一場儀式，人們將希拉的神像浸泡在泉水中，讓她重新以處女之身回去侍奉宙斯，而她自己也在性愛中獲得深沉的滿足。

用榮格的術語來說，希拉代表的是性愛的「靈魂」。在閨房生活中，夫妻倆不妨以第一次接觸對方的心情享受性愛，那種感覺就如同希拉一年一度恢復童貞。如果夫妻都能在精神上效法希拉，他們的身心就會緊密結合，從而獲得性的滿足和歡愉。問題是，我們要尊奉希拉，就必須接受她個性上的全部特徵，包括嫉妒，而這種身為人妻特有的嫉妒心，有時跟自卑感和依賴感分不開。想落實夫妻生活，在婚姻和性愛中找到靈魂，我們就必須體認，卑微的感覺是「妻子」原型的一個重要成分。

據說，給人類帶來疾病的神，也正是治療這種疾病的神。祂是所謂的「傷療者」（wound-ing healer）或「療傷者」（healing wounder）。如果疾病是嫉妒，治療者就可能是希拉，因為她比誰都瞭解嫉妒心。這麼一來，我們又回到原來的出發點上。我們若想治好我們的嫉妒心，就必須採用順勢療法。我們必須敞開胸懷，全心接納伴隨嫉妒而產生的其他感覺——依賴、透過伴侶尋求自我定位、渴望保護目前的婚姻等等——讓希拉獲得應有的尊崇。嫉妒心的發作，如果過於衝動和強烈，那就可能顯示，希拉在抱怨了，因為她覺得她遭到漠視，覺得這個婚姻欠缺只有她才能帶來的靈魂生命。說也奇怪，婚姻的落實和性愛的滿足，根源也許就蘊藏在嫉妒這種感覺中。

羨慕

和嫉妒一樣啃齧著我們心靈的是羨慕——基督教的七大罪之一。它在我們心靈中投下巨大的陰影。這兒，我們要再次提出一個難以解答的問題：當心靈被充滿毒素的羨慕侵襲時，你又如何照顧它呢？我們能否敞開心胸，好好探討基督教的這條大罪？當我們的心靈渴望別人擁有的東西，使我們感到痛苦不堪時，我們能否體察，我們的心靈真正希求的是什麼？

羨慕可能成為一種毀滅性的力量。它會尖刻地盤據在我們心中，把其他思想和情感驅除。它會讓我們精神錯亂——用流行話來說，就是「心理不平衡」——迫使我們一心渴望別人擁有的生活、地位和財富。我的鄰居生活富裕、事業成功、家庭幸福美滿。而我呢？我的朋友擁有好工作、好容貌、好運氣，而我怎麼會那麼倒楣呢？羨慕之心也許包含著相當重的自憐，但真正折磨我們的是那份急切的渴求和欲望。

雖然，表面看來，羨慕因自尊心而起，但基本上不是自尊心的問題。羨慕啃蝕我們的心靈。嚴格說，自尊心才真正是羨慕侵蝕的對象。不，這不是自尊心太強的問題。羨慕是一種心靈活動，是心靈接受熬煉的一個痛苦程序。自尊心面臨的問題是：如何因應羨慕，如何處理它激發起的令人嫌惡的欲望。面對羨慕時，我們的任務——現在我們應該心裡有數了——是找出它的真正需求。

心理上的衝動往往包含兩種成分；羨慕也不例外。一方面，羨慕是對某種事物的欲求，而另一方面，它卻是對心靈真正需求的抗拒。欲望和自制並存於羨慕中，共同創造一種別具特色的挫折感和執念。雖然羨慕給我們一種被虐狂的感覺——羨慕別人的人總以為自己是惡運的犧牲品——但它也牽涉到頑強的意念、不肯向命運和個性屈服的精神。我們沉溺在羨慕中時，就會無視自己的本性。

當然，凡是有被虐待狂出現的地方，附近一定潛伏著虐待狂。羨慕中的虐待狂，對命運為他所作的一切安排展開激烈的抗爭。他覺得自己的權利被剝奪；他感到吃虧上當。他完全不瞭解命運的安排蘊含的深意，因此，他就開始編造種種幻想，以為別人都比他好命。

拯救沉陷在羨慕中的心靈，我們應該做的不是驅除羨慕，而是藉由羨慕把我們導引回命運中。羨慕造成的心靈痛苦，一如身體所受的病痛：它使我們停下生活的腳步，檢查一下到底什麼地方出了問題，需要我們處理。出了問題的是我們的近距離觀察能力——它變得模糊了。羨慕如同心靈的「遠視症」（hyperopia），使我們看不清身邊的事物。我們不能察覺自己生活中的必然性和價值。

我認識的一位婦人，多年來一直飽受羨慕心的煎熬。為了改善生活，她成天在工廠努力工作，一到晚上就回到自己家裡躲藏起來。她不能忍受看到周遭的人過著幸福美滿的生活。她感到無比的孤寂和痛苦。鉅細靡遺地，她一再向我描述朋友們的快樂生活。朋友們家中發生的任何好事情，她都知道。每回聽到朋友在事業上又有新收穫，她就會感到震驚，彷彿又有一枚釘子戳入她那滿懷羨慕的心靈。朋友們都擁有金錢、幸福的家庭、有意義的工作、良好的人際關係和美滿的性生活。傾聽她的訴說，你會以為全世界的人都生活在天堂中，只有她一個人忍受著孤獨和貧窮的痛苦。

隱藏在被虐狂中的是頑固、專制的個性。這位婦人因羨慕而產生的痛苦，遮蓋了她個性上的嚴峻僵直。被她羨慕的朋友，都遭到她尖刻的批評。在自己家中，她寸步不離那兩個已經三十多歲的兒子，試圖控制他們的一舉一動。表面上，為了這兩個孩子的幸福，她任勞任怨，奉獻一切，然而，在控制別人生活的時候，她何嘗沒有獲得樂趣。她對別人的羨慕，正顯示她對別人的生活過分關注，以致於忽略了自己的生活。

當她帶著這個問題來我諮商時，我就決定把它攤開來說。當然，她口口聲聲說，她希望我找個聰明的辦法，幫她擺脫這個煩惱。可是，羨慕心就像嫉妒心一樣：當事人總是依戀著它，而且希望別人也受它吸引。聽一個人談論他的羨慕心，就像聽一個想吸收信徒的傳教士布道。她一面訴說她被羨慕心折磨的痛苦，一面悄悄在問：你難道不跟我一樣覺得可恥嗎？我才不認為那是可恥的。我想知道，羨慕究竟在她心靈中產生什麼作用？它到底有什麼企圖呢？

沒錯，這位婦人是成長在一個沒有什麼錢、不能提供子女富裕生活的家庭。沒錯，她小時候所受的嚴格宗教教育，使她對性愛和金錢產生許多禁忌，也使她一輩子抱定為別人犧牲自己的打算。她兩次婚姻都不美滿，也都在痛苦中結束。然而，這些事實都不足以解釋她那以異常強烈的羨慕心。相反的，她一有機會就像背書那樣，向人訴說她從小經歷的這一連串苦難，目的是要為她目前的心理狀態找個合理的藉口。這些具有說服力的說詞，是她內心情結的一部分，使她的羨慕心永遠保持活力，蓄勢待發。

諷刺的是，這位婦人滿腔怨氣，向人傾訴她的不幸，反而使她暫時擺脫了以往的痛苦。症狀所帶來的痛苦往往是很明顯的，可是，它同時也能保護當事人，使他暫時不必面對現實和命運，因而避免了更深沉的痛苦。感覺上，就彷彿她的羨慕心把所有痛苦都吸收了，很微妙地，讓她迴避了她的過去。

我開始對她進行心理輔導。首先，我們一步步探究她經歷過的許許多多貧困的生活經驗。我特別注意的是，她以什麼方式，巧妙地迴避痛苦和認知。譬如，她會尋找藉口為父母親辯護：「他們的能力有限，他們已經盡力了，他們所做的一切都是為子女著想。」我試圖超越這些說詞，往深一層探討，讓我們兩人都能感受到她以往生活的痛苦和空虛。我設法使她承認，在教養子女上，她父母親的確有疏失和不足的地方。

看見一個人飽受羨慕心煎熬時，我們會忍不住想扮演啦啦隊的角色，替他加油打氣：

「你辦得到。你會得到你想望的所有東西。你的能力和別人一樣強。」但這一來我們就會掉進羨慕心所布下的陷阱：「我會設法振作起來，好好過日子，但我知道，打一開始我的所有努力都已經注定要失敗。」問題的真正癥結，並不是這個人沒有能力追求美好的生活，而是他不願追求。與其一味加油打氣，不如尊重症狀，讓它引導我們去呵護我們的心靈。如果每回羨慕心發作時，這個人就渴望美好的生活，那麼，讓他深刻地體會眼前生活的空虛，也未嘗不是一件好事。願望可能成為壓抑的工具，有如障眼法一般，把我們的注意力轉移到不切實際的、膚淺的可能性，讓我們暫時忘卻生活空虛所帶來的強烈痛苦。顯然，這位婦人真正欠缺的，是體會她那孤寂感和空虛感的能力。

終於，她開始以比較坦誠的態度談她的家庭生活，也開始以比較實際的角度看她的朋友——他們跟任何人一樣，也經歷過種種苦難。她的口氣從酸溜溜的羨慕轉變成比較冷靜和切實。此後，她就能為自己的處境負起更大的責任，久而久之，她的生活也終於改善了。

不論是嫉妒還是羨慕，幻想在這類情緒中都扮演強有力的角色，而且會使人沉醉，但幻想總是浮游在虛無縹緲的境界，脫離現實生活。幻想畢竟是被圍困在一角的幻象，無法直接碰觸到生活。讓自己沉溺在想像的天地中，不啻是一種逃避心靈的行為。心靈總是以某種方式依附在生活上面。做為症狀，嫉妒和羨慕將生活隔絕在安全距離之外；做為心靈的訪客，它們能把我們帶進自己的內心中——在那兒，我們可以找回失落的愛和情感。

嫉妒和羨慕都不受理性控制；人們盡一切努力想將它們連根拔除，但結果總是徒勞無功。這未嘗不是一件好事。嫉妒和羨慕讓我們有機會深入自己的心靈，超越世俗的健康和幸福觀念，進入一個神祕的境界。興起羨慕和嫉妒之心的不是我們，而是諸神；只有碰觸我們心靈深處諸神活動的地方，我們才能作出蛻變性的回應，進入一個前所未知、神話活躍的世界。到頭來，這些原本讓人煩惱的情感，卻反而將我們導引到一個更有深度、更成熟、更具彈性的生活。

我們的職責是呵護我們的心靈，但反過來，心靈也在呵護我們。因此，「呵護心靈」這個詞兒可以用兩種角度來詮釋。一方面，我們盡最大的努力，尊重心靈的一切活動和現象；另一方面，是心靈在照顧我們。受到病態情緒侵擾時，心靈反而更能呵護我們，把我們導引出狹隘的世俗主義樊籠。我們想紓解心靈的病痛，就必須重建一種特殊的神話情操。因此，心靈的病痛促使我們踏出一步，邁向更豐富的精神生活。說來也詭譎，病徵能成為通往心靈宗教的途徑。

第六章

心靈和力量

▼

力量在心靈中的作用，和它在自我與意志中的作用不同。當我們想發揮自我意志以完成某件事時，我們聚集我們的力量，設計一套策略，盡一切努力以求成功。心理學家希爾曼把這種行為稱做「英雄的」（heroic）或「大力士型的」（herculean）作風。他用這兩個字可不是恭維；它們的意思是指使用粗野的力量，透過狹隘短淺、理性主義的眼光，完成一件事。對比之下，心靈的力量就像一座巨大的水庫或者像——借用一個傳統的意象——滔滔不絕的河水。它是自然的，不受人工操縱，沒有人知道它的源頭。面對這種力量時，我們必須仔細觀察，它是如何介入我們的生活。我們的任務是找出一個巧妙的方法，以負責任的態度，疏導、規範這種力量，但同時我們也應該知道：心靈的意圖和需求，我們也許只瞭解一部分而已。

以自我為中心的意志和消極被動的態度，都不能裨益我們的心靈。我們從事心靈的工作，既需要深沉的思考，也要求積極的行動。想想那些古老的文化。它們都投入大量的金錢、物質和精力，建造金字塔、巨石碑、廟宇和教堂，以發揮它們神聖的想像力，實現它們神聖的任務。訣竅在於尋找一個心靈的前景，將熱烈的情感和深沉的想像力注入行動之中。

這使我想起，榮格在他的理論著作和個人生活中，都一再探尋他所謂的「超越的官能」（transcendent function）——一種同時包含神祕心靈活動和意識思維作用的觀點。對榮格來說，這就是「自我」的意義：它是行動和智能的槓桿支點，同時感受到心靈和理智的力量。這不僅僅是理論上的建構。正如榮格在探討心靈的工作中所證明的，它可以落實在日常生活中，成為一種生活方式。

心靈的力量從何而來？我們如何開發它？我覺得，它往往來自我們意想不到的地方。只要我們親近心靈，不和心靈齟齬爭鬥，這種力量就會產生。因此，很詭譎地，心靈力量可能在我們遭受打擊、感到失意時出現。一般說來，心靈力量總是在我們經驗的缺口顯現。通常我們總會找個巧妙的法子，將這些缺口拋棄，或跟它們保持距離。然而，我們都有過失業或生病的經歷，在痛苦中，往往出乎意料地找到內在的力量。

心靈力量的其他來源，只不過是個人性格或身體上的一些具體特徵，或個人的特殊境遇。擁有低沉圓潤嗓子的人，在全世界都吃得開。另一些人則天資穎悟，富於想像。有些人天生擁有吸引異性的魅力，不需刻意加以利用，就能將力量帶進生命中。

有時，一個需求力量的年輕人會求助於禮俗，卻忽略了自己與生俱來的特質。在眾人面前，他會故作輕鬆，應對裕如，但事實上內心卻充滿焦慮和猶疑。有些圈子的人以為，只要裝出一副很「酷」（cool）的樣子，就不愁沒有力量。然而，用粗糙的方式弄來的力量和信心終會破滅，屆時反而會陷進更深的不安全感中。

瞭解寫作的人總會建議作家「寫你熟悉的題材」。同樣的勸告，也適用於追求心靈力量的人：盡量發揮你的特長。我們之中有許多人花了很多時間和精力，想成為和自己的本質完全不同的人。這簡直就是跟心靈作對，因為個人的獨特性是從心靈中產生的，就如同水發源自地底深處。我們之所以會成為我們，是由於心靈中各種成分的特殊組合。儘管心靈有其原型的、普遍的、放諸四海皆準的一面，但對每個個體來說，它卻具有高度的特異性。力量的產生，始於認識這個特別的心靈。它跟我們理想中的自我可能完全不同。

記得有一次我在某地演講，開講前朋友把我介紹給聽眾。他說：「我要告訴各位，湯姆不是什麼。他不是藝術家，不是學者，不是哲學家，不是……」聽他念出這一連串我不屬於的行業，我感到有點羞辱。那時我在大學教書，至少在別人的印象中我是個學者。但我心知肚明，我壓根兒不是個學者。我朋友這種不尋常的引介方式是明智的，絕對正確。也許每隔一個時候，我們大家都必須把我們的身分大掃除一次，把不屬於我們的東西全部掃除。這樣，我們的本性和真面目也許就會顯露出來，讓我們驚喜一番。

心靈的邏輯和語言

陶冶心靈，一般人遇到的最大困難，是無從掌握心靈的談話方式。我們的智能是訴諸理性、邏輯、分析、研究、方程式和正反論辯的。但是，心靈卻採用另一種不同的數學和邏輯。它呈現的意象，並不是我們的理智所能立刻領悟的。它採取迂迴的方式，提供稍縱即逝的印象，以欲望而不以理智來說服我們。想開發心靈的力量，我們就必須熟悉它的作風，隨時保持警戒。心靈顯現的徵象很多，但通常都非常微妙精細。

信奉神祕主義的回教蘇菲教派（Sufi）有兩則故事足以顯示，對人類的理智來說，心靈的邏輯是如何的奇異怪誕。在第一個故事中，一個名叫納斯魯汀（Nasrudin）的人去找音樂教師，想學學音樂。

「上一節課多少錢？」他問道。

「第一節課十五元，以後每節課十元。」老師回答。

「好，」納斯魯汀說，「我就從第二節課開始吧。」

我不知道回教學者對這個故事作何解釋，但對我來說，它呈現的是心靈活潑敏捷的機智，從中可以產生巨大的力量，同時，它也表現出心靈那種違反自然期望的特殊邏輯。中古時期的煉金家認為，心靈工作是「違反自然的活兒」（opus contra naturam）。這個故事顯示，心靈對事物的理解方式是「不自然的」。在某些方面，它有點像耶穌講的那則寓言。祂說，天快黑時才來幹活的工人，所得到的工資跟一早就來工作的人一樣。

漫長辛苦的工作或任何形式的公平，不一定會使心靈獲益。它的效果，是經由「魔力」而非「努力」達成。你規規矩矩，長時間工作，並不意味你的心靈會獲得好處。你也不該天真地埋頭苦幹，然後指望你付出的勞力會得到報償。也許你該學學納斯魯汀，應用你的機智，花最少的代價得到最大的好處。接受心理治療的人會說：「我來這兒已經一年了，現在應該有一點成果了吧！」另一些病人會這麼想：「我選擇的是收費很高的心理分析家，應該獲得最好的治療。」建立在公平和合理觀念之上的消費者邏輯，和心靈運作的方式格格不入。它並不是發掘心靈力量最有效的途徑。

蘇菲教派的另一則故事更加神祕奧妙。

努瑞．裴伊（NuriBey）是一個好學深思、備受敬重的阿爾巴尼亞人。他的妻子比他年輕得多。

一天傍晚，他比往常回家得早一些。一個忠心耿耿的僕人跑來向他報告：「您的夫人，我們的主母，今天的舉止有點怪怪的。她一直守在她房間那口大箱子旁。那口箱子大得裝得下一個男人，以前是屬於太夫人所有的，裡頭應該只裝著一些舊的刺繡品。我猜，現在箱裡裝的東西比以前多得多。她不准許我——伺候您最久的老家人——打開箱子瞧一瞧。」

努瑞走進妻子的房間，發現她滿臉憂傷地坐在那口巨大的木箱旁。

「打開箱子讓我看一看好嗎？」努瑞問道。

「為什麼？」妻子說，「因為僕人疑神疑鬼，還是因為你不信任我呢？」

「何必理會他話中暗藏什麼玄機，打開箱子讓我瞧瞧不就得了嗎？」努瑞催促她。

「我想不可能。」

「箱子鎖上了嗎？」

「是。」

「鑰匙在哪裡？」

她拎起鑰匙讓他看看。「把僕人打發開去，我就把鑰匙交給你。」

僕人被遣走了。婦人把鑰匙交給丈夫，然後退出房間。她顯得心事重重。

努瑞思考了好一段時間。然後，他從莊園上叫來四個園丁。當天晚上，主僕五人合力起這口未曾打開的箱子，帶到莊園遠遠的一角，挖個坑埋起來。

從此沒有人再提起這件事。

這是一個神祕莫測、耐人尋味的故事。跟上一個故事一樣，我不知道伊斯蘭教學者對它作何解釋。在我看來，這則故事呈現的是心靈——通常由女性代表——的一項功能：做為承載神祕事物的容器。那個年紀比較大的男人想打開這個容器，一探裡頭隱藏的奧祕。值得一提的是，就像上一個故事，這一則也暗藏一些玄機——它暗示，箱子裡頭可能藏著一個男人。也許我們能這樣解釋：不論妻子擁有的容器是什麼，它都能裝載一個人或「人性」，彷彿它就是人類心靈的包衣。在這個故事中，妻子再次代表心靈，探問丈夫對那口箱子的想法。然而，丈夫的反應是典型的陽剛作風。他不想理會那些「玄機」，只想採取直接了當的手段解決問題：逕自打開箱子。

有多少時候，我們不願停下來好好玩味「玄機」，只求一了百了解決問題，以致於喪失了滋養心靈的機會？我們這個社會凡事講求底線；我們急於採取行動，結束紛爭，結果喪失了探尋我們行為動機和心靈奧祕的契機，以致不能更加瞭解自己。從妻子的觀點來看，不先探索個中的玄機，就逕自打開箱子，簡直就是不可能的事。

但她擁有鑰匙。榮格說，由女性代表的靈魂是心靈的面貌。在這則故事中，只有她能開啟和關閩那個容器。故事的懸疑集中在一個焦點上：那個丈夫會不會強行打開箱子？難道我們必須揭露所有隱匿的東西嗎？難道我們必須理解宇宙間一切奧祕嗎？我們慣常聽到科學上的偉大發現——原子、分子、去氧核糖核酸（DNA）——因此，很自然的我們就以為，宇宙間所有奧祕都正等待我們去揭開。相反的作法是：利用我們的智慧和技術，保存這些奧祕，這聽來似乎有點怪異，但未嘗不值得我們三思。

這個故事頗富啟發性。它教導我們，如何處理心靈的事務。努瑞拿到鑰匙後沉思良久。在沉思中他獲得了內心的寧靜，於是他準備採取對心靈有益的行動。他叫來四個園丁——榮格會把這兒的數字「四」解釋成完整無缺的象徵。他們趁著夜晚，把箱子搬到莊園遠遠的一角，挖個坑埋起來，從此不再提及。

一般人總以為，力量產生自理解和揭露。然而，伊底帕斯（Oedipus，譯按：希臘傳說中的底比斯國王，為命運撥弄而弒父娶母）的遭遇卻顯示，這種創造力量的方式有其侷限性。伊底帕斯解開獅身人面怪物之謎，但後來眼睛卻瞎了；只有在失明之後，他才慢慢瞭解超乎理智範疇的人生奧祕。站在心靈的立場來看。我們應該遏制好奇心和猜疑心，將某些事物遠遠的埋藏起來，信任我們的妻子或情侶，讓不能見天日的事情永遠保持祕密。

一位男士曾跟我談起他的愛人。有一回吵完架後，一氣之下，他沒有經過考慮就寫了一封絕情的信給她。郵差把信送達之前，他趕緊給她打個電話，要求她別讀那封信。後來她告訴他，信送達後，她立刻把它撕掉。當時她感到極大的好奇，而那封被撕成粉碎、揉成一團的信就躺在廢紙簍中，她甚至看得見他潦草的字跡。她承認她內心有一股強烈的衝動，但終於還是克制住自己，沒有閱讀那封信。這位男士告訴我，剎那間，他感受到了他們之間那份無可動搖的感情。由於她對他的尊重，兩人的關係變得更加強固。聽完他的故事，我不由得想起努瑞——想起他如何在沉思內省中，領悟到心靈力量的來源，因而決定不打開箱子，讓它永遠閉鎖。

這些故事顯示，力量並不一定在行動中展現。努瑞大可採取蠻橫的手段，輕易揭開他妻子的祕密，然而，正由於他尊重她的隱私，他反而獲得了心靈的力量。一般來說，我們若能保障別人的權利，就能保持自己的力量。

暴力和我們對力量的需求

英文字 violence（暴力）源自拉丁字 vis，意指「生命力」。這個根源顯示，在暴力的行為中，生命的衝刺力特別容易出現。如果心靈中沒有這份根本的活力存在，暴力就會被我們的壓抑和妥協扭曲，也會被我們的恐懼和自戀行為扭曲。

處理暴力問題時，我們不應該只抱著擺脫它的念頭。如果我們一心只想剷除我們的暴力，很可能，連維持創造性生活所必須的內在生命力，也會被我們一併切除。況且，心理分析學家一再告誡我們，壓抑永遠解決不了問題。被壓抑的東西，總是會借屍還魂。心靈的生命力（vis）就像植物的自然力量——就像水泥縫隙中長出的小草，轉瞬間，就會將人類建造的偉大紀念碑吞噬於無形。如果我們企圖馴服、拘禁這種天賦的內在力量，它總會設法突圍而出，重見天日。

我以為，接受心理治療的人所面臨的情感問題，大部分都因「壓抑生命力」而起。今天，一般心理治療醫師都會鼓勵病人發洩他們的怒氣，似乎這樣做就能解決一切問題。但我覺得，憤怒以及它的宣洩，只不過是通往生命力的一個途徑，而在現代社會中，生命力已經變得非常稀薄，人們很難感覺到它的存在。文藝復興時代的醫師們把憤怒和生命力都置於一位神祇——戰神馬爾斯（Mars）——的護佑之下。他們認為，每個人內心中都有一股爆炸性力量，隨時都會宣洩出來。完全忠於自己，讓自己的個體性和獨特天賦表現出來，是馬爾斯對世人的訓誨。我們若能活得忠實、完整，就能以我們的理想「刺激」這個世界，並且以我們的存在方式向它挑戰。

在演藝界和政壇，我們有時會看到新星崛起，以無比的精力和才華出現在大眾眼前。他們只消扮演自己，就足以散發出渾身光彩，令我們目眩神迷。經常用來形容他們出現的一個比喻是「流星」。他們飛竄過我們這個馴服而怯懦的世界，發出萬丈光芒。我們常說，這種人具有「群眾魅力」（charisma）——這個字的原意是上天恩賜的才華。他們的力量不是來自本身。我們看到的是透過他們的個性和行動發射出的神光。

然而，在整個人類歷史中，個人才具的表現往往被看成是對社會現狀的一種威脅。表面上西方文化重視個人價值，但在許多方面，卻要求全體一致。我們自滿於現代生活的單調和規律。你想找一家稍稍與眾不同的商店或餐館，只怕跑遍全城也找不著。在全國各地的購物中心、飲食街和電影院，你看到的是相同的服裝、相同的品牌、相同的菜單，相同的幾部影片和同一個模子打造出來的建築物。在美國東海岸一家餐館，你坐的那個座位，跟你上回在西海岸餐館坐的位子可能一模一樣。然而，正如心理分析學家常說的，重複就是死亡。單調重複的生活遏阻個人特質的發揮。它建立的是死氣沉沉、平靜無波的一種文化，其中不允許任何驚奇存在。

連新食物這麼單純的東西，也可能對社會現狀造成威脅，而大家都知道，時裝可以用來表明服從或叛逆。政治團體的成員以頭髮的長短來標示他們的政治屬性。在日常生活中，這類選擇有它正面的作用。一個只關心秩序和穩定的社會，會逐漸地、不知不覺地喪失生命力，而表面上，它的所作所為都是為了全體民眾的利益著想。

通常，被壓抑的力量和症狀潛伏一陣子後，會以物體的型態重新出現；也就是說，我們的幻想會凝結成一個具體的東西，具有神物（fetish，編按：具有法力的物品）的威權和誘惑力。從這個角度來看，我們國家所擁有的神祕而充滿威脅的核子軍火庫，實際上，是我們心靈中被壓抑的力量蛻變而成的。炸彈和飛彈使我們日日夜夜瀕臨毀滅。這些東西提醒我們，人世間有些力量是我們無法圍堵和控制的，而做為一個社會，我們有能力毀滅自己，也有能力一舉消滅其他民族，甚至摧毀地球。現代軍火是人類歷史上威力最大的神物。榮格學派的心理分析家吉格瑞奇（Wolfgang Giegerich）將現代炸彈比擬成《舊約．出埃及記》中的「金牛犢」。兩者都是民眾膜拜的假神。吉格瑞奇指出，《舊約》中的牛犢其實是一隻大公牛，象徵動物無限的力量。他說，在摩西摧毀金牛神像的那一瞬間，我們人類驅除了陰暗的力量，把神壇建立在光明的地方。今天的炸彈，可說是被放逐的金牛犢傳下的後裔。由於我們拒絕和陰暗的力量打交道，它被迫退隱進神物中，保存它那毀滅性的威力，繼續蠱惑我們，伺機再起。

因此，我認為，目前瀰漫我們社會、難以消除的暴力，必然和我們崇尚的單調規律生活有關。好多個世紀以來，傳統的哲人就一直教誨我們，心靈需要戰神馬爾斯那種深沉而桀驁的氣質。馬爾斯出現的地方，周遭的一切必定會沾染上生命激情的光彩。他把創造優勢帶進每一個行動中，時時刻刻播下力量的種籽。馬爾斯一旦遭受漠視或輕蔑，就會被迫以神物的形態出現在狂暴的行為中。馬爾斯的威力，比個人憤怒的發洩要強勁得太多太多。他一身具備創造和毀滅的力量；他代表生命本身，隨時準備投入生活的奮鬥中。

心靈絕對不是中立的東西。它是生命的根基和泉源。心靈在幻想和欲望中提出的要求，我們若不能回應，就會因為漠視自己的心靈福祉而受到懲罰。心靈的力量可以將我們帶上喜悅的巔峰，也能把我們投入沮喪的谷底。這種力量既是創造性的，也是毀滅性的；既是溫柔的，也是頑強的。力量在心靈中孕育，然後發揮它的影響，進入我們的生命中，做為心靈的一種表現。我們不好好照顧我們的心靈，就不會有真正的力量，而沒有力量，就不可能享受到真正的心靈生活。

施虐受虐狂

心靈的力量一旦遭受漠視、篡奪或玩弄，我們就會陷入真正病態的施虐受虐狂（sadomasochism）。在程度上，它可以嚴重到需要住院治療，也可以輕微到只在日常生活中造成一些困擾。真正的心靈力量不會肆虐，也不會傷害別人，但在施虐受虐狂的行為中，它卻被分裂成兩半——暴力和受害、宰制者和臣服者。儘管表面上看起來像是真正的力量，施虐受虐狂實際上顯示的是力量的濫用。每當一個人欺凌另一個人時，真正的力量就會喪失；取而代之的是對雙方都很危險的、毫無忌諱的遊戲。

施虐受虐狂所造成的權力分裂，具有一切症狀性行為的特質：它充滿毀滅性，而且會形成兩極對立，其中一方顯明，另一方則隱晦。運用暴力的人顯而易見的處在主控地位；比較不明顯的，是他們內心的脆弱和無力感。相對之下，那些習慣扮演受害者角色的人，也自有一套控制對方的、更加巧妙的方法，只是他們自己往往沒有察覺到罷了。權力問題難以處理，原因在此：表面和實際往往並不一致。弱者裝腔作勢，試圖唬人；真正的強者隱藏他們的弱點；我們其他人則只看到表面的現象。我們誤以為周遭這些虛誇的權力展示是真實的，結果深受其害。

身為心理治療醫師，我天天都得面對這種分裂。有一回，一位婦人哭哭啼啼跑來告訴我說，她那結褵十年的老公搞起了婚外情。一開始，我就發覺，她試圖使我同情她的冤屈，希望我譴責她的丈夫，幫她想個法子糾正他的行為。但我不想蹚這渾水。我早就察覺到兩件事情——她誇大她的冤屈，同時試圖強迫我接受她的控制。在她訴說的過程中，這兩個層面愈來愈明顯。她太習慣扮演和認同受害者的角色，以致於完全沒有察覺，她真正的意圖是控制她丈夫和我兩人。我把這點告訴她。她說我弄錯了，不願意再接受我的治療。我不為她的威脅所動。終於，我們心平氣和，開始探討她的問題癥結所在。幾個星期後，她丈夫結束了那段婚外情，夫妻關係也有了些許改善。我沒料到事情會轉變得那麼快，但這位婦人告訴我，在幾年前的治療中，控制的問題也曾被提出來探討過。跟我們大多數人一樣，她原本以為能夠一勞永逸地「解決」這些問題。

當她可以輕易地把所有責任推給丈夫時，她卻盡力克制自己的怨氣，反省自己的行為——這才是她的真正力量所在。

帶來毀滅的黑暗天使

暴力和陰影關係密切，尤其是權力的陰影。對在現代美國出生、長大的許多人來說，純真——陰影的缺乏或棄絕——是發揮心靈力量的一大障礙。每當人們談論起權力和純真時，就難免會提起他們的宗教教養，而他們或多或少從小就學會忍受侮辱，逆來順受。心理學家大衛．米勒（David Miller）指出，美國人像一群綿羊般上教堂做禮拜的意象，很巧妙地顯示美國人的觀點：要做一個好人，就必須軟弱和順從。

過於認同美國社會中流行的一些幼稚觀念，也會造成力量的喪失。朝氣蓬勃的理想主義、種族大熔爐、大家都有機會、人人生而平等——美國立國理想中的這些信條，不僅在美國人心靈中投下一道陰影，也使許多人覺得權力是不值得擁有的東西。在刻意壓制之下，權力變成了陰暗的東西，結果許多權力鬥爭就在暗中鬼鬼祟祟的進行。

我們的夢經常出現陰暗力量的意象。在這樣的夢中，我們若不是使用武力的人，就是武力下的受害者。例如，有位中年男士告訴我他作過這樣的夢：他站在一家銀行門口，等它開門。跟他站在一起的是一位女士，此外還有其他幾個人。突然，他注意到旁邊站著的兩個人口袋裡有槍。他看見露出口袋外的槍柄，接著，他發現這兩個人慢慢把槍抽出，準備動手了。一想到馬上就會響起槍聲，他本能地拔腿就跑，不顧朋友的死活。醒來時，他為自己的怯懦感到十分愧疚。

在這位男士看來，這場夢顯示的是他對暴力的恐懼。平日，連最尋常的爭執也會使他感到不安。他告訴我，他原本非常關心這位女伴，然而，在夢中，他的恐懼卻遮蓋了他的愛心，於是他就像被鬼追一樣自顧逃命去了。他也提到其他的夢；夢中，他一看見槍就嚇得什麼似的，一心只想保住自己的性命。在他作過的夢中，他從不曾參加戰鬥。他覺得這是他個性的一大弱點。

我們應該瞭解，夢境中出現的人物往往就像天使一般。他們看起來像人類，但他們活動的空間是想像的世界，在那兒，現實生活的自然和道德法則都不再具有效力。他們的行動充滿神祕色彩；我們不能光看它的表面。在我看來，這位男士夢中出現的兩名槍手，是黑暗天使的化身，正在做這位男士想都不敢想的事情。他一看見他們的槍，立刻嚇得拔腳就溜，但不一定是因為個性怯弱的緣故。當你發現有人掏槍，而你自己身上又沒有槍時，逃命似乎是合情合理的反應。夢中，他是從一位女士身邊逃走的。這個舉動，我們可以看成是他覺察到暴力存在時所作的自然反應。他不再接近那個他一向覺得自己應該保護的世界——女性的、陰柔的世界。

這個夢不但和槍有關，同時也牽涉到搶劫銀行。這樣的夢似乎顯示，竊盜行為有時是必要的。有時你必須戴上黑面罩，在凹處藏一支槍——在陽具和女性生殖器的部位——以便生存下去。

宗教中有許多令人迷惑的故事，牽涉到違反常理的財務安排。我們曾提起過耶穌講的一個故事：有一位老闆，他付給只工作一小時的工人的薪資，和付給工作一整天的工人同樣多。希臘流傳一則和眾神使者赫密士有關的故事。據說，他出生的第一天，就偷走了他哥哥阿波羅的羊群。這個故事似乎顯示，為了享有赫密士的才華（譯按：在希臘神話中，赫密士是多才多藝的一位神祇，主司科學、發明、口才、商業、行旅、盜竊等等），我們必須放棄阿波羅的一部分價值。我們提過納斯魯汀和音樂課的故事，乍聽之下，似乎在鼓勵欺騙。在《新約．福音書》以及世世代代所繪的耶穌受難像中，耶穌是被釘在兩個盜賊中間，其中一個——耶穌說——會跟祂一起升上天堂。這幅景象有時被解釋成耶穌蒙受屈辱，但它也可能揭露竊盜也有高尚的一面。

英國戲劇家王爾德（Oscar Wilde）在監獄中寫的一封信〈來自深淵的吶喊〉（De Profundis）是浪漫主義神學一篇傑出的文獻。在這封信中，他討論陰影在耶穌形象上的地位：

> 世人一向喜愛聖徒，因為聖徒最接近上帝的完美。耶穌以祂神賜的本能，一直喜愛罪人，因為罪人最接近人的完美。祂最大的願望不是感化人類，也不是解除人類的苦難……世人

還不瞭解，在祂心目中，罪惡和苦難本身即是美麗而神聖的事物，也是完美的一種形式。

如果我們接受王爾德的觀點，從神學角度探討那位男士所作的夢，那麼，他夢中出現的兩個槍手，似乎就可以看成和耶穌一起釘在十字架上的兩個盜賊。他們也可能是墮落的天使，前來人間搶劫銀行。他們的行為所表現的，可能是一個世人難以接受的事實：為了使我們的心靈更加富裕，有時我們不得不以強迫的、陰暗的手段，從財富儲藏的地方剽竊我們需要的東西。單單取得你期望的東西，或是工作的酬勞，或是心血的代價，是不夠的。在你自認為心靈最潔淨、最能保護你的女伴的那一刻，也許，你會像耶穌那樣，突然發現自己置身在一群盜賊和槍手中。

心靈的陰影是非常可怕的事實。有些人大言炎炎，自認能夠吸收和統合陰影，就像學習一種外國語言那樣容易。這種人不瞭解造成陰影的那個黑暗力量。恐懼和力量永遠分不開，而真正的純真總是出現在罪孽的附近。各各他（Golgotha，譯按：耶穌受難的地方，位在耶路撒冷附近）山上矗立的三個十字架，不僅僅象徵「善」戰勝「惡」，它們也反映基督教最珍貴的形象——三位一體（the trinity）。這三個十字架使我們想到王爾德提到的那個重大的、神祕的事實：「善」一旦脫離了「惡」，就不能成為真正的善。如果我們拒絕承認暴力在我們心靈中的地位，而一味追求潔白無瑕的純真，那只會助長這個世界的暴力。

如果我們承認，暴力是被壓抑後以症狀形式出現的生命力，那麼，消弭暴力之道就在於呵護心靈的力量。把這個力量顯現的徵兆——個人的特質、怪癖、自我表現、激情——全都予以拒斥，是非常不智的，因為沒有人能真正壓制得住心靈的力量。從心靈的角度來看，街頭充斥的犯罪，不僅僅是貧窮和惡劣的居住環境造成的，也是由於我們的心靈和精神不能獲得合理的展現造成的。

蘇格拉底和耶穌都教導世人善與愛，但他們都被處死了，原因就在於他們心靈具有令人不安的、充滿威脅性的力量，而這種力量顯現在他們的日常生活以及言辭中。他們從未攜帶槍械，但仍然對當道者構成威脅，因為世間最強勁有力的行動，莫過於展現自己的心靈。這兒，我們發現耶穌被釘在兩個盜賊之間的另一個原因：在棄絕心靈的當道者看來，耶穌確實是一個罪犯。犯罪的心理和越軌的欲望，只要不以暴力付諸實現，都可以當成心靈的一種陰暗的美德，有助於一個人充分展現他的生命力。一旦遭受壓抑，這種心理和欲望就會化為暴力，在我們的街頭肆虐。

心靈生活永遠存在著陰影，而心靈的力量有一部分來自它的陰暗面。我們若想陶冶我們的性靈，過著有深度的生活，就得在陰影日漸加深的時候，放棄對純真的所有虛假追求。告別純真，讓我們的心靈充分展現，這樣做會增強我們的心靈力量。面對這種深沉的力量，我們的生命會變得更加旺盛和熱烈，顯示我們的心靈積極參與我們的生活，並且獲得表現的機會。代表生命力的戰神馬爾斯受到尊重時，會讓我們的一切行動都沾上熾烈的光彩，使我們的生命充滿張力、熱情、活力和勇氣。祂一旦遭受漠視，我們就得面對決堤而出，到處肆虐的暴力。因此，我們千萬莫忘敬奉馬爾斯代表的精神，讓心靈在創造、在個人的特質、在打破偶像的行動以及在想像力中，展現它的生命。

第七章
憂鬱的好處

▼

心靈以豐富多變的色彩顯現，包括各種深淺不同的灰、藍和黑。為了讓我們的心靈得到良好的照拂，我們必須觀察它所呈現的所有色彩，而不能只垂青那些明亮的顏色，諸如白、紅和橘黃。美國電影界目前流行一個「聰明」的點子：替老舊的黑白片上色。這種做法反映的是，美國文化習於排斥所有色澤灰暗的東西。在一個不歡迎生命悲劇意識的社會中，憂鬱變成了大家的敵人，被當作一種無可救藥的病症；然而，在這樣一個崇尚光明的社會，憂鬱反而會更加流行，影響更多的人。

為了心靈的安康，我們必須瞭解心靈顯現的各種方式。遭受憂鬱問題困擾時，我們不妨問問自己：「它為什麼會出現？它有正當的角色要扮演嗎？」憂鬱是一種和死亡的感覺相近的心情，因此處理這類問題時，我們尤其要防備厭世的念頭。我們甚至必須更進一步，學習接納憂鬱的心情，尊重它在心靈週期循環中所占有的地位。

有些感覺和思緒似乎只會在陰沉的心情中出現。你若壓抑這種心情，連帶的也會壓制那些感覺和思緒。對有價值的「反面」感覺而言，憂鬱可能成為一個重要的抒發管道，就如同對愛的感覺而言，情感的表達是重要的抒發方式。愛的感覺自然會產生愛的舉動。憂鬱的空虛和灰暗，同樣的，會引發原來隱藏在愉快心情背後的思緒。有時，病人會抱著惡劣的心情前來心理治療診所。他會說：「我今天不該來。下個禮拜也許心情會好些，那時再繼續吧！」但我勸他留下，因為這一來我們就有機會，一塊聽聽在他心情好的時候聽不到的心靈訊息。憂鬱使我們的心靈獲得一個機會，顯露它本質的一面，而這一面跟其他層面同樣值得重視，只不過由於我們的文化厭棄陰暗和痛苦的關係，心靈的這一面一直被隱藏起來。

沙騰的孩子

今天，我們似乎比較能夠接受「憂鬱」（depression）這個措辭，而不太喜歡使用「悲傷」（sadness）和「憂傷」（melancholy）這兩個字眼。也許，depression 這個字的拉丁根源使它聽起來比較具有醫學意味，也比較嚴肅。但在五、六百年前，「憂鬱」跟羅馬神話中的農神沙騰（Saturn）是相連在一起的。那個時候，人們管心情憂鬱叫「被沙騰控制」，而那些長期陷入憂愁的人，也被稱為「沙騰的孩子」。羅馬農神和以這位神祇為名的星球「土星」，都跟憂鬱關係密切，因此，憂鬱具有沙騰的其他特質。例如，沙騰被認為是一個「老人」，統治人類的黃金時代。每回我們談起「黃金歲月」或「以往的美好日子」，我們召喚的是這位守護過往歲月的神祇。心情憂鬱的人有時會覺得，美好的日子已經過去，眼前和未來都沒有什麼值得期待。這樣憂傷的思緒，根源在於沙騰對過往日子和記憶的偏愛，也在於他對歲月流逝的感觸。儘管充滿哀傷，這些思緒和感觸顯示，我們的心靈渴望同時存在於時間和永恆中。有時，很奇異地，這些感觸也會讓我們的心靈獲得某種愉悅。

有時，我們把憂鬱歸因於生理上的老化，但嚴格來說，它應該是心靈老化的問題。沙騰雖然偏愛「以往的美好日子」，但也不忘提醒和激勵我們：人生永遠在前進中，我們年歲增長了，人生歷練豐富了，也許會變得更有智慧。連一個只有三十多歲的人，在閒聊中也會不經意的提起二十年前發生的事。他自己都會嚇一跳：「我從來沒有那樣說過！二十年前！看來我已經老了。」這是沙騰送給人類的禮物——年歲和歷練。以前一度年輕過，心靈這時接受了老年的一些重要的、正面的特質。如果我們排斥老年，死命抓住青春的尾巴不放，心靈就會迷失。

沙騰在傳統文獻中的形象是冷漠而疏離，但他也擁有其他特質。傳統醫書稱祂為智慧與哲學思維之神。在寫給政治家兼詩人卡華爾康迪（Giovanni Calvalcanti）的一封信中，費奇諾提到沙騰，稱之為「獨特的、神賜的天賦」。十五世紀末期，費奇諾特地寫一本書，告誡讀書人——尤其是勤勉好學的讀書人——千萬莫讓沙騰經常造訪他們的心靈。他說，讀書人慣於獨坐沉思，因此很容易陷入陰鬱的心情中，必須設法加以紓解。但費奇諾也應該寫一本書警告世人，不讀書、不沉思、不自我反省的生活，也不是健全的。沙騰式的情緒由於具有陰鬱的一面，可能會給人們帶來一些危險，但它對心靈福祉的貢獻也是不可或缺的。你若讓沙騰造訪你的心靈，你會感受身體上、肌肉上和面容上的變化，顯示你已經從年輕人的激情和「生命中不能忍受之輕」（unbearable lightness of being）解脫出來。

我們若把「憂鬱」這個字眼的負面涵義去除，也許就更能體會憂鬱在心靈福祉中發揮的作用。何不單純地把「憂鬱」看成一種心境，既不好也不壞，全然是心靈自動自發的一種活動？何不乾脆把它當做一個星球，和其他星球一樣環繞太陽運行？我們不妨用傳統的沙騰意象，取代醫學名詞「憂鬱」。這樣做有一個好處：我們可以把憂愁看成一種正當的心靈現象，而不再把它當做一個必須消除的心理問題。

年歲使我們的人格更加甘醇芳香。隨著歲月的增長，每個人的獨特性會逐漸顯現，如同果子生長、成熟。在文藝復興時代的哲人們看來，憂鬱、年老和個體性是分不開的：年老所帶來的哀傷，是一個人成長為獨立個體所必須經歷的感覺。憂思愁緒在我們心靈中開拓出一片空間，讓智慧在那兒居留下來。

傳統上，沙騰也跟「鉛」這種金屬關係密切。這種特性使我們的心靈更加穩重、更加緊密，能夠將那些輕薄的、虛浮的成分全部凝結起來。從這個角度來看，憂鬱是使我們的思維和情感凝固、成熟的一個過程。隨著年歲的增長，我們以前那些輕浮的、混亂的、散漫的觀念會凝聚在一起，形成一套價值標準和人生哲學，使我們的生命更加充實、穩固。

由於憂鬱會帶來痛苦的空虛感，我們難免會想盡辦法擺脫它。然而，我們不妨把自己投入憂鬱的心情和傷感的思緒，這樣一來，反而會獲得某種滿足。有些人把憂鬱形容為空空洞洞、茫然無依的狀態。但也許我們應該用比較寬闊的眼光，看待空虛的感覺。我們會發現，生命中原有價值體系的淪喪以及活力的消失，儘管表面看來是負面的現象，但何嘗不能轉化成一種力量，給我們的生活開拓一個嶄新的想像空間。

死亡的暗示

身為羅馬神話中的農神，沙騰也是收割者、歲末節慶「農神節」（the Saturnalia）的贊助人。因此，憂鬱的時期總是瀰漫著死亡的意象。心情陷入憂鬱的人，不分老少，有時會感嘆：人生已經過去了，未來已經沒有什麼指望了。他們感到幻滅，因為他們奉行多年的認知和價值體系，突然間喪失了意義。一向珍惜的真理沉陷進沙騰的黑暗大地，有如收穫季節的穀殼。

為了心靈的福祉，我們必須接受這一切死亡現象。我們總是守著原有的人生觀，堅持到最後一秒鐘，但結果還是必須將它放棄，投身死亡中。如果你感受到生命已經終結，在掙扎下去也徒勞無益，那就不如採取比較積極的態度，有意識地、技巧地，接受憂鬱所激起的人生已經走到盡頭的感觸和思緒。文藝復興時期學識最淵博的神學家庫薩的尼古拉告訴我們，有一次他乘船旅行，突然間心中靈光一現，領悟到我們都必須承認，我們對世間最奧妙的事物懵然無知。他說，一旦我們發現我們並不知道上帝是誰，也不曉得人生是怎麼回事，我們對自己的無知——昧於生命的根本意義和價值——就有了認識和覺悟。這是很好的出發點，可以讓我們建立一種比較扎實、比較開闊、不會被固執成見封閉的知識。他引用他最喜歡的幾何圓形打個比方：如果我們把有關人生的完整知識比喻成一個圓形，那麼，我們盡最大的努力追求到的，充其量只是一個多角型——離渾圓完整的知識還差那麼一點。

憂鬱所以會帶來空虛感，並且造成人生意義的瓦解，是因為我們太過執著於原有的人生觀和認知方式。一般來說，我們的人生哲學和價值標準都包裝得過於整齊、周密，沒有給神祕的事物留下任何空間。於是，憂鬱來臨了，打開一個缺口。在古時占星家想像中，沙騰（土星）是最遙遠的星球，位於寒冷空曠的外太空。它給我們帶來憂鬱，侵蝕我們一向秉持的理論和假設，然而，即使是這種痛苦的經驗，也可以成為療養心靈的一個必要的、珍貴的開始。

王爾德曾經提到這個沙騰現象。雖然他一再強調，圓滿是人生追求的終極目標，但他也瞭解空虛感的重要。他曾經坐過牢，罪名是和一個男人相愛。在牢房裡他寫了一封不尋常的信〈來自深淵的吶喊〉。信中他說：「人生最後的奧祕就是我們自己。我們可以稱出太陽的重量，測出月球的面積，繪出七重天上每一顆星星，但我們自己依舊是一個謎。誰能計算他的心靈運行的軌道？」我們也許應該效法哲人庫薩的尼克拉，體認這個事實：我們無法計算（請注意這個數學意象）我們自己心靈運行的軌道。這種奇特的教育——體認自己的侷限——不僅僅是一種有意識的行為；它也可透過憂鬱的情緒達成它的效果。當憂鬱降臨我們身上時，它會暫時驅逐歡快的心情，迫使我們徹底檢討我們的知識、觀念和我們生存的根本目的。

在古代文獻中，沙騰有時被描述為「有毒」。本章剖析沙騰式的情緒對心靈可能產生的一些效益，但筆者也不願忽略它可能造成的極大痛苦。應該一提的是能裨益我們心靈的，不僅僅是輕微的憂傷；長期深沉的、劇烈的憂鬱也能幫助我們清理和重建我們賴以生存的人生信念。傳統上，「沙騰的孩子」包括木匠；在圖畫中，我們看見他們為新房子打地基、安樑柱。當我們陷入憂傷的情緒中時，我們內心也許正在進行去舊布新的建築工程。事實上，在一般人的夢境中，建築工地和甫落成的房子經常出現。這就顯示：人的心靈是「造成」的——它是工作、創造和努力的產物。佛洛伊德曾經指出，每當我們心情陷入低潮，外在的生活也許會顯得空虛，但內在的工作卻正在全速進行。

和憂鬱達成協議

用榮格的術語來說，沙騰是「精神」的象徵。所謂「精神」，指的是我們心靈深處貯藏思想和抽象觀念的那一個層面。許多人的氣質偏向榮格所說的「靈魂」——想像力豐富、積極參與生活、自我肯定，和周遭的人交往密切。但這一類人很難從感情牽扯中抽身出來，冷靜觀察周遭發生的事，把自己的生活經驗和人生哲學連結在一起。用古時西方人描述心靈的一個隱喻來說，他們的經驗是「潤濕」的，因為他們在感情上太過投入生活，所以，讓他們在心靈上遠赴寒冷、乾燥的土星（沙騰）一遊，對他們是有好處的。

這種乾燥，能將知覺從潮濕的人生感情牽扯中分離出來。我們在老年人身上發現這種趨勢：他們能夠以某種程度的冷靜和客觀，回想他們過去的生活。事實上，採用沙騰的角度看待事情，有時我們必須硬起心腸來，甚至必須冷酷。二十世紀愛爾蘭劇作家貝克特（Samuel Beckett）有一部充滿憂傷氣氛的作品《克拉普的最後一卷錄音帶》（Krapp's Last Tape），以幽默的、諷刺的風格，描寫沙騰式的回想和省思。男主角克拉普（Krapp）一生錄下許多錄音帶，年老時，他放給自己聽。戲中，我們看見他悶悶不樂地傾聽著他以前的聲音。聽完一卷錄音帶後，他坐下來錄另一卷：「剛聽完那個渾球說的話。他竟然是三十年前的我哩，簡直不敢相信我以前那麼壞。謝天謝地，這一切都過去了。」

這幾句臺詞，顯示過去和現在之間存在的差距、價值體系的解構以及一種比較冷靜的觀點。在貝克特大部分作品中，我們常聽到劇中人物說，他們是多麼的沮喪和絕望，再也找不到以往的生存意義；然而，在瀰漫著空虛感的生活中，他們也表現出一種高貴的愚癡。這些人物的深沉哀傷，讓我們看到了人類生存經驗中的一個奧祕。一個人突然發現生存意義和價值消失，因而感到絕望和退縮；這並不是反常的現象，雖然有些人會覺得如此。這種感覺在人類心靈中有正當的地位，也會對心靈產生奇妙的作用。

「克拉普」這個名字，使人聯想起憂鬱對人生的摧殘，然而，他的行為卻顯示，嚴酷的懺悔和自我批判不一定就是一種醫學上的症候群；我們不妨把它看成人生中一種必要的愚癡，對於我們的心靈，實際上會有一些益處。克拉普的自我批判，也許會被專業心理醫生當成精神上的被虐狂加以治療，然而，貝克特卻告訴我們，儘管克拉普的行為看來荒誕愚味，但也有它某種正面的意義。

克拉普一面聆聽錄音帶，一面喃喃咒罵。這幅景象顯示的是，一個人在他心靈中反覆回味他過去的經驗，試圖從中擷取它的菁華。在沙騰式的篩選過程中，菁華會逐漸浮現，有如淤泥中的黃金。以往有些人把沙騰稱為「黑色的太陽」（sol niger）。在他黑暗的外表下，我們可以找到一顆璀璨的寶石，那就是經過憂鬱的焠煉後我們的本性和精髓，也是憂傷的心情帶給我們的最大禮物。

我們現代人把憂鬱看成一種疾病，用機械的方式和化學藥物加以治療。如果我們繼續這麼做，就會喪失只有憂鬱才能帶給心靈的禮物。尤其值得一提的是，傳統哲人告訴我們，凡是與沙騰接觸過的東西，都會變得穩固、陰暗、深重和堅硬。一旦棄絕了沙騰式的心情，我們就會發現，不惜代價讓生活保持明亮和溫暖，是非常累人的事。由於刻意壓制沙騰，我們甚至會變得更加沮喪，同時喪失了沙騰賦予我們心靈的那種敏銳的感覺和扎實的身分。換言之，沙騰的喪失所造成的症狀可能包括：身分變得模糊、不再認真地看待自己的生命、感到莫名的倦怠和無聊——後者只是沙騰深沉的、幽暗的心情被壓制後所投射的蒼白影子。

沙騰把身分深深根植於我們心靈中，而不將它安置在我們人格的表面。當心靈找到它那穩固厚重的基石時，我們就會感受到我們的身分。我們知道自己是誰，因為我們發掘出了我們的本質和精髓。它已經被壓抑的情緒篩選出來，有如化學作用似的，被「還原」成元素。經年累月思索死亡問題，一個真正的「我」從蒼白陰森的殘渣中顯現，乾燥而精純。

憂鬱能治療心靈的傷痛

在前面第四章中，我曾提到一位名叫比爾的教士。若干年前，他告訴我一個耐人尋味的故事。事情發生在他六十五歲那年，當時他擔任教士已經三十年了；身為鄉下一間教堂的本堂神父，他秉持著自己的良知，濟助教區中的兩位婦人。但主教卻認為他濫用教堂的經費，在其他事務上也有虧職守；於是，這位一生備受敬重的教士接到通知，兩天之內把行囊收拾妥當，離開主教轄區。

剛開始和我討論他的處境時，比爾顯得相當活潑，對他的遭遇深具探討的興趣。他參加過團體心理治療，懂得如何渲洩心中的怨氣。有一陣子，他甚至想成為心理治療師，幫助其他教士解決心理問題。然而，當他談到他所遭遇的麻煩時，他向我提出的解釋和藉口卻顯得過於天真。關於其中一位婦人，他說：「我只是想幫助她而已。」她需要我。如果她不需要我的照顧，我就不會照顧她。」

我知道，我必須保持客觀，聆聽比爾那些不尋常的經驗和解釋，不做任何判斷。我們花很多時間討論他作過的夢，很快的，他就學會如何詮釋夢境中出現的意象。我也要求他，把他接受團體心理治療時所畫的各種圖畫，帶來給我看。一連好幾個星期，我們討論這些圖畫，對他的個性有了新的認識。透過這些藝術創作，比爾也有機會審視他的家庭背景，並且探討促使他成為教士的一些關鍵性事件。

然後，他的態度有了奇異的轉變。他替他的行為所做的天真辯解逐漸崩潰；於是，他開始對他的一生做出深沉嚴肅的反省，而他的心情也隨著黯淡下來。他抱怨，從就讀神學院到後來擔任教士，他這一生受過太多惡劣的待遇。他愈說愈氣，神態也不再輕鬆了。這段期間，他搬進了退休教士養老院，變得很不喜歡跟人打交道。他喜歡獨處，鮮少參加院裡舉辦的活動；漸漸的，他最近的遭遇在他心靈留下的傷痕，轉化成了嚴重的憂鬱。

現在，比爾開始以批評的口氣談論教會領導階層，也開始以比較實際的角度看待他父親——當年，他父親想成為教士，卻失敗了。比爾覺得，在某種程度上，他實在不是做神父的材料；他決定當神父，只是為了幫他父親一圓教士夢。

比爾面對他的憂鬱，毫不退縮。如同每一個罹患憂鬱症的人，每次跟醫師談話，他一開始就說：「沒有用的，一切都過去了。我太老了，再也追求不到這一生真正想要的東西。這輩子我總是犯錯，現在追悔也來不及了。如今我只想待在自己的房間，讀點東西。」但他繼續接受心理治療，每個星期一次，抱著憂鬱的心情來跟醫師談論他的憂鬱問題。

我所採取的所謂「治療策略」，只不過是設法使比爾接受和關心他的憂鬱。我並沒有什麼花稍的技巧。我沒有催促他參加憂鬱研討會，也不曾嘗試透過所謂的導向幻想，探索憂鬱患者的內心。照顧心靈，不必那樣大費周章。我只想設法體會那一刻他的心靈傳達出的訊息。比爾在談論他的夢想時，我仔細觀察他的神態和言辭，試圖捕捉其中出現的細微、緩慢的口氣轉變和焦點轉移。

在憂鬱的心情中，比爾會說他這一輩子絕不應該當教士，但我並不把他這話當真，因為我知道，這些年的教士生涯對比爾來說還是值得珍惜的。但是，他現在發現了這一行的陰影，對它的種種侷限有了新的領悟；這一來，他的教士生涯反而會變得更加成熟和充實。生平第一次，比爾必須面對他為了當教士所付出的代價。這並不是唾棄教士生涯，反而是一種完成。我注意到，縱使在他一件一件訴說他所做的犧牲，為他當年選擇神職感到懊悔時，他還是不忘提到他對教會的忠誠、對神學的興趣、對死亡和來生的關切。可以說，他現在才找到教士生涯的真正意義。以前那個溫順的、急於助人的神父已經死亡，取而代之的是一個比較堅強的、比較有個性的、不那麼容易受人擺布的比爾。

在憂鬱的心情下，比爾只看到他所熟悉的生活逐漸終結，他一生秉持的價值和人生觀逐漸崩潰。但是，很明顯的，這種憂鬱也掃除了他以往的幼稚。對一般人來說，個性中最大的優點往往也就是最大的缺陷。比爾對所有生命，不論動物、植物或是人類，都具有赤子般的一種關愛，這使他的個性充滿悲天憫人的博愛精神。然而，在其他教士心目中，這份天真的愛心卻變成了笑柄，而他們一直沒有察覺，他們的嘲謔對比爾的心靈造成了極大的傷害。在某種意義上，我們可以說，他那廣博的愛心毀了他。但是，他的憂鬱讓他堅強起來，使他的生命具有一種新的穩定和充實感。

透過憂鬱，比爾更能看清他生命中的「壞人」。以往他總是抱著天真的態度，對每一個接觸過的人，都和善的表示讚許。對他來說，人世間既沒有真正的英雄，也不存在著不共戴天的仇人。然而，在憂鬱的心情中，比爾卻開始用比較深刻的眼光看待事物，而他對同事的怨恨，也毫不保留地宣洩出來。有一回，他竟咬牙切齒地說：「我真希望他們年紀輕輕就死掉！」

比爾用堅定的語氣告訴我：「我老了，讓我們面對這個事實。我今年七十歲了。人生還有什麼指望？我恨年輕人。每次看到那些趾高氣昂的小伙子生病，我就很高興。別安慰我說，人生七十才開始，我不信這套。」

比爾刻意把自己定位為老人。當他要求我，也要求他自己面對事實，不要否認他的年齡時，我如何跟他爭辯呢？但是，我覺得，他這番說詞只是一個藉口，因為他不想尋求老年人以外的其他身分，而這一來，很弔詭地，他也不會陷入更深沉的憂鬱中。在節骨眼上頭放棄對人生的追求，他就可以省去許多煩惱，不必去體驗新的感覺。

有一天他告訴我，他作了個夢。夢中，他走下一段陡峭的樓梯，然後又走下一段，但第二段樓梯太過狹窄，所以他就不願意再走下去。他身後站著一個婦人，一逕催促他走下去，但他說什麼也不肯。這就是比爾當時心境的寫照。他的生命正在走下坡，但他拚命掙扎，不肯一頭栽下去。

比爾抱怨說：「我是個老人，人生沒有什麼指望了。」但這並不表示，他的心情已經臻於圓熟的老境，一如沙騰所代表的。儘管他這番話聽起來像是肯定老年，實際上卻是對老年的一種譴責。每回聽他說這些話，我就不禁懷疑，他在神學院就讀和擔任教士那些年，究竟有沒有真正成長過。他告訴我，在某些方面，那些年他一直覺得自己像個小孩，從不曾為金錢或生活問題操心過，也從不曾為自己的生活做出任何決定，只需聽從上級的安排，就可以了。現在，命運之神把他推向一個動盪不安的所在，要求他思索自己的一生。生平第一次，他開始對人世間的每一件事物提出質疑；現在，他的心靈正以驚人的速度成長。

「你作了一個夢，」我對他說，「夢中，你走下一段狹窄的樓梯，後面有一個婦人催促你——從佛洛伊德的觀點來看，你正準備出生。」

「我從沒這麼想過。」他說，顯然很感興趣。

「你正沉陷在憂鬱的心情中，現在的你，似乎正處於一種叫『巴鐸』（bardo）的狀態。

你知道那是什麼嗎？」

「不知道，」他說，「從沒聽說過。」

「根據西藏的經書，『巴鐸』指的是靈魂轉世投胎之前的那段時間。」

「這一陣子，我對人生中的事情全都提不起興趣。」

「我指的就是這個，」我說，「你不願參與生活，因為你正處於兩個人生之間。那場夢可能在催促你走下產道，脫胎而出。」

「夢裡我很不願意走下去，而那個婦人又在催我，讓我感到心煩。」

「我們不都是這樣嗎？」我心裡想到：再生本來就是很困難的一件事，而第一次尤其痛苦，往往都不成功。

「我還沒準備好。」他斬釘截鐵地說。

「沒關係。」我回答他，「你知道自己目前在哪裡，最重要的是待在那兒別走。『巴鐸』需要時間，急不來的，早產並沒有什麼好處。」

比爾站起來告辭，準備回到他稱為「洞穴」的修道院房間。「沒有別的方法囉？」他問道。

「沒有。」我說，但願我能給他一些更明確的希望。

在神學院的課程中，比爾探索過宇宙的奧祕，因此他自認為對心靈的需求有充分的瞭解。但是，現在，體驗過憂鬱的心情後，他對人生的真相有了更深刻的認識。「我不要再告訴別人應該如何生活，」他說，「我只能跟他們談論他們生命中的奧祕。」就像心情憂鬱時的王爾德，比爾找到更寬闊的視野，對人生的奧祕有了新的體認。你會以為，世間最瞭解人生奧祕的人莫過於教士，然而，儘管比爾接受過神學教育，但他真正認識人生，卻是在罹患憂鬱症之後。

比爾的憂鬱症終於痊癒。他遷居到另外一個城市，找到一份工作，擔任教士兼心理輔導員。心情憂鬱期間他接觸到沙騰的真理，如今開始發生一些效用。他現在有能力幫助別人，以坦誠的態度看待他們的生活和情感，而以往他總是以積極的、鼓勵的方式，勸導人們擺脫陰鬱的心情。他自己嘗過尊嚴被剝奪、安全感被摧毀的滋味，因此，當許許多多落難的人上門求助時，他就更能瞭解他們的沮喪和絕望。

第八章
疾病
身體演唱的詩歌

人類的身體是想像力的巨大泉源，也是想像力可以盡情發揮的一個園地。身體是心靈最豐富、最生動的表現。在人的身上，我們看見心靈透過表情舉止、服裝、動作、身材面貌、體溫、皮膚斑疹、肌肉抽搐、疾病以及無窮無盡的其他表現方式，鮮明地顯露出來。

藝術家試圖以各種方式——從土耳其宮廷畫到正式的肖像，從盧本斯（Reubens）獨樹一格的皮膚色調到立體派畫家的幾何圖形——捕捉身體多姿多采的表現。相反的，現代醫學卻只注重治療，漠視身體所蘊含的藝術。醫生們汲汲於消除身體的異常現象，以致我們沒有機會審視這些現象所顯露的意義。現代醫學把人的身體歸結為化學和解剖，這一來，多姿多采的人體就被淹沒在各種圖表和數據中。我們應該發展出一種新的、更能和藝術契合、更注重疾病所蘊含的象徵意義的醫學。

有一回，我和一位營養學家談起膽固醇的問題。在日常飲食和心臟保健的問題上，我個人不願意太過強調膽固醇的危險。我把想法告訴這位營養專家。

「膽固醇可是個非常嚴重的問題喔！」她說。「心臟有毛病的人，尤其應該控制日常飲食中的膽固醇含量。」

「我不否認膽固醇是個問題，」我說，「但我們是不是把它看得太嚴重呢？」

「奇妙的是，」她繼續說，「阿斯匹靈能夠控制膽固醇的不良作用——只需每隔一天服一顆。」

「妳是不是建議我們，為了控制膽固醇，我們人人都要定時服用阿斯匹靈？」

「如果你血液中的膽固醇含量過高，或者你的心臟已經有毛病，你最好接受我的建議。」她斬釘截鐵地說。

「為什麼？」我問道。

「這樣你才能活得久一點啊！」她說。

「這麼說來，對抗膽固醇是為了防止死亡囉！」

「對。」

「這是拒絕死亡囉？」我尖銳地質問，「記得托爾斯泰小說中的人物伊凡·伊里齊

（IvanIllich）說過，他不願意因某種疾病而死，他要為死亡而死。」

「也許真的是拒絕死亡吧！」她說。

「我們能不能，」我問，「承認我們有膽固醇的問題，但用另一種眼光看待它，而不把它當成對抗死亡的另一種手段？」

「我不知道，」她說，「我們作出某種假設，但從不對它提出任何疑問。」

這正是我們的身體面臨的問題。我們作出一些假設，但從不思考這些假設的正確性。若能好好思考一下，我們也會用不同的眼光看待膽固醇。

「這個問題，是不是跟交通堵塞有關係呢？」她那位擔任心理分析師的丈夫，這時提出他的看法。「也許，我們不想看到任何堵塞的現象，不論是在馬路上，還是我們的動脈血管中。我們希望通行無阻。」

我很感激他這話，因為它讓我們走出化學實事求是的領域，把症狀看成一個象徵——一個能讓我們從完全不同的角度觀看問題的鏡頭。這並不是說，交通堵塞真的是動脈閉鎖的「原因」。強調因果關係的思維方式，往往會妨礙訴諸意象的思考。然而，只要能體會這種隱喻式的比較，我們就能夠開始賦予我們的身體一些詩樣的色彩。

若干年前，希爾曼在德州達拉斯（Dallas）針對心臟的問題發表演講。他說，目前的趨勢，是把心臟當成一個機械式的幫浦或是人體中的一塊肌肉。他認為，現在愈來愈多人出現心臟問題，這種狹窄的看法難辭其咎。我們那樣看待心臟，就會漠視它在我們心靈中扮演的角色——它是勇氣和愛情的根源地。一般人把心臟當做一個物件，帶它去散步或慢跑，但它卻喪失了詩樣的色彩和意義，變成只是肉體上的一項功能而已。希爾曼在臺上發抒這番見解時，坐在前排聽講的一位男士忽然站起身來。他穿著慢跑服，大聲抗議說：心臟本來就是身上的一塊肌肉，必須時時保持健康，以免罹患心臟疾病。

希爾曼的論點是：我們把歷代詩人歌頌為情感中心的東西，當成純粹的肉體器官，這樣做，反而會傷害心臟。我們深受現代思想影響，要我們承認自己在這件事上存有偏見並不容易。當然，心臟是一種幫浦。那是事實。問題是，我們的思想結構過於講究實事求是，認為詩化的思考無聊，而我們一般人又都盲從。在某種意義上來說，那樣的觀念也可說是一種心臟病。我們習於用頭腦思考，不再透過心臟探索人生。

希爾曼的同事沙德羅也指出：我們將智力賦予頭腦，卻把心臟貶為身上的一塊肌肉。但是，他說，心臟也有它自己的智能。不需頭腦指揮，它也知道該怎麼做。心臟的行事動機未必和頭腦的行事動機契合。它有自己的一套作風和力量，表現在我們的激情中，諸如憤怒和性愛。頭腦對客觀的現實進行冷靜的思考，而心臟則以激烈的節奏探索人生。

心理分析家苦心孤詣，試圖找出心理經驗和生理疾病之間的關係，但是，一般來說，心理學界和醫學界都不太願意解讀這種詩樣撲朔迷離的關聯。十五世紀時，哲人費奇諾曾提出這樣的看法：戰神馬爾斯融解我們的腸。今天，我們也認為，結腸這種疾病和心中被壓抑的憤怒之間存在著某種關係。雖然措辭不同，看法其實跟費奇諾是一樣的。不過，整個說來，對於特定生理症狀和心理情感之間的關係，我們迄今只有非常粗淺的瞭解。

「症狀」（sympton）和「象徵」（symbol）關係密切。在語源學上，象徵是指將兩件事物「結合在一起」，而症狀則是幾件事物「湊合在一起」，彷彿出於偶然似的。我們以為症狀是憑空產生的，很少主動將兩件事物——症狀和象徵——「結合在一起」。科學家比較喜歡對事物作單一的詮釋。對他們來說，一種解讀也就夠了。相反的，詩人卻喜歡以各種角度詮釋同一件事物。他們不想讓意義固定。站在醫療科學的立場，用詩人的眼光看待疾病是不健全的，因為科學和藝術對事物的詮釋極端不同。因此，我們若想從詩人的角度，解讀人體透過疾病所展露的現象，我們就必須瞭解想像力運用的法則，讓想像力不斷開拓認知的空間，挖掘更新的、更深的意義。

最近幾年，有些人士反對用詩化的方式詮釋疾病，因為他們不願意把身體上的問題「歸罪」病人。他們覺得如果我們把一個人罹患的癌症和他的生活態度牽扯在一起，那就等於要求他，為他所不能控制的疾病負起責任。沒錯，將疾病歸咎於病人，只會讓他產生罪惡感，無助於開發他的想像力。然而，就像沙德羅所說的，「心理治療的目的，是讓想像力回歸到已經徹底物質化的身體。」我們尋找代罪羔羊，是因為找不出問題的真正癥結，而不論是個人或社會都難辭其咎。當我們不願以真誠的態度檢討生活、反省過失時，歸罪別人是最好的卸責方法。這一來，我們就不必正視自己的過錯。沙德羅建議我們，當心臟開始出現毛病，或當癌症使我們日日夜夜想到死亡時，不妨傾聽這些症狀所傳達的訊息，據以調整生活。與其歸罪，不如回應。聆聽身體傳出的訊息，並不等於歸罪病人。

我個人最近有一樁經驗，也許可以顯示身體和意象之間的關係。那一陣子，我覺得身體左下側有些疼痛。醫生也診斷不出什麼毛病。由於一連幾個星期情況並未惡化，醫生就建議先密切觀察一些時日，暫不勉強治療。我完全同意。私底下，我卻去找一對從事溫和按摩的夫妻。他們對疼痛和生活的關係有深刻的認識。

這是我第一次找他們看病，所以他們就問了一些一般性的問題。平常吃什麼東西？這一陣子，你的身體整個情況如何？在日常生活中有沒有發生什麼事，你覺得可能跟你的疼痛有關？如果疼痛能說話，它會說什麼？

第一次見面，他們就設法在我的生活中尋找疼痛的根源。我很欣賞這種治療方法。我發現，這段簡單的對話在我心靈中產生深遠的影響。它促使我觀察環繞在疼痛周圍的世界，要求我傾聽疼痛傳出的詩樣訊息。

然後，我躺在按摩檯上，而他們夫妻倆一邊一個開始輕柔地按摩起我的身體來。很快的，我便覺得四體通泰，渾身鬆弛。在意識中，我感到自己飄遊到一個地方，離我在村子裡的小房間很遠很遠。我耳中聽得見周遭的種種聲響，但是，我的注意力卻沉陷入一個與現實生活隔絕的所在。

我感覺到他們的手在我身體上移動，緩慢地、似有若無地。接著，我發現他們的手指觸摸到我身上疼痛的地方。我本能地想坐起身來，避開他們的撫摸，然而，我整個人卻依舊沉陷在那遙遠的意識境界中。

突然間，好幾隻體型龐大、毛色鮮豔、神態威猛的老虎從一個籠子裡躍出來。牠們逼近我的眼睛，以致我看不見牠們的整個身軀。牠們身上的顏色，比自然界中任何東西都要亮麗。這些老虎看起來又調皮又兇暴。

其中一位按摩師問道：「我按摩你這個地方，你感到怎麼樣？」

我說：「老虎來了。」

「和牠們說話，」女按摩師吩咐我，「問問牠們帶來什麼訊息。」

我很想知道牠們帶來的訊息，但很顯然的，那些老虎沒有興趣用英語同我交談。「我想，牠們大概不會說話吧。」我說。

燈光幽暗的房間中，出現一座小小的熱帶叢林。我跟那位女按摩師說話的當兒，老虎仍在叢林裡跳躍戲耍不停。我沒想跟牠們做朋友，而牠們顯然也不願被人當成寵物。我只是靜靜觀察，一時間，被牠們龐大身軀上的強勁肌肉和鮮豔毛髮深深震懾住了。按摩結束，老虎也消失了。按摩師告訴我，這個房間經常出現各種動物。

離開時，我心裡想，至少得花上幾個星期的時間，好好回味這個奇異的造訪。這群老虎讓我感受最深的是牠們表現的勇氣、力量和自信，而這些心靈品質正是那個時候我最需要的。賦予我信心、讓我堅強起來的，並不是這群老虎所代表的意義，而是牠們的形象。往後，很長一段時間，每當我身上的那個疼痛又隱隱發作時，我就會回想起這群老虎，設法從牠們身上吸取一些勇氣。我覺得，我也能夠從牠們那兒學習如何展現個性中的「本色」，無畏無懼，神采飛揚。

當我們把想像力應用在身體上時，我們不能期望字典式的解釋，也不能指望問題會獲得明確的解決。一般人總以為，所謂「象徵」，不過是把兩件事物粗淺地湊合在一起，就如同坊間的解夢者把蛇解釋為性的象徵。但是，嚴格說來，象徵指的是將兩件格格不入的事物結合在一塊，而我們就置身在兩者之間的緊張關係中，觀察其所出現的各種意象。以這種方式看待象徵，就不會有固定的、單一的詮釋，而我們的思考也不會有終結的時候，永遠都在摸索中。

身體所顯現的意象多采多姿，變化莫測，無法加以規範。我在按摩師那兒接受的治療，主要目的不是消除疼痛，而是激發我的想像力，使我能夠對自己的身體和生活，進行深刻複雜的思考。這就是所謂的症狀：身體和生活湊合在一起，彷彿出於偶然似的。因應之道在於包容這種巧合。這也有助於我們解讀西方藝術和神話中的許多陰陽人意象：雌雄同體，顯示西方人試圖包容人生的二元性，接納它那種有時相當詭異的張力。不論是表現在文學或是在人體上，詩總是要求我們，把表面看起來毫不相干的東西結合在一起。

這種詩式的結合，原本應用在文學創作上，一旦引介到診所中，就能幫助我們深入瞭解我們的身體和它的病痛，比科學上的計量和單一的、純粹物質的詮釋更加有勁。但是，它並不一定會讓問題更加清晰。清晰畢竟不是詩的特質。詩所能提供我們的是深刻的洞察、智慧、遠見、雋永的語言和美妙的音樂。可惜，面對疾病時，我們並不常想到要應用這些詩的特質。

以敏銳的、詩的眼光看待身體呈現的意象，我們必須仰賴直覺。比起理性的詮釋，直覺和情感以及行為反應的關係更加直接。此外，值得一提的是，意象會永遠保持完整。我在按摩師那兒接受「治療」後，很長一段時間，那群老虎仍然不時帶給我驚喜，幫助我洞察人生。

如果我的結腸因為焦慮而疼痛起來，那就表示這個器官並不僅是一塊只有生物機能的肉。它跟意識以及某種表達方式之間，必定有所關聯。佛洛伊德那位著名的匈牙利同事桑多爾．費倫齊（Sandor Ferenczi）認為，身體的每一部分都具有自己的「器官情欲」（organ eroticism）。根據我的瞭解，他的意思是，每一個器官都有自己的私生活——你甚至可以說，它有自己的人格，懂得如何從自己的活動中獲取樂趣。我的結腸感到不快樂。如果我留心傾聽它的抱怨，我可能會瞭解，是什麼原因使它不安或者——也許可以這麼說——使它「違和」。

身體的意象和夢境的意象相似。按摩師觸摸我的身側，一座熱帶叢林就迸現出來。許多去看醫生的人，對他們的身體都有一份認知，就像帶著一幅地圖——他們能想像自己身體的內部構造，也能想像它在病中的情況。如果我們不那麼堅持要求單一的解釋，只聽從專家的意見（有時專家的意見也跟病人的想法一樣荒誕），那麼，我們就能多留意病人對自己疾病的想像。連憂鬱症我們都可以很認真的看成是心靈不安的一種真實表現。

費倫齊的術語「器官情欲」顯示，身體的器官不單是一種生理機能，它也懂得在自己的活動中享受樂趣。我們不應該問：這個器官運作正常嗎？我們應該問：這個器官玩得高興嗎？費倫齊要求我們調整我們對身體器官的根本看法，把重點從功能轉移到樂趣。我可以想像我在問候我的腎臟：你舒服嗎？你今天的活動有趣嗎？我有沒有做出什麼事情，讓你感到煩悶？

英文字 disease（疾病）原意是「不讓你的手肘處在舒適的位置」。這個字中的 ease 源自拉丁文 ansatus，意思是「有柄子」或「兩手扠腰」，那是一種輕鬆的姿勢，至少表示現在不在工作。dis-ease 意思就是沒有手肘，或手肘沒有活動的空間。ease 是一種樂趣；disease 是喪失樂趣。醫生在診斷時，應該先問病人有關樂趣的問題：你覺得目前的生活有趣嗎？你哪裡感到不快樂？你身體的某一部分正在尋求樂趣，而你卻拚命抗拒嗎？西方哲學史很清楚的顯示，當心靈成為大家關切的對象時，樂趣就會被當成一個重大的因素加以討論。

同樣有趣的是，哲學家每次在著作中討論樂趣和心靈的關係時，總不忘提到克制。稍早時我們說過，希臘哲學家伊比鳩魯提倡享樂主義，自己卻過著簡樸的生活。文藝復興時代的哲人費奇諾，早年積極鼓吹伊比鳩魯的哲學（晚年時，他不再公開談論伊氏的主張，卻在生活中身體力行）。費氏在著作中一再強調樂趣的重要，私底下卻是個素食主義者，平日吃得很少，一生不曾出門旅遊，珍惜朋友和書籍過於其他財物。他在佛羅倫斯創立的書院門口飄揚著一面旗幟，上面寫著校訓：「及時行樂」（Pleasure in the Present）。在一封信中，他提出這樣的忠告：「莫讓你的沉思走在享樂前頭，最好讓它落後一些。」

我們可以想像，疾病不僅僅是生理上的現象；它反映的，也是病人本身和他所處環境的情況，以及身體未能享受到樂趣的後果。樂趣並不一定指感官上的滿足，也並不一定指瘋狂追求新的經驗、財物或娛樂。伊比鳩魯的真正信徒在追求樂趣的同時，也會照顧到心靈的需求，因此不會失去節制。如果我們能結合費倫齊的「器官情欲」和伊比鳩魯式的克制，我們就不致於活在一個充滿噪音、耳朵日日受罪的世界。一般人以為只有化學物質才會造成汙染，殊不知，透過耳朵，我們的心靈一樣會遭受毒害。我們也應該體會到芬芳氣味的重要。費奇諾認為，建立一個高級的花卉和香料文化，是將性靈賦予心臟世界的最好方式。

目前流行的許多疾病有個根源：沉陷在麻木的社會文化中的人體，開始反彈了。我們的腸胃對冷凍、磨碎的食物已經厭倦。在塑膠椅中坐久了，我們的頸背覺得不舒適。我們的腳，找不到有趣的地方可以走動，感到無聊透了。我們的腦，發現它被拿來跟電腦相提並論，感到鬱鬱不樂，而我們的心臟顯然不願意被比喻成一個幫浦。這年頭，我們的脾臟總是無所事事，而我們的肝臟也不再被當成主導情欲中的中樞。這些高貴的、具有濃厚詩歌色彩的器官，原本充滿意義的力量，如今全都淪為單純的生理機能。

西方文化，可能是全世界所有文化中對人體最缺乏想像力的。在西方整個歷史上，我們這個時代最漠視人體和疾病表現方式的奧祕。十六世紀瑞士醫學家帕拉西爾蘇士勸告醫師們：「身為醫師的人，應該體察肉眼看不見的層面。看得見的層面屬於他的知識範疇，而他應該有能力辨認疾病，就像任何一個普通人能夠從症狀辨認疾病一樣。但是，具有這種能力並不表示他有資格擔任醫師；只有在他能夠體察無名的、隱晦的、不具形卻能產生作用的層面時，他才有資格成為醫師。」

帕拉西爾蘇士這番見解，在當前的醫療環境中很難應用。在我們的醫院，肉眼看不見卻能產生作用的東西，是透過顯微鏡和X光來觀察的。現代醫學把隱晦的層面具體化了。現代的醫師把發掘疾病根源的任務交付給顯微鏡，但顯微鏡無法探測心靈的深處。奉行帕拉西爾蘇士主張的醫師，會考慮和疾病有關的所有隱晦因素——情感、思維、個人經歷、人際關係、願望、恐懼、欲念等等。

荷馬史詩《伊里亞德》（*Iliad*）的第五卷有一段文字描寫受傷，透過它，我們可以一窺那個隱晦的世界。在激烈的戰鬥中，連諸神都會受傷。愛神阿芙蘿黛蒂手上掛彩，天后希拉被一支三叉箭射中胸部，而冥王黑帝斯也吃上一箭。有些人把這一卷稱為「受傷諸神之歌」。神祇受傷的現象，代表什麼意義？榮格常被引述說，在我們生病時，諸神回到我們身邊。我想把榮格的說法略為改變一下：諸神在忍受我們的傷。祂們承擔我們魯莽衝動的行為所造成的後果，而疾病是他們傷痛的表徵。在我們的醫療界，高科技儀器都在高唱「受傷諸神之歌」。我們都在奮戰，一心想「出人頭地」，想讓生活過得順遂，想尋找到幸福，然而，我們的所作所為可能會傷害到比「我」更深沉得多的某種東西。受到衝擊的可能是我們生存的根基，於是，疾病就出現了，彷彿誕生自某個幽深、神祕的所在，如同神祇的幽靈一般。

在很大的程度上，疾病肇始於永恆的一些因果。基督教的原罪觀念告訴我們，人的生命本質已經受傷，而受苦是自然的現象。我們的生命受傷，只不過因為我們身為亞當和夏娃的子孫，參與人類的生活。有些人以為沒有傷痛的生命才是正常的、自然的現象。那是癡人說夢。任何醫學體系，如果一心只想根除人類的傷痛，就難免會迴避人類生存的本質。

有了這個比較深廣的認識，我們就可以檢討我們的生活，看看我們的行為，有哪些傷害到我們生存的根基？我們不妨反省一下，我們的生活是否存在著自我矛盾和自我疏離。我並不希望，每個人為他的身體顯現的症狀感到罪疚，然而，透過生理上的問題，我們可以尋求途徑，將我們的生活和天性（用神話的語言來說，即諸神的意旨）結合在一起。這件事，我們社會可以整體來做。如果抽菸惡習每年使許多人喪生，那麼，我們就該問，我們究竟想透過抽菸的行為表達什麼目的？如果癌症的產生是由於細胞的成長失控，那麼，我們就該問，我們社會在經濟和科技上的盲目成長，是否冒犯了某位主管成長的神祇？我們若能透視隱藏在人類行為中的「神意」，我們也許就能找到「治療」我們疾病的方法。古代希臘人相信，治療的神，也正是當初帶來疾病的神。

探索疾病的神話意義，使我們能夠以宗教眼光看待疾病。這樣做的目的不是要把宗教帶到苦難，而是讓我們瞭解，苦難促使宗教產生。我們的傷痛使我們想起諸神。我們若能透過疾病，探討人類生存經驗的本質，那麼，我們的精神力量就會大大加強。我們若能接受生命先天上已經受傷的事實，而不再一心只想克服傷痛，那麼，我們就能以新的態度面對生活。一旦能夠體察疾病的奧祕，我們就能對命運負起責任。

如果我們承認，諸神出現在我們的疾病中，而祂在荷馬史詩式的戰爭（生活的戰鬥）中受了傷，那麼，我們就不該為了避免受傷而逃避生活。我們可以在疾病中找到新的、深沉的意義和價值，而不致沉溺其中。我們可以一嘗戰鬥的滋味。在心理問題上，我們也應該暫時擱下以紓解痛苦為目標的治療方法，好好去尋找那位在戰鬥中受傷的神祇，設法重建人神之間和諧的關係。疾病提供一個途徑，引領我們進入那個產生自命運和人生最深處的宗教。

疾病的靈魂伴侶

匈牙利哲學家烏洛里・克里奈（Károly Kerényi）在他的著作《阿斯克勒庇俄斯》（Asklepios，希臘神話的醫神）中重現一尊迷人的古代雕刻作品，那是一位醫生正在治療一名男子的肩膀，而在男子背後，有一隻蛇正吐舌輕咬他的肩膀。蛇是神的動物化身，人們認為，這個姿勢特別有助治療。這一切彷如一場夢（這對阿斯克勒庇俄斯而言十分貼切，因為他就是用夢來治療人們）。這幅圖像意味著醫生在肉體層面上運用的各種療法，都會在靈魂層面上有所呼應。在夢中，治療常是以動物的形式出現，而不是理性、技巧性的程序。而夢境的敘述常會提到，蛇通常只會咬一個人疼痛的部位。蛇會用牠最直接、可能具有毒性的接觸，替病人接種疫苗。

我們可以從這個畫面中學到，所有疾病都如層次豐富的樂曲，可以在肉體組織的層面上演奏，也能在夢境中播放。所有疾病都具有意義，即使我們可能永遠無法用理性的字眼來詮釋它。這裡的重點不在於了解病因，然後解決問題，而是試圖貼近疾病，看清它暗示了與生命之間某種特殊的宗教連結，然後去重建這份連結。我們必須在疾病中感受到必然的神力，才能因疾病獲得治療。毫無疑問地，不是我們在治療疾病，而是疾病在治療我們，方法就是讓我們在生活中重新參與宗教。當神在我們的疾病中現身時，代表神認為我們的生命過於世俗，需要這樣的探視來提醒我們。

接下來是一位受過專業醫學訓練、生性敏感的女士對夢境的描述。她和兩位身穿白袍的男醫師躺在一張床上。他們在談論所有人都會罹患的一種退化性疾病。這種疾病的初期症狀就是人會失聰，其中一位醫師對這個症狀很感興趣。這位醫師說，這樣就有機會體驗失聰的感受。這位女士擔心如果每個人都得了這種疾病，誰來照顧病人。接著轉到另一個場景，她走進另一位醫生的辦公室。她在他的桌上看見一個女人的瓷像。她拿起瓷像，將它擁入懷中。她還發現這個醫生的辦公室內到處都是藝術品。她特別注意到一個小的象牙雕像，是一名金髮女子身穿如金箔般的衣裳。她將懷中的瓷像掏出一看，發現它缺了一隻手臂。她覺得很難過。

這個夢用幾種方式暗示了「受傷的醫者」這個古老主題。首先，醫生與病患同床共枕，包括醫生在內都會罹患這種疾病，其中一位醫生甚至樂於體驗疾病的症狀。這位病患也就是作夢的女士並不了解一個神祕的事實：疾病是無法避免的。她只想著，當所有人都罹患疾病時，該如何治病？但是醫生並不關心疾病，他們似乎知道也接受疾病是普世皆然的。

這個夢也顯示，任何治療我們的人必須與我們的疾病「同床共枕」。醫生並沒有與疾病劃清界線，如圈外人般看待這位病患和她的問題。他們並沒有對症下藥，而是與疾病更加貼近，甚至表達自己想要親身體驗疾病的欲望。身為一名心理治療師，我如果抗拒病人帶來的疾病，置身事外，我只會強迫他們接受人人皆有的疾病，但又試著讓自己擁有超越疾病的能力，保護自己不要得病。然而，治療總會對醫生有更多的要求。它會要求醫生視疾病如摯友，就如一個對神祕事物感興趣的人，就如病友一般，願意去接近疾病。試想一下，我們是否常在談論酒精或藥物上癮的人時，彷彿他們不是我們的一份子？彷彿他們的問題與我們絕對無關？

幸好對於這位作夢的女士而言，第二位醫生就像費奇諾和帕拉西爾蘇士。他的辦公室內有藝術品。他顯然知道醫學比較像一門藝術，而非一門科學，而他的醫術帶有藝術成分。

這讓我想起佛洛伊德的辦公室內有名聞遐邇的藝術收藏。正如許多民族的傳統醫學所證明的，影像具有治病的療效。在這個例子中，這位女士必須看到療癒自己的影像，就像任何一個深陷痛苦的人必須找出被埋怨所遮蔽的故事和影像。然而，她不應該太貼近這些影像，讓它們變得太過私密，否則它們就會瓦解分裂。我們只能透過詩來接近神，如果疾病是神的偽裝，那我們的藥方中就必須充滿藝術和影像。

德國浪漫主義詩人諾瓦利斯（Novalis）說過，「每一種疾病都是音樂的問題。疾病的治療，都是以音樂為藥方。治療愈快速、愈徹底，就代表醫者有較高的音樂天賦。」許多我提過的古代醫者也是音樂家，像是十七世紀的僧侶傅萊德（Robert Fludd）和費奇諾。他們很關心身體與靈魂之間的節奏、音調、不諧和音和諧和音。他們教導醫生在治療任何疾病時，必須對病患的音樂有些認識。像是這個疾病的速度？與疾病相互呼應的生活元素？不諧和音的本質為何？而這正是病患感受到的疼痛和不適。

根據帕拉西爾蘇士的說法，「疾病渴望妻子，而這正是它的藥。藥必須針對疾病調整，必須與疾病融為和諧一體，就如男女之間的結合」。在這位女士的夢中，醫生與病患同床共枕，頗能呼應帕拉西爾蘇士的論點。疾病透過與治療結為夫妻，獲得滿足，變得完整。我們也可以換一種說法，疾病的「妻子」——靈魂、影像、故事或夢——就是治病的藥方。

如今，我們該如何用這些隱晦的影像幫助現代的醫療？試想一下帕拉西爾蘇士將藥方比喻成妻子，我們也許可以更重視自己如何描述疾病，如何描述身體的歷史。我們也可以留意生病時作的夢。我們可以將現代醫療中陽性強剛的英雄論調變得柔和一點，容許一些影像的自由空間。而病患也可以做個比喻，邀請醫生與疾病同床共枕，而非將醫生視為權威，把疾病交給醫生。這個比喻帶有情色的意涵，與我們常在醫學領域中引用的權威和力量的隱喻截然不同。

我們如果能帶著詩意檢視疾病，就可能會發現豐富的影像道出我們的生活方式。我們可以依循著影像調整自己的生活，透過疾病矯正自己。這就是我所說的，無論是生理或心理層面，我們如果沒有疾病就不能獲得療癒。舉個例子，《靈魂的力量》（*The Power of Soul*）的作者沙德羅看過癌症的影像後，認為其中透露的訊息就是我們身處在一個世界，其中的事物都失去了身體，也因此失去了獨特性。我們對癌症的應對之道，應該是捨棄塑膠複製品的大眾文化，重新找回對事物本質的敏感度及想像力。我們如果用汙染的方式和製造來攻擊大自然，我們如果為了追求速度和效率，漸漸失去生活品質，就會出現癌症的症狀。根據沙德羅對疾病的描述，我們的身體會反應或參與地球的身體，所以我們如果傷害這個外在的身體，自己也會感同身受。地球的身體和人類的身體在本質上並無差異，而是同為一體。

肉體和心靈

在十五世紀義大利佛羅倫斯城的人體，跟你於一九九〇年代在紐約市看到的人體，完全不同。現代的人體是一架講求效率的機器，必須時時保持最佳性能，讓它的各個部分順利運轉，並且盡量延長它的使用年限。任何器官一旦出現了毛病，可以用機械式的代用品替換。這就是我們現代人心目中的人體——一架機器。

在佛羅倫斯人看來，人體卻是心靈的外在表現。你可以用純粹物質的眼光看待身體，但這種看法在佛羅倫斯人心目中是一種偏差。這樣的身體反常地從心靈分離出來。我們可以把它當成人格分裂後的產物——毫無生命、毫無意義、缺乏詩意多姿多采的內涵。但是，一個擁有心靈的人體是從世界的大身體中獲取生命，誠如費奇諾所說的：「世界在生活、呼吸，我們可以將它的精氣吸入我們體內。」我們傷害世界的大身體，就是傷害我們自己的小身體。我們不是世界主人，我們只是參與它的生活而已。

當我們把身體看成具有性靈的東西時，我們就能欣賞它所表現的有如詩歌一般豐富多樣的美。我們習慣將身體視同機器，把肌肉當做滑輪，把器官看成引擎，這一來，身體所表現的詩樣之美就被迫隱藏起來，我們只有在生病時才有機會一窺它的風貌。幸好，我們社會還有一些機構，珍惜這種存活在我們想像中的人體。譬如，時裝界把大量奇異思想帶到人體上，雖然現代男士的服裝在色彩和式樣上遠不及以往豐富。婦女可以使用化妝品和香水；這也不失為呵護心靈的一個方法。

從事健身運動時，我們若能充分發揮想像力，我們的心靈就會獲得莫大的好處。通常，專家總會告訴我們，從事某種運動時應該花多少時間、心臟每分鐘應該跳動幾次、哪一部分肌肉應該特別加強。五百年前，費奇諾對每日的健身運動都有不同的見解：「你應該盡量抽空，在氣味芬芳的植物間散步，每天最好都花大量時間從事這種活動。」他強調的是外在的世界和身體的感官。在以前的時代，健身運動的重點在於體驗外在的世界——一邊散步，一邊利用知覺器官吸嗅、感受這個世界，而心臟也在散步的過程中獲得按摩、撫慰。十九世紀的美國哲學家兼詩人愛默生（Emerson）喜好散步，足跡遍及新英格蘭。他在一篇題為〈大自然〉（Nature）的散文中寫道：「田野和森林中散步的最大樂趣，在於體會人類和植物之間存在的玄祕關係。我不覺得孤單，無人理睬。植物向我頷首，我向他們點頭。」在這種愛默生式的健身運動中，我們利用心靈，體察人類和充滿靈氣的大自然之間存在的親密關係。

如果我們能不堅持以機械的觀點，看待我們的小身體以及世界的大身體，那麼，我們就能以種種方式從事健身運動。我們不僅能鍛鍊我們的肌肉，也能鍛鍊我們的鼻子、耳朵和皮膚。我們可以聆聽風在樹叢中演奏的音樂、教堂的鐘聲、遠處的火車、蟋蟀，也可以聆聽大自然中寂靜的萬籟。我們可以訓練我們的眼睛，以廣博的同情觀看世間萬物。心靈總是依附在具體的事物上；以陶冶心靈為目標的健身運動，能幫助我們和世界建立真摯的關係。美國哲學家兼作家梭羅（Henry Thoreau）隱居在華爾騰湖（Walden Pond）畔，鍛鍊他的身體。他在一篇文章中寫道：「發現這兒有貓頭鷹，我感到很開心。讓牠們對人類發出怪誕的、狂亂的梟叫聲。這種聲音最適合沼澤地和不見天日的樹林，顯示有一個遼闊的、蠻荒的大自然存在，而人們尚不認識它。」健身運動若只注重肌肉的鍛鍊和脂肪的消除，就不能算是完整的運動。一個清瘦結實的身體，若不能欣賞華爾騰湖畔貓頭鷹的叫聲，又不能回應新英格蘭田野中麥穗招手，又有何用？具備性靈的身體，和大自然息息相通；就在那種親密的關係中，身體找到了它的健康。

我們的醫院在面對生病中的心靈時，往往不知如何應付。要改善這點並不難，因為心靈並不需要昂貴的科技和訓練嚴格的專家。不久前，一家醫院的行政主管要求我提供一些點子，以改進醫院的作業。我提出幾個簡單的建議。他們原本計畫讓病人每天閱讀自己的診療紀錄，同時提供他們一些小冊子，以化學和生物學的角度解釋他們的病情。我的看法是，與其讓病人閱讀那些記載溫和藥物的圖表，不如鼓勵他們記下住院期間的印象、感受以及——最重要的——每天晚上作的夢。我也建議成立一間文康室，讓病人透過繪畫、雕刻，甚至舞蹈，把他們在治療期間的種種幻想表現出來。我構想的是一間藝術工作室，而不是一般醫院的藝術治療室。此外，我還建議騰出一個時間和地點，讓病人講述他們生病和住院的故事。陪伴他們的，最好不是醫療專家，而是以講故事為職業的人，或是懂得讓心靈把訊息傳達出來的人。

「醫院」的英文字 hospital 是從拉丁文 hospis 來的，具有「陌生人」和「主人」雙重意思，加上 pito，意指「主宰」或「有權勢的人」。醫院是陌生人可以獲得憩息、保護及照顧的地方。也許，疾病就是走進醫院的陌生人；也許，實際的醫院只是一個具體的象徵，反映我們本身收容外來疾病的能力。拉丁文中的 hospis 也有「敵人」的意思。這是疾病的陰暗面，應該一提。疾病是敵人，不過，我們已經充滿信心地克服這個迷思。現在，我們也許應該把疾病看成需要一個地方憩息、療養的陌生人。

在那本討論性靈的書《愛的身體》（*Love's Body*）結尾部分，作者諾曼·布朗（Norman O. Brown）說：「身體總是在默默說話。」身為我們疾病的主人以及身體的守護者，我們必須訓練耳朵，傾聽身體的語言。顯然，能夠聆聽身體發出的無聲訊息的，並不是我們頭上的兩隻耳朵，也不是醫生使用的聽診器或電腦斷層掃描器。我說的那種耳朵，比已經發明的任何儀器都更精細、更敏銳。那是詩人的耳朵——所謂詩人，指的是任何能夠運用想像力觀察世界的人。愛默生說，只有詩人真正瞭解天文學、化學和其他科學上的事實，「因為他把這些事實看成徵兆。」

一般人把身體看成積存「事實」的地方，但如果我們將性靈賦予身體，它就會變成「徵象」無窮無盡的來源。我們若想陶冶性靈，就必須運用想像力，回應我們的身體在生理上的各種需求。然而，在講求事實和醫學知識的時代中，我們很難用這種態度看待身體。要到哪一天，醫學家帕拉西爾蘇士、性靈學家費奇諾和哲人愛默生的著作，才會在醫科學生的必讀書單上占有一席之地呢？要到哪一天，醫科學生才願意以誠懇的態度，仔細研究藝術家所表現的人體呢？要到哪一天，醫生才會把病人的身世經歷、夢想願望以及他對疾病的種種幻想，當成診斷病情的依據呢？

這一天會來臨的，因為它以前來臨過。文藝復興時期的心理治療家費奇諾使用琵琶，將病人的不安化為樂音。英國大詩人濟慈原本習醫，輕而易舉的改行寫起詩來。愛默生則從哲學角度探索疾病的奧祕。在某些圈子裡，科技主導的人生觀對現代人意識的控制，似乎已經開始鬆懈。也許，有一天，我們的身體會擺脫「行屍走肉」的現象，重新感受到性靈旺盛的活力，只要我們能以新的眼光，欣賞身體表現的藝術。

第九章

心靈經濟學

工作、金錢、失敗與創造

陶冶心靈，我們必須持續關注生活的每一個層面。基本上，它要求我們培養對尋常事物的興趣，藉以修練心性。一般的心理治療，重點在於處理人生中的危機或長期心理問題。我從沒聽說，有人來找心理治療師，目的是談論園藝，或探討他們正在興建的一棟房子牽涉到的心靈問題，或研究如何成為一位稱職的市議員。然而，這些尋常的事物全都攸關心靈的福祉。如果我們不能認真地、機敏地照顧我們的心靈，它的問題就會被掩藏和漠視，往往造成嚴重的後果。

從心靈的角度來看，我們日常活動中最受漠視的一個層面是工作以及工作的場所——辦公室、工廠、商店、私人工作室或自己的家。從事心理治療工作這些年，我發現工作環境、婚姻及家庭狀況，都會造成心靈不安。然而，一般人只針對工作上的問題作出一些調適，並不理會其中涉及的深層問題。毫無疑問，我們的工作場所只講求功能和效率，因而忽略了心靈的需求，造成它的不安。為了心理上的福祉，我們必須提高意識，學習欣賞工作所蘊含的多姿多采風貌，諸如工作的形式、工具、時機以及整體環境。

若干年前，我做過一場演講，主題是中古世紀西方人的一個觀念——世界是一本等待我們閱讀的書。當時的僧侶使用「世界之書」（liber mundi）這樣的稱呼，形容精神上的知識。一位家庭主婦聽完演講後，打電話邀請我到她家，以中古僧侶的方式「閱讀」她所住的房子。我從沒做過這樣的事，但從事心理治療工作這麼多年，我一直在「閱讀」病人的夢和繪畫，因此對她的邀請深感興趣。

我們一塊走過屋子裡的所有房間，一邊仔細觀察，一邊低聲討論我們的印象。這種「閱讀」並不是分析或詮釋，比較像是「夢想屋子前進」——套用榮格的一個說法「夢想夢境前進」。我的目的是觀察這棟屋子所表現的詩樣風貌和語彙，試圖瞭解它在建築、色彩、家具、裝飾以及房屋的保養上所顯示的姿態。這位婦人確實很珍惜她的家；她想讓管理家庭的工作成為她生命中一件有尊嚴的事。

出現在我們眼前的意象，有些純屬私生活的範疇。我聽她講述以前的一樁婚姻，也聽她談到她的孩子、訪客和她自己的童年。其他意象和屋子的建築風格以及美國歷史有關，另一些則觸及哲學問題，顯示出家居生活的本質。

讓我印象最深刻的是那一塵不染、鋪著光滑瓷磚、漆著清冷顏色的浴室。浴室這種房間，充滿強烈意象和心理涵義——身體的排泄物、清洗的工作、隱私、化妝品、衣物、裸體、通往地底的管子、自來水。在一般人的夢中，浴室是經常出現的場景，可見它特別能吸引我們的想像力。這位婦人的浴室收拾得格外整齊清潔。由於事先我們已經說好，要以坦誠的態度「閱讀」她的屋子，於是，我就跟她討論，為了讓這間浴室保持潔淨無瑕，她究竟投注了多少心血。

「閱讀」這位婦人的屋子時，我並不想乘機打探她的底細，也不想刻意挑毛病，或提議她改變生活方式。我只是跟她在一起，審視她這棟屋子，希望能一窺隱藏在日常生活和尋常事物中的性靈所顯露的徵象。走遍每個房間後，我們倆都覺得，自己跟這棟屋子以及裡頭所有東西之間，產生了一種不尋常的關聯。就我個人來說，我心中浮起了一股願望，想好好探索一下自己所住的屋子，對日常生活所呈現的詩樣風貌，作更深沉的一種省思。

家是日常工作的地點，不管你在「外面」有沒有職務。「閱讀」自己的屋子時，在某個階段你會發現自己站在一堆家事用具前：真空吸塵器、掃帚、長柄拖把、肥皂、海綿、洗碗碟用的淺桶、鐵鎚和螺絲起子。這些都是非常簡單的東西，但若缺乏它們，我們就不會有在家的感覺。馬里蘭州巴爾的摩市的占星家兼心理治療師珍·萊爾（Jean Lall），在演講中談到家務工作展現的性靈。她把家務工作看成「沉思冥想的一種方式」。她說，如果我們蔑視每天都要在屋子中進行的工作，包括煮飯、燒菜和洗衣服，那麼，我們就會喪失我們對最親近的世界的情感。她還說，日常家務工作也牽涉到我們對周遭自然環境的責任。

我想打個這樣的比方：屋內有神祇存在，而我們的日常家務工作，是對這些護佑我們生命的「家神」表達敬意的一種方式。在祂們心目中，硬毛刷是一種神聖的物品；我們若能以慎重的態度使用這件家務工具，就能滋養我們的性靈。從這個角度來看，清理浴室也是一種心理治療，因為實際的房間和我們心靈中的某一個層面之間，存在著一種對應的關係。在我們夢境中出現的浴室，既是我們屋子裡的一個房間，也反映我們心靈中某一個空間的詩樣物體。

我並不想故作嚴肅，誇大生活中的簡單事物所蘊含的意義，但我願提醒大家，以細心和專注的態度從事每天的家務工作，會給我們的心靈帶來莫大的好處。我們都知道，在某種程度上，日常工作會影響我們的個性和生活的整體品質，然而，我們通常都忘記在日常家務中展現我們的性靈，也忽略了它能帶給心靈的益處。我們若把家務工作交給別人，或懶懶散散自己動手來做，我們也許就會喪失心靈中某種無法彌補的東西，最後會因為這種缺憾而感到孤獨徬徨，把自己弄得痛苦不堪。

我「閱讀」那位婦人的屋子的方式，也可以用來「閱讀」我們外在的工作：審視它的環境、仔細觀察它的工具、探究它使用時間的方式、留意人們在工作中顯露的心情和情感。你如何使用你的工作時間——你的視線、座椅和用具——在在攸關重大，不但影響工作效率，也影響到你對工作的看法以及你的想像力發揮的方向。有些企業為了掩飾他們那種不重視性靈的工作方式，特地在辦公室中裝置假牆，擺設塑膠盆栽，懸掛虛假的藝術品。如果那就是我們以美化環境為名，賦予我們工作場所的東西，那麼，我們的工作究竟能表現多少性靈，就可想而知了。性靈是不能偽造的，否則就會產生嚴重的後果。十七世紀英國詩人馬維爾（Andrew Marvell）在〈花園〉（The Garden）一詩中提到：「在綠蔭中進行清新的思考。」在塑膠盆栽環繞下工作的我們，腦子裡會充滿塑膠一般僵冷的思想。

在工作中冶煉性靈

在許多宗教傳統中，工作總是在神聖的場所進行。地點並不是在寺院門前，而是在寺院門內，在天主教的修道院和佛教的禪寺，工作是僧侶每日功課的一部分，一如祈禱、禮拜、打坐沉思。我在一個修道會當見習修士時，領悟到了這一點。所謂見習修士，就是還在摸索精神生活，學習祈禱、沉思、讀經……和工作的小修士。我記得，有一天我奉命去修剪蘋果樹。那是威斯康辛州的一個寒冷冬日。我騎坐在一條樹幹上，鋸著周圍那一根根有如清真寺尖塔似冒出的嫩枝。工作了一會兒，我停下來休息一分鐘，心裡直盼望那條樹幹不會突然斷折。我開始自怨自艾起來：「我幹嘛要做這件事？我應該學習祈禱、沉思、拉丁文和天主教典禮中所吟唱的葛利果聖歌呀！可是，我現在卻爬在樹頂上，搖搖晃晃，兩手被凍傷了，手指頭也被神經兮兮的鋸子弄得血肉模糊，而我根本就不知道自己在幹什麼。」後來我才知道答案。原來，工作是精神生活的一個重要的環節。在一些修道院中，僧侶們穿著附有頭罩的長袍，以無比肅穆的態度，排列成一縱隊去工作。修道院出身的作家把工作形容為通往聖界之路。

正式的宗教常常提醒我們，日常生活中的任何事物都具有深一層次的意義；就拿工作來說，現代人都以為，它純粹是世俗的一種行為，但事實並非如此。從事工作時，不論我們抱著專心認真的態度，或一心只想打混摸魚，工作都會深深影響我們的心靈。工作能激發我們的想像力，在各種不同層次上，和我們的心靈進行交流。例如，它能在我們內心中喚起某些具有特殊意義的記憶和幻想。而這些可能牽連到家族神話、傳統和追求的目標。工作也可能變成一種手段，幫助我們釐清一些跟工作本身沒有直接關係的問題。它也可能是命運的安排。有些人繼承世世代代的家業；有些人則機緣巧合，從事某種工作。從這個角度來看，所有的工作都是出於神命，都是一種天職。它的根源超乎人類的意志和認知。

語源學（etymology）探討尋常語言中所蘊含的深層意象和神話。它能幫助我們瞭解工作的本質。

英文中，工作有時被稱為occupation（職業）。這個字很有趣，原意是「被攫住和占有」。以前這個字具有強烈的性愛涵義。一般人總以為工作是自己選擇的，但比較精確的說法可能是：工作選擇了我們。許多人會從事目前的「職業」，完全是機緣促成的。他們的經驗顯示，工作發現了他們，前來把他們占領。工作是一種召喚，而我們是被召喚去從事某種工作的人。但是，我們也被我們的工作所愛。它能激勵我們、撫慰我們，使我們感到滿足，就像愛侶一般。身體和情欲永遠分不開。如果我們的工作不具任何情欲成分，它很可能也缺乏靈魂。

在教堂舉行的儀式，諸如洗禮和聖餐，有個專門名詞叫「禮拜儀式」（liturgy）。它的來源是兩個希臘字laos和ergos，加起來可以譯為「普通人的工作」或「世俗人的日常活兒」。教堂舉行的儀式是一種工作——心靈的工作：在儀式的過程中，心靈的某樣東西被創造了出來。儘管如此，我們也不必將這種工作和「塵世」的工作區分開來。從更深的角度來看，所有的工作都是禮拜儀式。尋常的行動也能為心靈成就一些事情。在教堂或寺廟進行的儀式，是塵世工作的典範。教堂的儀式彰顯了世俗活動深沉的、往往隱藏不露的本質。因此，我們可以說，所有工作都是神聖的，不管是修橋築路、幫人理髮或搬運垃圾的工作。

偶爾，我們不妨把日常活動儀式化；這樣做，能幫助我們跨越神聖的教堂和塵俗的世界之間的鴻溝。要讓日常工作變得神聖，我們不一定要給它披上宗教的外衣；畢竟，正式禮儀的作用只是在提醒我們，別遺忘我們的工作中本來就存在的儀式成分。因此，我們可以像教堂的聖器守護人那樣，抱著虔誠的心情，為我們的工作選購品質優良的工具——精心打造的、外觀悅目的、操作靈便的。同時，也莫忘了購買不會汙染環境的那種清潔劑。一張精選的桌布，就能幫助我們將一頓晚餐變成一種儀式，而在辦公室中，一張用特殊木料精心設計的檯子，也能賦予工作場所一種想像的深度。一般工作場所的布置，都太過缺乏想像力；人們在純粹的世俗氣氛中工作，又怎能陶冶他們的性靈。

一般工作者以為，他們的職務純粹是屬於俗世的，只具有實用的功能，然而，事實上，連木工、文書處理和園藝之類的普通工作，也跟心靈有所關聯。在中古世紀的歐洲，這些職業都各有一個守護神，分別是農神沙騰、使神梅久利和愛神維納斯。這顯示，在這些行業中，人們可以透過日常工作接觸到和心靈有密切關係的事務。我們的祖先告訴我們：每一個尋常的職業都有一位神祇贊助，而我們日常從事的工作，就是對那位神祇的一種禮讚膜拜。

神話也能幫助我們對工作的本質做更深沉的思考。例如，希臘神話中的名匠德狄勒斯

（Daedalus）精於製造人偶和玩具——據說，孩子們拿他做的人偶和玩具來玩的時候，它們馬上就會活過來。火神海菲思特斯（Hephaistos）是希臘諸神中很偉大的一位；祂為其他神祇製造許多東西，包括家具和珠寶。今天，我們的孩子在玩玩具時，也把它當成活的東西，使希臘神話的精神得以延續。現代的玩具製造者應該深沉地探索他們的工作，發掘它的意義，繼承德狄勒斯的衣缽。他們若能體認他們的產品所具有的真正魔力，就會以莊重的態度運用他們的想像力，照拂孩子們的心靈。同樣原則也適用於所有行業和各種形式的工作。

今天，我們面對工作時，只想到它的功能，而毫不考慮工作所蘊含的心靈因素。我們若不能以藝術的眼光看待生活，我們的心靈就會變得虛弱。在我看來，現代製造業面臨的問題並不是缺乏效率，而是喪失了性靈。

由於對欠缺性靈的認識，美國企業界轉而向其他國家的文化求助，試圖抄襲別人的作法。他們不瞭解的是，方法並不是萬靈丹。其他國家的製造業和企業之所以會成功，也許是因為他們能回應心靈的需求。光是抄襲別人的經營策略，也許不夠；我們不應該漠視更深沉的情感價值，因為，只有這些價值才能把工作植根在人心中，而非僅僅在人的腦中而已。

金錢

當然，金錢和工作是緊密連接在一起的。我們若把金錢報酬的追求從工作本身的價值中抽離出來，金錢就會成為職業上自戀狂的焦點，換言之，金錢的樂趣會取代工作的樂趣。話說回來，我們都需要金錢，而金錢能夠在不傷害性靈的情況下，成為工作不可分割的一部分。關鍵在於我們的態度。在大多數工作中，我們能在關懷我們居住的世界（生態）和關懷生活的水準（經濟）之間保持平衡。

英文中的「生態學」（ecology）和「經濟」（economy）這兩個字，字首都源自希臘文的 oikos，在廣義上它指的是「家」。生態學（字尾源自希臘文的 logos）牽涉到我們對我們家園——地球的瞭解；它關心的是，人類應該如何找出適當的方法在地球上居住。經濟（字尾源自希臘文的 nomos）關心的則是我們在這個世界家園中的相處方式；它的對象是社會大家庭。金錢只不過幫助我們建立我們和社區及環境的關係。我們工作獲得報酬，然後用賺來的錢支付各種服務和購買商品。我們繳稅，而政府則供應社區的基本需求。經濟學中的 nomos 意思是法則，但不是自然法則。它是一種認知：社區是必要的，而社區要求參與者遵守規則。金錢則在社區生活中扮演重要的角色。

然而，社區並不全然是理性的組織。每一個社區都有他自己的複雜性格、多變的歷史和混合的價值觀。它具有心靈，因此也有陰暗的一面。金錢不僅僅是理性的交易工具；它也承載著社區生活的靈魂。它具有心靈的一切複雜因素，不是我們人力所能控制的。在這方面，金錢就像性和疾病。金錢能使我們內心充滿強烈的欲望、渴求、羨慕和貪婪。有些人的生活被金錢的誘惑力主導，而另一些人則迴避金錢的引誘，選擇苦修禁欲的生活。不論如何，金錢在人們心靈中永遠都占有一個強大的地位。

用不正常的方式處理金錢，會使我們的其他問題惡化。例如，有些人只從富裕和貧窮的角度看待金錢。如果一個人對金錢的態度，基本上是把它當作防備貧窮的工具，那麼，這個人可能永遠都不會真正體驗到財富的滋味。財富的「體驗」畢竟是主觀的。對某些人來說，只要信用卡債都付得清，就算是有錢了；而在另一些人心目中，真正有錢卻是擁有一輛或兩輛勞斯萊斯。財富不能用銀行存款來衡量，雖然那是一般人的想法。我們若漠視心靈以及它特有的財富，在追逐金錢的過程中，我們就會喪失理智，因為我們擔心物質上的貧窮會隨時降臨。

這兒，我們不妨再看看宗教。它能幫助我們更深刻地探索財富和貧窮的意義。在天主教的修道會，僧侶必須立誓苦修，安於貧窮，但你若到修道院實地參觀，你會驚訝地發現，原來他們住的是高級地段的精雅房舍。僧侶們的生活只稱得上簡樸，壓根兒談不上貧苦；他們從來不必為衣食發愁。修道院式的貧窮，指的其實不是缺乏金錢和財物，而是一種共有制（common ownership）。宣示貧窮的真正目的，是經由財產的共有制促進群體的福祉。做為一個國家、一個城市或一個街坊社區（先不說整個地球），我們何不作出同樣的宣示？這樣做並不是要把貧窮浪漫化，而是要透過公有財物的所有權，加強民眾的社區意識。目前的情況是，我們把財務清清楚楚畫分成公家的和私人的兩部分。在土地分區使用法範圍內，所有人可以任意處置私人的房地，但這些法律未必符合社區的整體利益。身為民眾，我們對私有建築物和營利事業的情況和品質，會覺得既無權過問，也沒有義務關心。

對於整個地球，我們若缺乏共有的意識，就會把保持海洋潔淨、空氣清新的責任，推給別人。真正富裕的人「擁有」整個世界——陸地、天空和海洋。同時，由於他不刻意畫分財富和貧窮，這個富裕的人並未擁有任何東西。從心靈的角度來看，我們必須以負責任的態度，使用和享受這個暫時租給我們的世界，在這種情況下，財富和貧窮是無從畫分的。

金錢就像性愛。有些人以為，性經驗愈豐富、性伴侶愈多，他們就愈能夠獲得滿足，然而，再多的金錢、再頻繁的性行為，也滿足不了貪得無厭的人。問題不在多寡，而在於一般人把金錢看得太認真——把它看成讓人膜拜的神物，而不是把它當做一種單純的工具。如果我們覺得，只有排斥貧窮才能取得財富，那麼，這種財富就永遠殘缺不全。富饒和貧乏都能滋潤心靈；兩者的養分心靈都需要。

當我說心靈需要貧窮滋潤時，我的意思並不是說，大家應該歌頌貧窮，把它當成超越物質生活的手段。某些崇尚精神生活的教派，逃避金錢的邪惡影響，追求心靈上的超越和道德上的純潔。有些人覺得，他們工作時不應該接受任何酬勞。另一些人則以交換的方式提供他們的勞力，以避免遭受金錢汙染。但是，有些人看待貧窮太過認真，不知變通（就像有些人看待財富那樣），結果，逃避金錢的人就被排斥在社區之外，無所依歸——社區畢竟需要依靠經濟來維持。追求財富是心靈的正當欲求之一，我們若一味逃避金錢，這種欲望和它所能帶來的快樂就會喪失；或者，它會遭受壓抑，然後偷偷摸摸潛回我們的心靈，促使我們以不正當的手段斂聚錢財。各種教派都表現出驚人的募款和投資能力——通常是在檯面下進行。難怪，每隔一段時候，我們就會聽說，某某備受尊敬的宗教團體或領袖突然鬧出斂財醜聞。造成這種現象的原因是：心靈對金錢的欲求一旦遭到拒斥，它就會轉化成一股邪惡的力量。

一如性愛，金錢極為神祕詭譎，牽涉到種種幻想和情感，不受理性約束。因此，儘管它能帶給我們諸多益處，卻也能輕易淹沒我們的心靈，把我們的意識帶向衝動和執迷的境地。我們必須區分，哪些金錢的陰暗面是心靈能接受的，哪些則是財迷心竅的徵兆。貪婪斂財、詐欺、盜用公款這類行為之所以發生，都是由於我們扭曲了心靈對金錢的正當需求。我們把金錢當做神物膜拜，大肆斂聚財貨，毫不考慮道德的規範，忘記了金錢原本是社區中的一種交換工具。

金錢的本質就是交換。事實上，在英文中我們就把零錢稱作change（換）。心理學家沙德羅研究金錢在文化心理中扮演的角色。他認為，經濟的運作方式，就如同身體的機能。利潤和消費好比我們鼻子的吸氣和呼氣；我們若把社會看成一個人體，那麼，金錢就是促使它呼吸的媒介。金錢一旦喪失它在社區中的交換功能，就會變成障礙，使社區不能順暢運轉。詐欺和斂財行為會干擾交換的自然韻律。例如，某個團體宣布一項公共募款計畫，結果大部分的錢卻落入推動者的荷包，而這筆錢全都被隱藏起來，或者只在廣告中以最小的字體刊登。金錢本來具有陰暗的色彩，但如果某個團體或個人一頭栽進金錢的陰影中，性靈就會從此淪喪了。

我們對金錢和工作上的關係充滿虛幻的想法，因此，它固然會變成一種負擔，但也提供我們一個難得的反省機會。和工作息息相關的許多問題，總是牽扯到金錢。我們總是抱怨自己賺的不夠多。我們總覺得，憑我們的本事，我們有資格獲得更豐厚的報酬，但我們沒有開口要求。我們把全副心思放在金錢上。父親只有兒子賺的錢跟他一樣多或更多的時候，才會以兒子為榮。要一直等到擁有充分的財富和扎實的經濟基礎之後，我們才會覺得自己是成人社會的一份子。在這種感覺影響之下，我們面對金錢時，要不抱著敬而遠之的態度，就是全心全意擁抱它。另外一個因應的辦法，是坦然面對金錢給予我們的特殊幻想，看看裡頭究竟蘊藏著什麼訊息。例如，倘若我們以為只有賺很多錢才能讓生存有意義，那麼，這裡頭也許就含有某種道理，值得我們重視。也許我們應該更積極地投入群體的、實在的生活中，以體驗那種幻想傳遞的心靈訊息。唯一令人擔心的是，有些人把那種幻想看得太認真，結果，縱使他們賺到了幾百萬美元，心靈並沒有真正成長。

工作中的失敗

令人訝異的是，在工作中我們也可以透過失敗的經驗，鍛鍊我們的心靈。我們辛勤工作，而頭頂上卻籠罩著失敗的烏雲，這種感覺，在某種程度上具有「解毒」作用，避免我們對成功抱太高的期望。我們追求成功和要求完美的野心，使我們勇往直前，同時，我們卻又時時刻刻擔心失敗，這種煩惱是我們不得不顧及工作中的心靈。當追求完美的念頭沉陷入心靈底處時，經過一番冶煉，它可能變成一種成就。失敗的滋味儘管苦澀，但是，我們若想讓崇高的理想在人生中扮演創造性的角色，就必須先受一些挫折。完美是屬於想像的世界。根據西方的傳統文化，界定人的本質的並不是振翼高飛的精神，而是植根於生活中的心靈。

這種「降落」的姿態，表現在基督教一個涵義豐富的意象中。西方藝術家畫過上百幅「天使報喜圖」（Annunciation）——聖靈化身為一隻鳥兒，在漫天金光下降臨人間，讓出身低微的婦人瑪利亞懷上神的胎兒。人的意念在心中形成，過程一如這個神祕的故事。首先，我們獲得靈感，然後尋找方法讓心中的靈思具體化。

我們在日常工作中遭受的失敗，是精神降臨在人的侷限中不可避免的現象。失敗是一個奧祕，而不是一個問題。當然，這並不是說我們應該故意尋求失敗，或在過錯中享受被虐待狂式的樂趣；我的意思是，當工作不能達到我們的期望時，我們不妨玩味一下失敗所蘊含的神祕意義。我們若能瞭解，失敗帶來的自卑和羞慚，本身具有正面的意義，也許就會把失敗當做工作的一部分，不會再被它擊倒了。

根據煉金家的看法，「製造死亡」（mortificatio）是冶煉過程中的必經階段。榮格解釋說，在永恆的因素顯現之前，人生中的羞辱是必須的。有人會說：「花了那麼多心血，我還是沒有得到我想要的工作，但我並不埋怨。」這句話反映出榮格說的神祕現象。簡簡單單的一句話，卻穿透了人類的意圖和欲望，捕捉到失敗的奧祕和真正的意義。在飽受羞辱的那一刻，你也許會發現，在生活和工作中，人的意圖和野心往往不是最好的嚮導。

我們若不能體認失敗對心靈的陶冶和磨練，很可能一輩子就不會有成功的一天。瞭解失敗的奧祕、承認失敗的功能——失敗能鍛鍊我們的心靈——使我們認清自己能力的侷限，對它不再寄予過高的期望。被失敗擊倒，從此就消沉下去的人，就像之前我們所探討的「消極自戀狂」。這是用消極方式，拒絕讓超凡的、神祕的因素在人類工作中扮演一個角色。

自戀的人會這麼說：「我是個失敗者，什麼事情都做不好。」然而，一味在失敗中沉溺打滾，而不讓它影響心靈，我們就會失去讓辛酸的經驗陶冶性靈的機會。以想像力體察失敗的意義，就可能把它轉化為成功。欠缺這種轉化，工作就會淪落為虛誇的、自戀的成功幻想和悲慘的失敗感受。然而，做為一種神祕的現象，失敗不是屬於我的——它只是我目前從事的工作中的一個成分。

心靈的創造力

在日常工作中鍛煉心靈的另一個途徑——創造，常常被賦予浪漫色彩。通常，我們都以天真的眼光看待創造，使它充滿理想主義精神和不切實際的崇高理念。因此，一般人覺得，人生中大部分工作都不是一種創造行為，而只是尋常的、單調重複的、平民化的職務。但是，如果以比較切實的態度看待創造，我們就會發現，有資格從事創造的，並不單單是那些天賦異稟、才高八斗的人。在日常生活中，所謂創造，是指利用每一樁經驗陶冶心靈。有時我們可以用好玩的、充滿創意的方式，將經驗塑造成一種有意義的形態。其他時候，我們只需將經驗貯存在記憶和思維中，它就能孵化成長，顯露出它蘊含的意義。

創造力會以種種不同的方式顯現。有時，它是一種具有憂鬱色彩的行為——我們心情陷入憂鬱的時刻，也正是創造力發揮的大好時機。憂思會產生特殊的知覺，使我們洞察人生的真相；從憂鬱的心情中，文化和人格的重要元素會逐漸顯露。榮格說，在他精神崩潰的那段漫長日子——他稱這種情況為「方向迷失的狀態」——他孕育（conceived，這個字具有聖經「天使報喜」故事的涵義）出了一些基本的、深刻的心理學觀念。創造也可以打著愛神阿芙蘿黛蒂的旗幟，從性的意念和欲望中產生。毫無疑問，瑪麗蓮夢露這位好萊塢性感女神，具有一種獨特的創造力。

我們若能接受創造力陰暗的一面，它就能裨益我們的心靈。例如，大家都知道有所謂的「藝術家的障礙」（artist's block），那是創造過程中經常出現的困境：靈感突然枯竭了，作家面對一張空白的稿紙，一個字也寫不出來。不單是藝術家，普通人也會有靈感枯竭的經驗。一位母親養育她的孩子，一連幾年或幾個月感到很快樂，每天都想出新的點子陪孩子玩，但是，有一天靈感突然消失了，她內心只剩下一片空白。我們若能體認，空白是我們創造力的一部分，就不會那麼排斥它。

史特拉汶斯基（Igor Stravinsky）可能是本世紀最偉大的作曲家。他一生辛勤工作，把音樂看成是一種需要創造發明、千錘百煉的東西，而不是個人的靈感表現。在接受媒體訪問時，他曾說：「巴哈時代的音樂家比現在的音樂家講究技藝。那個時候，一個人要想成為音樂家，得先磨練技巧。如今我們只有『天才』。我們不再注重細節。我們不再把自己投入技藝中，接受冶煉，脫胎換骨，成為真正偉大的音樂家。」他不以為藝術家只是靈感宣洩的管道而已。在哈佛大學的一場演講中，他說：「萬一我心中真的靈感泉湧，不費吹灰之力就完成一個完美的作品，我會感到尷尬和狼狽，那種感覺就好像受騙一般。」

創造性的工作固然充滿刺激，能夠振奮人心，具有神一般的力量，但它同時也是平凡單調的、充滿焦慮、挫折、困境、錯誤和失敗。在希臘神話中，伊卡魯斯（Icarus）想逃離陰暗的迷宮，飛升到明豔的陽光中，但我們不必懷抱他那種崇高的理想，也能從事創造性的工作。在創造過程中，我們可以擺脫自戀，面對現實世界中產生的問題，希望能從中擷取能裨益我們心靈的東西。歸根究柢，所謂創造，就是在這個世界中冶煉我們的性靈，因為，不論我們從事的工作是藝術文化或是家庭管理，我們真正創造的東西是性靈。

十五世紀神學家庫薩的尼古拉和後來的英國詩人柯立芝（Coleridge），都把人類的創造行為解釋成參與上帝創造宇宙的行動。上帝創造大宇宙，而我們則創造小宇宙——用尼古拉的話來說，就是「人間」（human world）。我們從事我們的日常工作、管理家庭、維繫婚姻、養育子女、建立文化——這些都是創造行為。若能以寬闊的胸懷和懇切的態度迎接我們的命運，我們就能享有充滿性靈的創造力，儘管這種創造力未必具有偉大藝術創造的光采。

因此，人生最終極的工作，是跟自己的心靈打交道，回應命運的要求，處理日常生活中的瑣碎事務。也許有朝一日，我們會抵達這樣一個境界：外在的工作和內心的冶煉渾然融為一體，不可分割。屆時，我們在工作中獲得的滿足感，就會深沉而持久，再也不會被失敗或短暫的成功摧毀。

III

精神修練與心理深度

認清你眼前的事物，隱藏的事物就會向你顯現。

——湯瑪斯福音（The Gospel of Thomas）

第十章 精神生活之必要

我一直強調，心靈需要一種本土的生活——它必須跟本地的空間和文化保持密切的關係，心靈偏愛具體明確的細節、親密頻繁的人際交往和深刻堅實的歸屬感。它就像一隻動物，以周遭環境提供的任何食物維生。對心靈來說，尋常事物都是神聖的，而日常生活正是宗教的主要源頭。但是，凡事都有另一面。心靈也需要精神生活，文藝復興時代的哲人費奇諾告訴我們，心靈追求的是一種特殊的、不會跟日常生活和低俗事物牴觸的精神活動。

在現代社會中，我們往往將心理學和宗教區隔開來。我們總以為情感問題和家庭、童年以及情感創傷有關；換言之，這類問題牽涉到的是個人生活，而不是精神需求。我們不把情感的失控診斷為「喪失宗教情操」或「缺乏精神認知」。但是，很顯然的，做為情感最深泉源的心靈，能夠從積極的精神生活中吸取豐富的養分，而一旦喪失了這種生活，心靈就會枯萎。例如，心靈需要一個明確的世界觀、一套有條不紊的價值標準，以及一種歸屬於整體人生的感覺。它需要一個永恆的神話和一種面對死亡的態度。能使心靈生機格外蓬勃的，是那種不太過超凡脫俗的精神生活。諸如世代相傳、源自家族傳統價值觀的家庭精神。

完整充實的精神生活，並不是不勞而獲的。全世界的宗教都證明，精神生活需要專心致志，而且需要一套精細的、優雅的儀節，讓精神準則和意義永遠保持鮮活。我們在約定的時間，定期上教堂、廟宇或清真寺；這樣做有其必要，因為我們的意識很容易耽溺在物質世界裡，忘記了精神生活。宗教儀節的設立，旨在時時提醒我們莫遺忘精神觀念和價值。

前面我提到那位經常為進食煩惱的病人，她告訴我作做過一個夢：一群老婦人聚集在戶外，烹調一頓豐盛的晚餐。雖然這個夢關係到這位年輕婦女在現實生活中的飲食問題，但我覺得，它同時也顯露了她的心靈對原始女性本質的渴求。吃了那群老婦烹調的食物後，她就能吸收她們的精神；這個夢可說是聖經中男性「最後晚餐」的女性版。她還做過另一個和食物有關的夢。夢中，她發現自己的食道是塑膠做成的，長度不夠，無法通到她的胃。這個不尋常的意象，完整呈現出了現代社會的一個主要問題：我們通往內心世界的管道總是不夠長、不夠深。食道這個鮮明具體的意象，反映出心靈的一項重大功能：將外在世界的東西移轉到內心世界中。然而，這位婦人的夢裡，食道卻是用非自然的物質——塑膠——做成的，而塑膠象徵的是我們這個淺薄的時代。心靈的功能一旦塑膠化，我們的精神生活又怎能活得滋養？我們必須找出一條更健全的管道，將外在經驗深深地導引入我們內心中。

我們的心智消化觀念，產生知識；同樣的，我們的心靈從生活中吸取養分，加以消化，把日常生活的經驗轉化成智慧和個性。文藝復興時代的新柏拉圖學派認為，外在世界是深厚精神生活的泉源；將尋常經驗轉變為心靈的養分，則是人生一大要務。倘若生活經驗和內心世界之間的連結不足，我們就會面臨生活和心靈分離的後果，而這種分離往往會顯現在症狀中。

以厭食的方式讓自己挨餓的那位婦女，在她的飲食狀態中，表現出殘餘的、退化的宗教情操。她對自己身體的鄙視，以及她那種拒絕進食的苦行生活，代表的是一種虛假的宗教和病態的精神節操。某種程度的苦行，對精神生活是必要的，然而，以病態的、衝動的態度從事苦行生活，只會使我們離真正的宗教愈來愈遠。做為社會性的症狀，厭食提醒我們：我們需要一個更加真誠的精神生活，而在這樣的生活中，欲望的抑制具有正面的效用，但不能讓它淪為一種精神上的疾病。如果精神生活變成了一條塑膠食道，那麼，在精神上我們可真的要讓自己挨餓了，而那並不是具有神聖意義的齋戒。

在許多宗教中，食物是一個強而有力的隱喻。領聖餐禮——神人交流的一種方式——就是透過食物來完成的。把食物送進身體內，是把神祇引入我們心靈的一種儀式。從這個角度來看，那位婦人的夢格外的悲涼，因為她體內的塑膠食物破壞了神人交流的禮儀。

所有的飲食行為都是一種聖餐儀式，滋養身體也滋養心靈。美國人已經在文化上養成「速食」的習慣。這反映出美國人目前流行的觀念：我們身心所需的全部養分——包括實際的和象徵的——是簡便的食物，而不是具有真正內涵、能讓我們發揮想像力的一餐。我們以「一小口一小口」（這也是一種食物意象）的方式吸收資訊，而不是將生活整個吸納入我們體內，加以消化，變成我們心靈的一部分。我們的科學家，不論自然科學或社會科學，大都無視於內心生活的存在；至少，他們假定，內心生活和外在世界少有關係，甚或根本無關。即使承認內心生活存在，他們也認為那是次要的，要等財經大事和日常生活要務處理完畢後，行有餘力，才略加看顧。我們的文化不啻一條塑膠食道，也許適合速食和快節奏的生活，但無助於性靈的陶冶——只有當我們以長期的、緩慢的過程消化和吸收生活時，我們的性靈才會生機蓬勃。

心理現代主義

專業心理學家界已經分門別類擬訂出一份心理病症清單，稱為DSM-III（《精神疾病診斷與統計手冊》第三版），幫助醫生和保險公司以精確的方式，診斷感情生活和行為上的問題，並把這些問題標準化。例如，其中有一類心理疾病叫「適應性疾患」（Adjustment disorders）。它指的是：儘管表面看來，適應生活也許是非常明智的行為，但有時也會傷害到心靈。有一天，我會考慮把我在執業過程中看到的「心理病症」整理出來，開列成一份清單，其中將包括一種疾病叫「心理現代主義症」（Psychological modernism），指的是一般人對現代社會的價值標準不分好壞的全盤接受。病徵包括：盲目信任科技、日常生活中太過依賴物質化的裝置和設施、不加選擇的接受科學進步的成果、迷戀電子媒體、讓廣告主導我們的生活。這種生活態度導致我們以機械的、過度理性的眼光看待心靈的事務。

在這個現代主義症候群中，科技變成了處理心理問題的法寶。一個典型的現代人來看心理醫生時會這麼說：「大夫，聽著，我不需要任何長期的心理分析治療。如果我的身上有哪個地方發生故障，就請你把它修理好吧！告訴我，我該怎麼做，我一定全力配合。」這位仁兄根本就沒想到，造成心理問題的原因，可能是當事人缺乏健全的價值意識，也可能是因為他不敢面對死亡。在現代生活中，一般人都不習慣從事這樣的思考，也不願在這方面花時間。我們都以為，一旦心靈發生故障，只需找些備換的零件，參考一本維修手冊，自己動手修理就得了，再不然，就找幾位被稱為「心理治療家」的熟手技工來看看。人生中的每一個問題，本質上都是哲學問題；我們若要真誠地、嚴肅地以哲學的角度思考我們的生活，就非得依賴心靈不可。

在現代主義症候群影響下，人們爭相購買最新的電子裝備，每天忙著接收各種新聞資訊、娛樂節目和最新的氣象報告。千萬不能錯過任何資訊。我認識一些極端迷戀電子媒體的人。例如，有一位仁兄成天坐在數架電視機前，同時收看世界各地的新聞。在工作上，他並不需要這些新聞資訊，但他擔心，一旦他對世界局勢的掌握出現了缺口，他的生命就會變得空虛。另有一位經營電腦公司的婦人也面臨類似的困擾。她對各種最新藥品和醫療器材瞭如指掌；不管你現在服用哪種藥丸，她都可以告訴你它的副作用。然而，她自己的生活卻是一團糟，一直無法穩定下來，因而感到苦惱不堪。她的病不是她所熟知的那些藥物能夠治療的，因為她對人生的倦怠本質上是一種心病。

有時，資訊和智慧之間似乎存在著一種顛倒錯亂的關係。大量醫療資訊每天傳到我們家中，教導我們如何活得健康，但我們對自己的身體具有的智慧，卻一無所悉。我們每天收看新聞節目，知道世界每個角落發生的事情，但我們面對這些世界性的問題卻束手無策，因為我們沒有足夠的智慧。在美國，要成為專業心理醫師，必須先接受嚴格的學院訓練，而各州政府對心理治療這一行也有重重的規範，然而，眾所周知，我們心理學界對心靈奧祕的瞭解卻嚴重不足。

在現代主義症候群影響下，我們也往往把接觸到的每一件東西實用化。例如，古代哲學家和神學家告訴我們，世界如同一隻無比龐大的動物，它是一個完整統一的有機體，具有自己的、活生生的身體和心靈。今天，我們卻把這個哲學思想落實、轉化成地球村的概念。今天的世界心靈並不像古時那樣，是由一位造物主或半神半人的創造者建立的，而是由光學纖維製造出來的。在我居住的那個鄉村地區，你可以在家家房舍的後院看見巨大的碟形天線；村民每天守在電視機前，收看世界各地傳來的娛樂和運動節目。在精神上，我們都渴望實現四海一家、世界大同的理想，然而，我們卻用硬體設備去追求這種願望，而不用敏銳善感的心靈。我們渴望瞭解遠方的民族，但在情感上，我們卻不願跟他們有任何牽扯。我們對人類學感到莫大的興趣，但說來詭異，我們的內心卻充滿仇外的情緒。因此，我們對世界各民族文化的研究缺乏靈魂——我們漠視人類的共同命運和共有的智慧，只顧吸收零零碎碎的資訊，而這類資訊無法進入我們的心靈深處，無法滋養和改變我們的自我意識。當然，從一開始我們美國人的心靈就已經被榨乾，因為我們的教育目標，是提供學子謀生技能和資訊，而不是激發他們的想像力，幫助他們探索人類的感情世界。

從現代世界隱退

以前，關懷心靈福祉的人面對現代世界的問題時（在某種程度上，這些問題已經存在相當久了），總想找個隱僻的處所好好思索一番。心理學家榮格就是一個顯著的例子。這位重視心靈生活的學者，不願意隨著社會現實而調整自己的生活；他關注的是自己情感上的渴望和不安。在回憶錄中，他告訴我們，他曾建造一座石塔，做為自己的住所。開始時，它只是一間簡單原始的房舍，經過多年的經營，變成了一棟頗具規模的建築物。他說，當初興建這座塔樓時，他心中並沒有一幅完整的藍圖，但每隔四年就會添加一些東西。有意思的是，對榮格來說，「四」這個數字象徵「完整」。最後這座塔樓變成了一個神聖的處所，做為榮格探索心靈的地方——他可以在牆上繪畫、寫文章分析他的夢、思考心靈的問題、回味以往的經驗、記錄他對人生的領悟和看法。他的自傳以《回憶．夢．省思》（*Memories, Dreams, Reflections*）為名。從這個書名我們可以看出，榮格在他的塔樓隱居之所完成了什麼工作。

書中他說：「我過著沒有電的生活，自己生火取暖、煮東西。天黑時，我把老舊的油燈點亮。屋子裡沒有自來水，我得汲取井水使用。我自己砍柴燒飯。這些簡單的舉動使人生變得簡單，而想過簡單的生活，並不是一件容易的事。」

榮格的塔樓生涯給了我們一些啟示：當心靈遭受現代生活威脅時，我們應該如何照顧它。今天的心理治療，重點往往放在個別的性格問題和尋找明確的解決方法上，然而，懂得照顧心靈的人，關注的則是日常生活的一般狀況。當我們遭受情感上的困擾時，真正的問題，可能不是某種單純的精神創傷或不良的人際關係。真正的問題可能是我們的生活方式，因為它使心靈經常遭到漠視。人的一生，總免不了遭遇種種問題，而問題並不一定會傷害心靈。如果我們的日常生活方式不能提供有意義的經驗以滋養心靈，那麼，我們的心靈就會受苦。

榮格的塔樓，是他為個人精神生活所興建的殿堂。我們每個人都可以仿照他的方式，在自己家中騰出一個房間，甚至一個角落，做為探索心靈的地方。榮格的塔樓替他創造了某種必要的空間，使他能夠具體地感受到自己的生命向兩邊開展：一邊透過回憶，回歸到過去；另一邊則以預言的方式，延伸到未來。他的塔樓是想像力的具體產物，幫助他脫離現代文化的樊籠。我們都渴望超越現代文化的侷限，但要尋找到一個有效的方法，落實這樣的認知，可並不容易。在這個關鍵上，我們需要一種有效的心靈技術。

榮格說，住在塔樓時，他覺得自己跟祖先格外親近——這也是傳統上精神生活追求的目標。他在回憶錄中寫道：「一九五五年和五六年之間的冬季，我用鑿子把我父系祖先的名字鐫刻在三塊石板上，拿到塔樓院子安放。此外，我也把我家和妻子娘家族徽上的圖形，畫在天花板上。我在石板上雕刻時，漸漸察覺到我和祖先之間存在著一種命中注定的關聯。我強烈地感覺到，周遭充滿著我父母、祖父母和遠祖們遺留下來的、尚未完成的或尚未解決的事物和問題。」

這段令人印象深刻的記載顯示，榮格的內心和外在世界，那時正在進行成果豐碩的交流。對他來說，照拂心靈的方式不外乎從事建築、繪畫和雕刻的工作。他的塔樓象徵他內心對簡單和永恆的強烈渴求。它就像一個夢境片段的外在化、具體化——借用英國詩人兼批評家艾略特（T. S. Eliot）的術語。它是內在想像力的「客觀投射」（objective correlative）。縱使在從事心理學專門論著的寫作時，榮格也遵循心靈的指引，例如，在獲得一場夢的啟示後，他開始對中古世紀的煉金術進行廣泛的、艱苦的研究。

為了心靈的福祉，我們必須時時刻刻關注它的需求，全心全意愛護它。我們不妨勸導一個經常忽略心靈需求的人，在他家中加蓋一間房，做為探索心靈世界的場所。乍聽之下，這個建議似乎有點詭異，甚至荒謬：處理心理問題何需如此大費周章，如此張揚呢？然而，在繁忙的現代生活中，光靠一個小時的打坐沉思並不足以撫慰受傷的心靈。我們的退隱，必須更加認真、更頻繁——心靈的創傷終究不是每周找一次心理諮商顧問，或偶爾到野外露個營，就能治得好的。

脫離世界，長久以來一直就是人類精神生活的一部分。僧侶在修道院中過著與世隔絕的生活；苦行者遁入沙漠；美洲印第安原住民成年時必須離家，在荒野中尋求人生的理想。榮格隱居在塔樓中，以另一種形式表現這個亙古不滅的主題——從世界退隱。我並不主張每個人都隱遁到修道院中，藉以逃避嚴重威脅心靈生命的現代主義症候群。退隱這種行為，固能裨益心靈，但也可能成為逃避現實的藉口。然而，某種具體的、實在的退隱，確能幫助我們展開一個滋養心靈的精神生活。我們可以騰出一個抽屜，收藏記錄我們的夢和省思的本子——這小小的舉措，也是退隱的一種方式。我們可以每天早晨騰出五分鐘的時間，記下昨晚所作的夢，或思考今天要做的事。我們可以打消逛街的念頭，轉而到森林中走一走。我們可以把電視機收藏在壁櫥中，偶爾才搬出來看一看。我們可以選擇一件神聖的藝術品，幫助我們把注意力集中到精神生活上。我知道有一個社區，每天早晨，有一個男子領導一小群人，在小公園裡打太極拳。

這些都是小小的退隱方式，但卻能幫助陶養我們的心靈。在形式上，精神生活不需浮誇。事實上，我們若將精神生活落實在心靈最喜歡的環境——日常的、本土的生活之中，反而會讓心靈獲得最大的好處。不過，精神生活還是需要持之以恆、專心致志。它要求我們，踏出小小的一步，脫離這個無視心靈存在的世界。

在公共生活中，退隱也有其必要。一個能夠體認心靈有退隱需求的市政府，應該不惜工本，維護市內的公園，讓民眾有躲避塵囂的地方。公共建築物應該畫出空間，供工作人員和訪客退隱之用。據說，越戰期間，逃離家園的難民往往隨身只攜帶小小的神龕。我們不輕易拋棄幫助我們落實精神生活的東西。然而，除非我們珍惜心靈生活本身的價值，我們為退隱所作的一切努力，都不會有真正的意義。

重新發現精神生活

現代生活的另一特徵是，許多人已經喪失了正式的宗教信仰。這種現象不但危害到精神生活，也使心靈不再擁有象徵性的、可供反芻的珍貴經驗。為了我們心靈的福祉，我們必須復興正式宗教，使它在理智和情感兩方面都能滿足我們的需求。精神的復甦有一個明顯的、可能的泉源，那就是我們從小接觸到的宗教傳統。

有些人很幸運，因為他們小時候的宗教傳統至今依然存活，而且還能滿足他們的需求，但其他人就得四處尋找了。現代社會中有許多人覺得，他們跟家庭的宗教傳統已經疏離，因為它曾給他們帶來痛苦的經驗，或因為在他們心目中它顯得太過天真、幼稚。然而，即使對這些人來說，從父母那兒繼承下來的宗教，仍可能成為精神復甦的泉源：任何人在面對自己家庭的宗教傳統時，都可以成為一個「宗教改革家」，一如馬丁路德和佛祖。

我們只消瀏覽一下世界各大宗教的歷史，就會發現，幾乎每一個宗教都是活生生的傳統。在一連串「改革」中，每一個宗教傳統的基本教義不斷接受新的挑戰和詮釋，而這個傳統非但沒有死亡，反而成為精神情操一再復甦的基礎。耶穌的事工，正是這個過程的最好寫照，祂以自己在山上講道所傳的比較柔和的福音，取代摩西在西奈山接受的十誡，從而在舊的戒律中創造出新的法律。猶太教本身也充滿改革的事蹟。而在東方，禪宗崛起自道教和佛教。宗教中的這種文化活力，也可能反映在個人的生活上：我們一生經歷過許多個不同的階段，遭遇過種種信仰上的衝突，也熬過許多劇烈的改革和觀念上的調整。

我個人的經驗正好印證此一宗教改革模式。我出身在一個極為虔誠的愛爾蘭裔天主教家庭。讀小學一年級時，修女們已經認定，我天生是一塊教士的材料。我很聽修女們的話，每次考試都得高分。後來我當上了輔祭的小男童，在教堂彌撒時協助神父，因此有機會經常跟教士們相處。在小學那些年，我常在葬禮上擔任輔祭；每次前往墳場之前，我總會跟神父一塊吃早餐。他們以各種精細巧妙的方式，培植我擔任教士，因此，十三歲那年，我就順理成章地進入神學院先修班。

往後的許多年，我成天吟唱葛利果聖歌、沉思冥想、探討神學。宗教生活使我快樂；我並不太擔憂這一輩子可能打光棍，銀行裡沒有存款戶頭。神學院那些年，我覺得服從上級旨意最困難，但我對神學的研究一直在進步中。當代神學家田立克（Paul Tillich）和德日進（Teilhardde Chardin）的著作，比神學院一般教科書還要吸引我。結果，在神學院最後幾年，我對神學的看法起了重大的轉變；就在我即將獲得聖職任命的時候，我決定徹底調整人生目標。那時正好是六〇年代末期，革命思想瀰漫整個美國。我離開了神學院，以為從此不會再以虔敬的態度看待宗教和神職了。

沒多久，我就遇到一件奇異的事。那年夏天，我在一間化學實驗室工作。我穿著白色的實驗室工作服，依照別人給我的配方調配各種化學品，心中壓根兒不曉得自己在幹什麼。在我身邊的，全都是真正的化學家。一天黃昏，工作結束後，一個很有才華的年輕化學家陪我一塊走到火車站。我們並不很熟。兩人沿著鐵軌一路走，一路天南地北地聊起來。我談到我在神學院受的教育，也談到回到塵世後的快樂。

他停下腳步，仔細端詳我，然後用一種奇異的、預期的口吻說：「你這一輩子都會從事教士的工作。」

「但我從來沒真正當過教士啊！」我很不以為然。

「不管怎樣，」他說，「你以後一定會從事教士的工作。」

我聽不出他話中的玄機。他是個頭腦很新的科學家，平日做事認真，但現在說起話來卻像個通靈人。

「我不懂你的意思。」我在鐵軌上站住了。「我已經放棄當教士的念頭，我不會三心二意。我很高興能在新的環境中開始新的生活。」

「別忘了我今天對你說的話。」說完，他就改變話題。我沒有忘記他的話。

隨著年齡的增長，我愈來愈瞭解他的意思，儘管那句話對我來說至今仍是個謎。那年夏天在實驗室的工作結束後，我去學音樂，但一邊伏案抄寫舊樂譜，一邊會覺得心中有點空虛，我晃蕩了一、兩年，然後在附近一所學院的神學系就讀取得學位。有一天，一位教授走到我身邊，建議我攻讀宗教博士學位。我耐心向他解釋：「我不想再研究正式的宗教。」「我知道一所大學，」教授說，「雪城大學（Syracuse University），在那兒你可以自由選擇研究宗教的方式，你可以結合文學、藝術、心理學和宗教。」三年後，我取得宗教學學位。當時我心裡就想，這究竟是不是那位化學家所指的。雖然宗教學學位並不等於神職，但也相當接近了。

如今，我以執業心理治療師的身分寫作，鼓吹恢復一個宗教傳統——照拂人的心靈，這原本是牧師和神父的工作——藉以改革目前的心理治療方法。儘管我現在的工作表面上和體制化的教會無關，但它確實是那個傳統根深柢固的一部分。在我這個所謂「離經叛道」——事實上是經過徹底改造——的天主教徒身上，天主教的精神依然存活著，而且還在不斷調整適應中。我從小接觸和用心研究的教義，在我個人因緣際會的心靈轉變中，已經被焠煉和調整。那些教義是我個人精神生活的終極泉源。

日常生活中的神聖境界

對待教會和宗教有兩種方式。一種是，我們去上教堂，感受神聖的氣氛，讓生命受到那種氣氛薰陶和影響。另一種是，讓教會透過象徵，直接教導我們，如何在日常生活中探尋神聖的內涵。在第二種方式中，宗教變成了「記憶的藝術」，不斷提醒我們，日常所做的每一件事情都蘊含著宗教精神。對某些人來說，宗教是星期天的事情，而他們習慣把生活劃分成兩個部分——神聖的安息日和世俗的平常日子。在另一些人心目中，宗教的崇奉是每一天的事情，安息日則是我們接受神的感召和激勵的日子。值得深思的是，在英語世界，一個星期中的每一天都有一個特別紀念的神，例如星期六（Saturday）是羅馬神話中的農神沙騰，星期四（Thursday）是北歐神話中的雷神索爾（Thor），星期一（Monday）紀念的則是月神（Moon）。同樣的現象也出現在其他語文中，例如義大利文就把星期五（venerdi）當作紀念愛神維納斯的日子。

在暢銷作家琳達・薩克森（Lynda Sexson）傑出的著作《平凡的神聖》（*Ordinarily Sacred*）中，她告訴我們，如何在最普通的事物和情境中捕捉神聖的意義。書中她提到，有個老人帶她去看家中的瓷器櫃，裡面裝滿了和他的亡妻有關的東西。薩克森說，這是一只神聖的櫃子，如同猶太教的約櫃（the Ark of the Covenant）和基督教的神櫃（tabernacle）。從這個角度來看，收藏珍貴信件或其他物品，存放在家中閣樓的箱子，也是一種神櫃——貯藏神聖器物的地方。美國女詩人狄金生細心謄寫詩稿，用絲帶紮成四十九綑，小心翼翼藏放起來。這是真正神聖的作品，用充滿宗教儀式色彩的裝訂方法保藏。我們每一個人都可以創造自己的神書和神櫃——一本記載夢境的冊子、一本真誠的日記、一本記錄日常所思所想的筆記、一本特別值得保留的照相簿——讓這些小小但充滿意義的東西，給我們的日常生活增添神聖的光彩。這樣的精神生活非常平凡、非常接近家園，因此特別能滋養我們的心靈。倘若我們不能以這種卑微的方式，將神聖的境界引進生活中，宗教就會變得遙不可及，和我們的日常生活毫不相干。這一來，人的心靈就會分裂成兩半：上教堂時，表現出一副戒慎虔誠的模樣，而在平常的日子裡，卻又奉行徹底的世俗價值。

重視日常的精神生活頗為重要，因為，一旦缺少它，我們就會把神聖的事物理想化，使它變得高高在上、遙不可及，而這會妨礙我們培養對神聖事物的真誠感受力。在這種情況下，上教堂做禮拜就會變成單純的美感經驗，或者，在心理上，甚至變成對抗神聖力量的手段。在建立價值標準和行為準則上，正式的宗教固然深具影響力，但也經常游移在神性和魔性兩極之間。宗教從來就不是中立的。它煽起民眾的情緒，發動聖戰，而它也助長信徒對愛情和性欲的深沉罪惡感。英文中的 sacred（神聖的），根源是拉丁文中的 sacer，同時具有「神聖」和「禁忌」兩個意思，可見兩者關係是何等的密切。

我的病人中，有一位女性深受心理現代主義影響。她是時裝模特兒。這種職業使她不敢面對內心深處的欲望，而年僅二十九歲的她，已經覺得自己的生命在走下坡。剛開始進行心理諮商時，我就注意到，她一再提起她那逐漸老去的年華。她說，臉上已經出現一道皺紋或頭上已經長出一根灰髮的模特兒，是不會有人雇用的。這就是我面臨的第一個問題，她的職業使她對自己的身體和年齡充滿疑懼。

衰老能促使心靈注意到人生的精神層面。身體的改變能更加深對命運、時間、自然法則、死亡和自己個性的瞭解。衰老迫使我們決定，人生中哪些事情是重要的。這位婦女從事的行業卻鼓勵她規避甚或扭轉這個自然的過程；這一來她心中就產生了衝突，干擾到她的工作，也影響到她內心深處對自己的看法。

她也希望有個孩子，她不曉得如何才能從緊張忙碌的工作和旅行中，擠出一些時間來懷孕。她說，也許她能夠騰出一個月的時間，再多就沒辦法了。同時她還得保密，不能讓人知道她想生孩子。她擔心，萬一她的經紀人聽到風聲，會把她給解雇的。

她在猶太家庭中長大，但儘管從小就上猶太教堂做禮拜，這種經驗並沒有在她心中留下深刻的印象。如今，她對自己的宗教毫無所知，也沒有任何感情上的眷戀。她把全副心思放在工作上，而她也確實喜歡這種職業帶來的快節奏生活。總之，她是一年到頭搭乘噴射機四處旅行的人，而她的心靈隱隱約約傳出訊息，要求她追求更充實的生活、更美滿的婚姻，也要求她生一個孩子。

她來找我的目的很簡單：「我需要一個更充實的生活。每天早上醒來，我都覺得自己心中空空洞洞。我想擺脫這種感覺。請幫助我。」

「妳作過夢嗎？」我問她。

我發現，一個人若不願面對內心的思維和情感，而把自己完全投入外在的、緊張的生活中，當他開始有意識地試圖瞭解自己時，就會面臨重重的障礙。一般人總是把自我瞭解和理性分析混為一談。人們大多喜歡接受口頭的心理測試，以為這樣就能找出真正的自我，又一味追求最新的心理治療風尚，但是，這些方法往往只會妨礙自我省思，因為它把複雜的內心活動簡化成一個公式。

夢就不同了。夢是一個人的內心神話和意象。夢不容易理解，但就因為不容易理解，夢反而是自我省思最好的一個出發點。我們研究自己的夢，經過一段時間，就會開始發現一些模式和重複出現的意象，而這些模式和意象，比任何標準化的測試或簡便的自我分析，更能幫助我們透視心靈。

「我常常作夢。」我的病人說。

然後，她告訴我當天早上她所作的夢。夢中，她坐在紐約市一家餐館裡，瞪著桌子上的一盤食物。她拿起叉子，把盤子上的白色薄煎餅挑起來，發現下面放著兩顆新鮮翠綠的豌豆。整個夢就是如此。

有時候，夢就像日本和歌或西方抒情詩，簡短而意境深遠。探討這樣的夢境時，你得抱著玩味一幅小畫像或一首小詩的態度。表面看來，餐館是平常得不能再平常的地方，不值得注意。然而，就像我們在前面一章提到的，食物對心靈十分重要，具有豐富的象徵意義。體重的增減、對某些食物的過敏性反應以及個人的飲食怪癖，也都能顯現出心理症狀。「餐館」的英文名稱 restaurant，本身就值得我們玩味。它原意是「恢復」（restore），源自 stauros 這個字，意思是樹立在地上用來拴住東西的木樁。在餐館用餐和在家裡吃飯，是不同的兩種感受。對我這位病人來說，餐館總是讓她想起，要建立一個家庭是多麼的困難。她終年在外奔波，三餐大多在餐館裡解決。

我們也討論她這場夢所蘊含簡單而深遠的意境。她必須使用叉子，挑起大片大片的、平扁的、不怎麼具有營養價值的薄煎餅，才會發現下面藏著的營養更豐富的食物——豌豆。儘管體積小，豌豆象徵翠綠的生機。它們就像充滿養分的綠寶石，隱藏在白色的毯子下。綠這種顏色代表的是希望和成長。我們討論到她生命中的白色毯子——她認為平淡無趣卻又阻礙她追求新希望的事物。她馬上想到家事工作的沉悶勞累。當然，生一個孩子並不能解決這個問題。她說，她也感到一種莫名的憂鬱，心情總是沉沉悶悶，就像有一張白色的被單覆蓋在她的心靈上，但她感覺得出來，在那一片平淡之下有生命在悸動。

這位女性的豌豆夢，使我想起數年前聽到的一個夢：一位男士在餐館點一客牛排，未料侍者端來的卻是一大盤豆子。對我來說，這個夢就像一則充滿禪味的故事；它使我認真思考平淡的、家常的食物所具有的價值，尤其在我們想吃一點比較特別的食物的時候。人生就是這樣：每當我們夢想大嚼一頓山珍海味時，砰的一聲，一盤平常得不能再平常的食物，被推送到我們眼前。

豌豆夢之後的幾個月，那位模特兒來告訴我說，她懷孕了。我心裡想：哦，那些包裹在薄煎餅裡的豌豆，也象徵她肚子裡正在孕育的生命嗎？

「懷孕改變了我對人生的看法。」她說，「我的生活不再只有工作了。奇怪，我也不再那麼擔憂年華老去。現在真正讓我擔心的是，我居然讀起嚴肅的書來了，天啊！」

她的精神成長已經開始。精神生活並不是只表現在偉大宗教的堂皇教條中。這位女性，透過懷孕的經驗，開始發展出自己的一套人生哲學。這項精神成就不容小覷。她擁抱自己的命運，透過身體的變化過程看到了自己的生命；對她來說，這是前所未有的體驗。這只是開始——隱藏在一塊白色薄煎餅下的兩顆綠豌豆。

我曾聽過一則和鈴木大拙（D. T. Suzuki）有關的故事。他是最早在西方宣揚禪學的日本學者。有一回，他和一群有名望的美國學者同桌吃飯。坐在他旁邊的那位客人，只管不停地問他問題。鈴木先生不動聲色，只管靜靜吃他的飯。那位老兄顯然對禪學一無所知，居然問道：「您能不能用一、兩句話告訴我這個西方人，禪是什麼？」鈴木先生回頭看著他，提高了嗓門說：「吃！」

精神生活萌芽、成長、開花於塵世的土壤上。我們的精神顯現在最微小的日常生活中，從日常生活吸取養分。就像琳達·薩克森的瓷器櫃，能夠滋養心靈，癒合我們心理創傷的精神生活，往往表現在披著平凡外衣的神聖事物上。

第十一章

結合心靈與精神生活

在精神生活中，我們追求的是意識、覺醒和最高的價值準則；在心靈世界裡，我們體會最美好和最沉痛的人類經驗和感情。這兩個方向構成人類生活的基本脈搏，而在某種程度上互相吸引。

大家都知道，我們是活在一個物質主義和消費主義掛帥、價值標準淪喪、倫理觀念轉變的時代裡。我們都忍不住懷念以往的價值標準和生活方式。一般人似乎以為，在過去，人們的宗教意識比較強，而且，傳統的價值標準對整個社會都有深厚的影響力。然而，不論這種對過去的看法是不是模糊不清、充滿懷古幽情，我們都必須記住，榮格曾經提醒我們，恢復往日的生活方式，並不能解決當前的問題。他把這種願望稱為「人格的退化性恢復」。

我們的社會可能陷入這種防衛性策略中，試圖恢復想像中的美好過去。問題是，記憶總是摻雜著想像的成分，而在不知不覺之中，我們往往把另一個時代的艱苦日子美化成「昔日的美好時光」。

只要我們能避免用回歸過去的方法解決當今的問題，我們就能開始面對眼前的挑戰。在我看來，我們的社會根本就沒有漂離精神生活；相反的，在某種意義上，我們太過重視精神上的需求。尋回失落的精神生活、紓解物質主義所造成的心靈麻木，關鍵不在加強我們對精神生活的追求，而在重新檢討它的意義。

十五世紀末葉，費奇諾在《生命之書》中指出：精神和肉體、宗教和社會、精神生活和物質主義，在兩極化的分裂中都會陷入困境——我們愈是沉湎在物質主義中，我們的精神生活愈會偏離正軌；反之亦然。準此以觀，我們現在這個盲目消費的社會，也許正顯現出精神生活失控的跡象：我們愈來愈喜歡用抽象的、理智的眼光看待生活。至於如何彌補這個裂罅，費奇諾的建議是，把心靈擺在精神和肉體之間，以防止這兩者踰越正軌，做出荒唐的事情。因此，袪除物質主義弊端之道，在於找出具體可行的方法，把心靈帶回我們的精神生活、知識追求以及情感和肢體活動。

廣義的說，精神生活的目的，在於因應或照料生命中那些隱而不顯的因素，以超越這個世界中個人的、具體的、有限的層面。宗教將視界延伸到今生今世之外，直達天地初創的時期，即學者莫西亞．艾里雅德（Mircea Eliade）所說的 in illo tempore，也就是我們凡人計算範圍之外的另一種時間，神話的「時間」。宗教也注意來世，並且關懷今生中的最高價值標準。這種精神觀點對心靈是必要的，因為它能提供心靈廣闊的視野、靈感和充實感。

精神生活並不是宗教的專利品。廣義上，數學也是精神的，因為它是從生活的具體事物抽離出來的東西。一個陽光普照的秋日在樹林中漫步，也是一種精神活動，因為它把我們帶離刻板的日常生活，讓我們接受氣象萬千的大自然薰陶，讓那些參天古木激勵我們的心靈。柏拉圖學派認為，精神能將我們從人生的侷限中超拔出來，從而滋養我們的心靈。

我們對科技知識的追求，也會表現出過度的熱誠或偏執的心態，一如有時我們在精神生活中所表現的。翠西．基德（Tracy Kidder）的著作《新機器的心靈》（*The Soul of a New Machine*）討論的其實不是心靈，不過，她倒是把電腦發明家和研究人員描述成一群專心致志、渾然忘我的專門技師——他們為了追求科技時代的夢想，往往不惜犧牲家庭生活。這種人可說是「機器時代的僧侶」。就像以往的僧侶，他們沉湎在工作中，過著苦行的生活，只為了創造一種能用光和電子與大自然一較長短的機器。電腦本身，將生活中的具體事物提煉成數字和圖表，不論後果如何，也總算是把物質分解和精神化。中古世紀的僧侶則忙著抄寫書籍、整理圖書館，在知識的追求和鑽研中將世俗生活昇華。

將經驗抽象化，會給心靈帶來重大的損失。理智上，我們想住在一個「已知的」世界，但這一來，日常生活中的無意識成分——我們每天都會遇到但所知不多的東西——就會遭到漠視。榮格將無意識視同心靈，因此，當我們試圖以完全的意識，居住在一個理智所能預測的世界，無視人生的奧祕，因循苟且過日子時，我們就會失去在日常生活中陶冶心靈的機會。我們的理智追求的是「知」，而心靈卻喜歡「驚奇」。理智向外看，需要啟蒙和熱誠的樂趣；而心靈卻是內省的——它需求的是比較陰暗、幽祕的經驗。

心理學家希爾曼指出：當我們的精神生活不夠深沉時，它有時就會溜出後門，從事各種稀奇古怪的活動。我們健全的宗教情操，就會變質成對某種事物的狂熱和沉迷。例如，許多世紀以來，占星術和文學及宗教的關係一直就密不可分。榮格曾利用一整本書的篇幅，討論基督教中的占星學成分；他發現，基督教的起源，正好碰上占星學中的雙魚座時代。在宗教藝術中，和占星學有關的主題和意象持續出現，而且往往牽連到教義和儀式中表現的奧祕。然而，在今天的美國，占星術卻和填字遊戲並列在報紙上。占星學原本是活生生的神話，可以包含進宗教藝術和神學中，如今竟淪落成一種客廳遊戲。這個小小的例子顯示，我們的精神生活已經喪失了深度和充實的內涵。借用文藝復興時代哲人費奇諾的話來說，那就是：我們的精神生活已不再具有靈魂。

喪失靈魂的精神生活，往往會淪落成陰暗的基本主義（fundamentalism）。我所說的基本主義，並不是指某個特定的團體或教派，而是一般人都可能會有的心態。描述基本主義本質的一個方法，是透過音樂上的比喻。你在鋼琴上用力敲下低C音時，不管你有沒有注意到，你都會聽到一連串的音調。你會清楚地聽到「基本的」音符，但同時也會聽到它的泛音——C、G、E，甚至B降半音。我所說的基本主義，就是刻意迴避人生中的泛音的一種心態，而所謂人生中的泛音，指的則是豐富的、多元化的想像力。當我的學生反對討論海明威一本小說中的微妙影射——泛音或弦外之音——時，他們的心態就是一種基本主義。有人告訴我，他夢見一條蛇一面背誦《聖經》中的詩歌（Song of songs），一面瞪著他，而他認為，之所以會作這個夢，純粹是因為前一天他在後院發現一條蚯蚓所致，沒有特別的意義。這種想法也是一種基本主義。

這兒，我們發現一個重要的法則，適用於宗教精神生活，也適用於各種故事、夢和圖畫。我們的理智需要的是簡明的意義——這很符合心智果斷的本質。但是，我們的心靈尋求的卻是深沉的思索、多重的意義、細微繁複的差別、各種影射、暗示和預測。這些都能豐富一個意象或故事的內涵，提供充分的食物讓心靈反芻，使它獲得莫大的樂趣。

反芻是心靈的最大享受之一。早期的基督教神學家不憚其煩，反覆以各種角度解讀一段經文。一段經文同時包含字面的意義、諷喻的意義和神祕的（牽涉到死亡和來世的）意義。

例如，他們往往把〈出埃及記〉的故事解讀成一則寓言——靈魂從罪惡的牢籠中解脫出來。但這並不是這個故事唯一的意義。這種解讀《聖經》的方法，是一種「原型」閱讀：不把《聖經》的故事當作單純的道德教訓或教義陳述，而將它看成人生根源神祕經驗的微妙表現。新約中的神蹟故事，不僅僅是耶穌具有神性的證明——心靈很容易接納神性——它同時也反映出心靈的神祕運作方式。我們有沒有辦法，同時用幾百條麵包和魚餵養我們的心靈？顯然，在現實生活中，一次只能用一條麵包和魚。我們有沒有辦法在婚禮上把水變成酒，如同耶穌在迦拿（Cana，譯按：以色列北部的古城，耶穌行第一件神蹟的地方）所做的？

從心靈的觀點來看，基督宗教中存在著許多教派和教義上的註譯，反而能使它的生命變得更為豐富，而任何大一統的企圖，終將戕害它的生機。值得一提的是，東西方教會之間的一場會議，促使義大利文藝復興運動誕生。為了籌備這場會議，來自許多不同地區的才智之士齊聚佛羅倫斯，經過一番腦力激盪和意見交換，人們對基督教生活方式又有了新的詮釋，而這回深受希臘思想和各種奇術影響。米蘭杜拉（Pico della Mirandola）從與會人士的談話中獲得靈感，決定寫一本名為《詩化的神學》（*Poetic Theology*）的書，而麥迪奇（Cosimo di Medici）則從此迷上了埃及的魔幻神學。

無論來自宗教或日常生活，一個故事的無窮內在生命是它的靈魂。如果我們去除宗教故事的神祕性，我們面對的只是一個由事實構成的軀殼和一個字面的、單一的意義。但是，只要我們把靈魂賦予故事，透過它，我們就能探測我們的心靈深度。基本主義往往將一個故事理想化或浪漫化，把陰暗的成分——疑惑、絕望和空虛——全部剔除。它讓我們有機會偷懶，不必艱苦地探尋人生的意義，發展我們自己精細的道德觀。宗教上的寓言故事，原本能夠加深我們對自己身分奧祕的認識，卻被基本主義者當作擋箭牌，使他們不必面對選擇、責任和自省所帶來的焦慮。悲哀的是，在任何情況下，基本主義都能把生命凍結成一個堅固的意義，就像冰塊似的。

在今天的美國社會，基本主義有很多種，諸如榮格—佛洛伊德學說、民主黨—共和黨、搖滾樂—藍調。其中一種牽涉到我們看待個人故事的方式。例如，在這個心理學大行其道的時代裡，許多人都以為，我們在生活中遭遇的某些問題，是童年時發生在我們身上的事造成的。我們太過相信發展心理學，以致於把我們今天的境遇全都歸罪父母親。我們若能深入探討那些童年故事，把它們當做神話，捕捉它們那詩樣的意境，聆聽裡頭傳出的永恆、神祕的訊息，我們的想法也許就會改變。

最近我遇到的一件事，正可以印證我所說的那種基本主義。那天，我在辦公室接到一個電話。對方用清晰、穩定的聲調對我說：「哈囉，我是亂倫受害者，想跟你談談。」

我愣了一下，因為這位婦人表明身分的方式有點突兀——沒有姓名、沒有客套話，只用幾個字把自己歸類為某一種人。當然，我知道這個人曾經有過慘痛的經驗，我也很佩服她有勇氣承認，就像一個和酒精搏鬥的人站出來說：「我叫約翰，我是個酒鬼。」但是，同樣引起我興趣的是她「背誦」開場白的方式：「我是亂倫受害者。」在那短短幾個字中，她向我表明，那個亂倫故事就是她的身分標誌。聽起來，那就像是一個基本主義者在做信仰告白。剛接聽她的電話時，我心裡就想，如果這位婦女成為我的病人，我們該如何同時處理她的亂倫經驗和她的基本主義心態。在不漠視她的痛苦和身心煎熬的情況下，我們有沒有辦法，讓她看清她那個亂倫故事的真相？到頭來，她能不能獲得解脫，成為一個真正的人，而不只是童年故事中的主角？她是否已經接受亂倫的文化定義，把它當做無可避免的心理創傷，從而將它塑造成自己的神話？

我曾談到，心靈比較感興趣的是個別的具體事物，而不是一般的概念。個人身分也是如此。認同一個團體或一個症候群或一項診斷，是屈從於一個抽象的東西。心靈提供我們強烈的個體意識——個人際遇、特殊的影響和背景、獨特的經歷。我們的心理保健體系，面對大量的急診和長期治療需求，只好把病人歸類為精神分裂患者、酗酒者、身心受害者等等，希望能在一片混亂的家庭和社會生活中整理出一點頭緒來，但是，每個人的故事都有它的獨特性，不管裡頭包含著多少共同的主題。

因此，對這樣的病人來說，治療心靈必須從單純地講述她的故事開始。我會傾聽許多遍，以便捕捉那些精細微妙的差異。我覺得，讓這位婦人仔細觀察故事中的自己，同時擺脫她那集體的、基本主義式的受害者身分，對她的心靈會有一些好處。當她忙著用「歷經亂倫而苟活」這種抽象概念遮蓋她內心的奧祕時，她又如何能探測自己的心靈？我並不想降低她那樁經驗的重要性，也不想貶損她自己的看法：在她的人格發展過程中，這件事占有特別的重要地位。但是，她的故事必須加以深化，必須以一種更複雜的方式來解讀，必須從許多角度來探討，而不是僅僅從這麼一個角度——你一旦經歷這種事，你這一輩子就算完了。

我們每個人都有這一類關於自己的、基本主義式的故事——那些我們看得太認真、全心全意去相信的事情。這類故事，我們太過熟悉了，因此，單靠我們自己，往往很難看清它們的真相。它們是如此的有說服力、如此的可信，以致於變成了一種定律，有如宗教道德戒律一般，雖然它們只是個人的經驗而已。我們不妨學學早期的基督教神學家，剝除這些故事的外衣，看看裡頭隱藏的種種複雜、微妙、矛盾的涵義和構造。這樣做，目的並不是要揭穿或貶低這些故事，而是要讓它們顯露出更深、更廣的意義和價值。

不論我們面對的是宗教的故事或是個人的故事，同樣的問題總會出現。國家聽到的往往是結論——故事中的豐富細節，已經被簡化成某種以偏概全的意義或道德原則。用榮格的術語來說，我們必須找到這些故事的「靈魂」。把鮮活的靈魂帶進故事中，我們就必須將我們的意象非道德化，讓它忠實地呈現本身的意義，不再屈從於一開始就束縛它、扭曲它的意識型態。

我曾聽到這麼個說法：天主教徒不需要心理醫生，因為他們會去向神父告解。我的看法是：一個人若能把《聖經》當作一本探討心靈本質的書來讀，他就不需要心理學。一般來說，心理學比較抽象、比較科學，不像《聖經》那樣充滿意象和詩情，因此比較不能幫助陶冶我們的性靈。但是，有些人閱讀《聖經》，是為了尋找明確的道德答案和信仰的神蹟證明，或為了逃避心中的疑惑和焦慮、不願面對人生中的痛苦抉擇。不同於另一種態度——閱讀《聖經》是為了洞察人生的本質。在基本主義者心目中，《聖經》是讓我們相信的東西；對心靈來說，《聖經》的作用在於激發我們的宗教想像力，促使我們進入我們的內心，探尋最深沉的、最崇高的可能性。

我期望，有一天「原型神學」能向我們揭示全世界宗教經典的「靈魂」。目前，我們仍然把研究重點放在文本、歷史和結構上——所謂的技術／精神問題。少數神學家，諸如大衛・米勒、吳爾夫根・吉格瑞奇和琳達・薩克森，已經把原型理論和方法帶進《聖經》研究中，但那只是一個開始而已。舊約中約伯的故事，充滿著任何面對過清白與受苦這類問題的人都熟悉的主體和人物，已經多次被改編成戲劇，在榮格的心理研究中，也占有一席之地。然而，我們這個以《聖經》為根基的社會，真的瞭解人類被逐出伊甸園的意義嗎？我們敢像遠古的祖先那樣，跟樂園裡的蛇交談嗎？我們認得出家裡和城市中的那條蛇嗎？

《聖經》中的蛇，和出現在我們夢中的那些蛇，其間有任何關聯嗎？我們是否曾認真想過，我們所作的夢，本質上可能和《聖經》或《摩西五經》（*The Torah*）有關？

心靈複雜的自我表現方式，正顯示出它的幽深和奧妙。當我們的心靈有某種感受時，我們往往覺得很難用言辭清楚地表達，因此，我們只好求助於故事和意象。十五世紀神學家庫薩的尼古拉認為，我們沒有選擇的餘地，只好接受「謎樣的意象」。由於心靈關注的是人生中的種種牽連和關係，而不是理性上的認知，所以，心靈和經驗的緊密接觸所產生的知識，比客觀的喜歡分析更難表達。一如紀元前五世紀希臘哲學家赫拉克里特斯所說的，心靈有它自己的行動原則，而且永遠在演變，因此很難給它一個明確的定義。我們的精神生活一旦和這樣的心靈失去接觸，就會變得僵硬、淺薄、道學、專制——這些都是性靈淪喪的徵兆。

瑞典導演柏格曼（Ingmar Bergman）的傑作《芬妮和亞歷山大》（Fanny and Alexander）鮮明地呈現這個差別。片中，他把充滿活力的家庭生活——親朋、饗宴、節慶以及種種幽祕的活動——和頑固專制的主教統理下的生活做一個對比。影片的氣氛從歡樂、歌舞、奔放的情感和家庭的溫馨轉變到一片陰影籠罩下的孤獨、束縛、懲罰、恐懼、情感疏離、暴力和逃離的欲望。顯然，主教所代表的並不是精神生活本身，而是跟心靈隔絕的基本主義宗教精神。即使是最崇高、最嚴謹的精神生活，也能和性靈共存。二十世紀美國詩人湯瑪斯·莫頓（Thomas Merton）過著隱士的生活，卻以幽默和爽朗的笑聲聞名於世。十六世紀英國聖哲湯瑪斯·摩爾（St.Thomas More）為了鍛鍊精神，日常穿著粗毛布襯衫，然而，他卻是個風趣的人，熱愛家庭生活，喜歡結交朋友，對法律和政治深感興趣。精神生活本身並不是問題——對人類生活來說，它是絕對必要的。造成問題的是精神生活和心靈分離後所產生的狹隘基本主義。

精神生活有很多種。我們最熟悉的一種，是超越的精神生活。它追求的是最高的理想和放諸四海皆準的道德原則，冀求從人生的種種束縛中獲得解脫。模仿孩子，用手指玩建造教堂的遊戲：「這是教堂，這是教堂的尖塔。」你所看到的就是簡單的一種超越的精神生活。模仿孩子的另一種遊戲：「把門打開，瞧所有的人都在裡頭。」那麼，你所看到的是心靈內在的多姿多采的世界。它就像柏拉圖描寫的那座雕像——外表是人的臉孔，打開一看裡面卻隱藏著天下的所有神祇。

一棵樹、一隻動物、一條小溪或一座小樹林，都可以成為寄託宗教情懷的事物。一個地方的精神性，可以用一口井、地上的一幅圖畫或一堆石頭標示出來。當我們把歷史的標記樹立在古戰場，或樹立在我們祖先出生的房子或華盛頓的故居時，我們從事的是真正的精神活動。我們是在向附著於這個地方的精靈致敬。

家庭也可以成為精神生活的泉源和焦點。在許多文化傳統中，人們在家中擺設神龕或陳列特別的照片，以尊奉逝去的親人。家庭聚會的儀式、親友的往訪、故事的講述、相片和紀念品的保存，甚至年長的親戚用錄音機為他們的一生留下的紀錄，都可以成為滋養心靈的精神活動。

處處都能看到神祇的多神教，能幫助我們在世間探尋精神價值。我們不一定要成為多神教徒，才能以這種方式拓展我們的精神生活。在文藝復興時代的義大利，那些信仰基督教、尊奉一神論的傑出思想家，為了擴充他們的精神領域，不惜求助於希臘多神教。

譬如說，我們可以學習希臘人，在精神生活中崇奉亞特米絲。這位女神守護森林、孤獨、分娩的婦女、年輕的女孩和貞潔的情操。閱讀她的故事，欣賞她的許多肖像和雕像，我們可以領悟到大自然和我們本性中的一些奧祕。在她的激勵下，我們會去探索動物和植物世界的奧祕，或獨個兒出門走走，享受一下亞特米絲所保護的孤獨。我們只需知道，有位女神會盡力維護我們的孤獨，使它不受任何侵擾，我們的精神就會受到撫慰，而我們也會尊重別人對孤獨的需求。

多神教也能幫助我們，在最令人意想不到的地方找到精神生活，譬如在愛神阿芙蘿黛蒂身上。我們會發現，性愛是心靈奧祕的一個根源，也是一件真正神聖的事，可能成為陶冶我們性靈最重要的經驗之一。美色、肉體、性欲、化妝品、首飾、衣裝和珠寶——通常我們都用世俗的眼光看待這些東西，但在阿芙蘿黛蒂的祭典和故事中，它們卻具有宗教上的意涵。

在精神生活上，我們若能揚棄形形色色的基本主義態度，諸如信奉太過單純的道德觀、對人生經驗的看法一成不變、沉溺在一個不重個人思想的環境，那麼，我們眼前的精神視野就會豁然開朗。我們會發現，通往精神世界的許多途徑，並不會阻礙心靈對肉體、個人人格、想像力和探索人生奧祕的需求。有朝一日，我們會領悟到，人類的所有情感和活動，以及人生的所有層面，都深深植根於心靈的神祕領域中，因此是神聖的。

充實「少年」精神

在討論自戀行為的一章中，我們曾探索榮格和原型心理學稱為「少年」的一種人生態度和觀點。這兒所謂的「少年」，指的是心靈中充滿孩子氣的一面；它那朝氣蓬勃的精神，具體表現在一個男孩或青年人的形象中。但是，「少年」的人生態度並不僅限於實際的男孩、男性或任何年齡階層，甚至不限於人類。一個物體也可能擁有「少年」的氣質。譬如一棟房子，如果它興建的目的是為了滿足主人的自戀，而不是為了舒適或實用，那它就具有「少年」氣質了。

由於「少年」不受世俗事物羈絆，這種人生態度普遍存在於宗教和精神生活中。例如，希臘神話中有一個名叫伊卡魯斯的年輕人，為了逃出迷宮，戴上他父親雅典名匠德狄勒斯用蠟製造的一對翅膀，不顧父親的警告，飛上天空，結果因為太過接近太陽，翅膀熔化了，他墜地慘死。

我們可以這樣詮釋這個故事：「少年」戴上精神的翅膀，彷彿一隻鳥兒，脫離錯綜複雜有如迷宮一般的人生。他逃得太遠了，踰越人間的範疇，所以太陽就讓他一頭栽落到地面上。故事所呈現的，是以「少年」的模式從事的精神生活。為了擺脫塵世的紛擾煩憂，人人都可以求助於宗教或精神修練。我們都感受到日常生活的束縛和單調乏味，而我們也都想找個法子超越它。

我曾住在修道院，體會過那種遠離塵世、潛心清修、無拘無束的逍遙日子；直到如今，我偶爾還會懷念修道院的生活。我也記得，當我離開居住多年的修道院回到塵世時，一個婚姻美滿、有兩個孩子的朋友來看我，想說服我留在修道院。顯然，他自己也渴望飛升到那片無垠的天空中，擺脫家庭生活的束縛。他想不通，我居然放棄那樣的日子。「你完全自由，」他說，「沒有人要靠你來養活。」

這種由下往上超升的精神生活不但逍遙自在，而且能振奮我們的心靈，當然也能使我們得意忘形。雖然物質享受貧乏，但這種超升帶來的優越感，卻足足可以彌補。然而，急於逃離人生迷宮的「少年」精神，可能會熔化在它自己超升造成的狂熱中。結果，就會產生一種我們只能稱為「精神失常」的病症。我親眼看到一些刻苦清修的年輕人，不知節制，結果陷入憂鬱和執迷中，遭受有如伊卡魯斯一般的下場。追求精神生活的人，有些確能安全地將世俗的牽絆拋在身後；但對另一些人來說，精神高空中的稀薄空氣卻充滿危險。我們的心靈要拴繫住高飛的「少年」並不容易。

貝勒洛芬（Bellerophon）是神話中的另一個男孩。他騎上有翅膀的天馬，想去偷聽天上諸神的談話，結果也摔落到地面上來。這個故事所呈現的宗教中的另一個「少年」特性——渴望知道不該讓人類知道的事情。今天，我們常聽到「被神靈附身」的人說：「上帝告訴我應該怎麼做。」他們指的並不是內心的精神告白，也不是榮格所說的積極的想像力。他們的意思是，上帝明確地、實際地挑選他們，把某種祕密的任務交付給他們。我們聽到這類說詞時，難免會聯想到祕密宗教訊息所具有的自戀色彩，我們也擔心，這種超升會造成他們和塵世生活之間的決裂。當然，潛心靜修能使我們對人生有所了悟，但若一味追求精神生活，不知節制，就會和日常生活嚴重疏離，造成毀滅。

希臘神話中，費松（Phaethon）試圖駕駛太陽車橫越天空，結果化成一團火球，墜落到地上。獵人艾克狄安（Acteon）在森林中遊盪，撞見女神亞特米絲洗澡，結果被她化成一隻鹿，最後慘遭追捕撲殺。

提到神話中的這些年輕人時，我盡量避免使用道學家的口吻。我們不能把神話故事裡的懲罰看得太認真。它要表現的意念是：某種行動會造成某種特定的後果。「少年」精神中存在著一種報應。「少年」人物遭受的特殊苦難，只不過是這種現象中比較隱晦的一面。你如果讓你的注意力游移，就像獵人艾克狄安那樣，你也許會窺見平常人看不到的美妙景象。然而，這種好運也可能會改變你的一生。這類故事裡的懲罰顯示，心靈受到「少年」自我超升的影響。我們不必刻意迴避這種影響，但最好事先有個心理準備：取得精神知識是要付出代價的。神祕主義作家，諸如亞維拉的泰瑞莎（Teresa of Avila），就極端堅持，在精神生活中我們一定要有良好的、定期的指引。泰瑞莎以榮格的口氣告誡她的姊妹，一定要用心聆聽主持告解的神父勸導她們的話。你若不想步上艾克狄安的後塵，被你所膜拜的女神化為一隻動物，那麼，你最好讓你的精神追求在心靈中進行。

耶穌擁有許多「少年」特質。祂一再說：「我的國不在這個世界上。」祂是個理想主義者，鼓吹博愛的思想。祂常說祂做的是天父的工作，以凸顯祂做為一個兒子的身分。祂的童年充滿誘惑。就如另一位年輕的宗教理想主義者釋迦牟尼，祂受過魔鬼的引誘，但祂毫不留戀地拋棄世俗的權勢和財富。祂違抗自然的法則，讓神蹟發生，而這正是每個「少年」渴求的能力。一如莎劇中的「少年」哈姆雷特，耶穌身負父親交託給祂的精神責任。祂的個性中有憂鬱的一面，正如祂臨刑前在花園中的痛苦祈禱所顯示的。最後，當然，耶穌獲得了超升，如同希臘神話中的那些「少年」人物，而祂在十字架上所受的折磨和所流的鮮血，也讓人聯想到許多「少年」所受的苦難。

耶穌個性中的「少年」氣質——推而廣之，祂所創立的宗教中的「少年」氣質——也顯露在祂和家人關係的疏離上。有人告訴祂，母親正在尋找祂，耶穌卻指著群眾說：「他們就是我的母親和父親。」耶穌和女人的關係，我們並不清楚，但我們常常看到祂和幾個男人在一塊生活，而這也是「少年」的共同經驗之一。祂和當道者不合，尤其是身為祂長輩的那些宗教領袖和導師。

「少年」精神賦予我們清新的憧憬和必要的理想主義。缺少它，我們只有接受沉重的社會體制和無法配合世界發展步調的思維方式。然而，「少年」精神卻也能傷害心靈。它超越日常生活，高高在上，無論是帶著翅膀或騎著天馬或乘著太陽車，它都會自以為所向無敵。對凡夫俗子的弱點和缺失，它會感到不屑。一般人也會覺得，這種「少年」精神很難親近。它臉上掛著迷人的笑容，身後卻藏著一根大棒子。「少年」有虐待狂的傾向，但表面絲毫看不出來，直到受害，你才會發現它的存在。

追求精神超升的人，有時會變得殘酷。有位男士告訴我，他夢見自己駕駛著雙翼飛機，在他長大的農莊上空飛行。他看得見聚集在屋前地面上的家人。他們向他打手勢，要求他降落到地面上和家人團聚，但他只顧繞著他們，一圈又一圈的飛行。

「少年」精神總是和家庭的迷宮保持距離。從心靈的觀點來看，這個夢顯示，那個人試圖脫離錯綜複雜的家庭關係，追求清淨的心靈境界——天空——說什麼也不願降落到家庭的心靈中。家人覺得受排斥，很不快樂。這使我想到有些美國家長，發現子女加入神祕教派後，強行把他們帶回家中，進行反洗腦。這裡所涉及的，也許是伊卡魯斯和人身牛頭怪物（Minotaur）之間亙古的鬥爭——後者是棲息在迷宮中央、對「少年」造成威脅的食人怪獸。據說，牠專門捕食年輕的男女。

有一次，我在一個崇尚精神生活的教會，作一場有關夢的演講。聽眾中一位中年婦人說，她曾夢見她和家人爬上一座山。山道崎嶇、山石嶙峋，他們艱苦地往上攀登。抵達山頂時，這位婦人發現自己使勁拉住一根粗繩子；繩子的另一端懸吊著她的女婿，不斷的在空中飛盪。空氣灌入他的衣服，使他整個人膨脹了起來。這位婦人說，她女婿看起來很膨脹（inflated），雖然她似乎並不瞭解這個字眼在心理學上的微妙含意。她說，她擔心一旦她鬆手放開繩子，女婿就會飛掉，消失在天空中。女婿卻安慰她說，他感覺很好，正玩得很開心呢！她發現繩子鬆鬆的，便放下心來，知道繩子一時間不會斷。

我對這個夢深感興趣，因為它呈現出這位婦人的精神生活。在她生命中的這個階段，她正艱苦地朝精神的高峰攀登，然而身為母親，她又必須透過家庭，和現實世界保持密切的關係。經過一番掙扎後，她認同母親的角色，開始擔心她心靈的女婿——也就是她的「精神」——的安全。她害怕，一旦她鬆手，精神就會隨風而去，消失在天空中。

這兒，我們碰到另一個弔詭：精神生活必須有根基，而建立根基的最好方法，也許就是讓精神縱情遨遊，不要太過約束它。夢中的那個女婿並不擔憂；擔憂的是作夢的那位婦人。他在享受他的「膨脹」，而她卻看得膽戰心驚。她願意沿著崎嶇險峻的山道，朝向精神的高峰攀登，但她對精神表現的輕浮奔放，卻充滿疑懼。在人生的某個階段，這位婦人也許必須做出比棄絕物欲、潛心修行還要艱苦的抉擇。她也許必須鬆手放開繩子，讓精神尋找它自己的平衡。這位婦人信任地面上的生活；它能應付它的要求。但是，她的精神所遨遊的那個高空，卻讓她感到害怕。

這兒我們看到一個詭譎的現象：我們擔心，精神一旦失控，就會危害到心靈，然而，真正會造成傷害的，卻是緊緊拉扯住奔放的精神，用世俗的責任感羈絆它，不讓它高飛翱翔。

在那場夢中，繩子是鬆的——顯然，那個年輕人在飛翔中還能保持某種程度的平衡。他並沒有強迫自己飛得更高。作夢的婦人卻誤解了當時的情境，以致於讓自己陷入不必要的痛苦。

這個夢證實了我一貫的看法：我們美國人害怕精神會把我們帶到高空，因此，我們就求助於各種宗教，冀望它能幫助我們，管束和壓制可能改變我們生活的精神。我們上教堂做禮拜，固然是為了撫慰我們的心靈，但也何嘗不是想抑制它。我們若想融合精神和心靈，就必須讓精神飛翔，任由它在高空中尋找它的樂趣。

十四世紀日耳曼神學家艾克哈特（Meister Eckhart）說：「只要你願意奉行上帝的意旨，只要你對永生和上帝心存渴慕，你就不會真正貧窮。」作夢的這個婦人不願放棄裝扮成她女婿的天使。她已經攀上山巔。在精神境界的追求上，顯然，她已經取得一些扎實的成就。但是，在那個階段她還沒法子探測精神貧窮的奧祕——放棄恐懼、欲望和努力。那個年輕人的褲子充塞著空氣（精神），使他有如乘坐氣球一般飄浮在空中，但離人間又不太遠。他並沒有搭乘火箭凌空而去；他像一個年輕的小丑——天使化身的，象徵我們精神的冒險犯難之徒。

我們若不給精神足夠的舒展空間，它就會顯露出各種詭祕、詐欺的行為，變成一種症狀。為了解決病態「少年」的問題，我們不必求助於和他相反的「老人」（senex）。我們應該做的是，認真看待這個「少年」，關心他，讓他在不脫離現實生活太遠的範圍內，從事正當的、有意義的追求。作夢的這位婦人對精神的渴求，是無可厚非的。她之所以企圖把它留在地面上，顯然是出於自我防衛和恐懼的心理。一般人都以為，我們應該盡力讓精神接受理性的控制，然而，正如這位婦人的夢所顯示的，精神能找到它自己的平衡，知道心靈有它自己與生俱來的原則，知道界線在哪裡。

天作之合

面對日常生活的紛擾，我們總希望能找到啟示和某種解脫。在祈禱和沉思中，我們尋求日常生活的滿足。榮格常告訴我們，心靈和精神能夠進行某種神祕的結合——他把這種結合稱為 hierosgamos，即所謂「天作之合」（a divine union）。但是，撮合這樁婚姻並不容易。精神喜歡獨來獨往，野心勃勃，一心一意追求完美。心靈則總是沉溺在陰鬱的情緒、複雜的關係和偏執的成見中。這樁婚姻若要實現，雙方都得學習欣賞對方，並且接受對方的影響——精神的崇高追求受心靈卑微的侷限節制，而心靈的無意識則受觀念和想像力所激發。

這種結合值得嘗試、經營、體驗。英國大詩人濟慈所描述的、心理學家希爾曼所推薦的心靈陶冶，指的就是這種結合。心靈陶冶是一個旅程，需要時間、努力、技巧、知識、直覺和勇氣。我們必須瞭解，和陶冶心靈有關的工作都是持續不斷的過程，有如煉金、朝聖和冒險，因此，我們不該期盼有立竿見影的成效，甚至不能指望任何成果。在這個旅程中，所有目標和結局都是啟發性的，重要的是激發我們的想像力，而不是讓我們得到表面上的滿足。

探討精神的文學作品，往往把通往上帝或完美之路描寫成一種攀登的過程。它雖然有幾個不同的階段，但目標總是明確的，方向總是固定的，路途總是直的。心靈的旅程，一如我們在前面幾章中看到的，卻大不相同。它可能是一座迷宮，密布著死巷，而出口處有一隻怪獸看守；它也可能是一段奧德賽式的旅程，目標雖然明確，但路途卻比我們預期的要漫長、曲折的多。奧迪修斯的外號「命途多舛的人」，正是心靈之旅的最好寫照。希臘神話中的女神狄米特四處尋找她的女兒，最後來到了陰間，大地才能復甦。圓桌武士之一的崔斯坦，旅程也夠曲折離奇——他搭乘一艘無槳無舵的小舟在海上航行，路途中不斷彈奏豎琴。

在心靈的路途上，境遇、地點和遭逢的人物都很重要。從事心靈之旅，就如同一個涉世未深的年輕人走進複雜多變的人生中，想一下子獲得明確的啟示，是不太可能的。當心靈展現崎嶇曲折的旅程，一路上遭到重重阻撓，受到種種誘惑時，我們無法期望它的追求有個明確的目標。我們甚至不能指望這種旅程會有任何進展。在〈美少年恩第米安〉（Endymion）一詩中，濟慈如此描述心靈的路途：

然而這正是人生：戰爭、功績、
失望挫折、焦慮不安、
想像力的掙扎，遠遠近近，
全是人生；這些都有美好的一面，
仍然是我們的空氣和滋補的食物，

讓我們感受到生存。

這正是心靈之旅的「目標」——感受到生存。從事心靈之旅，目的不在克服人生的紛擾和焦慮，而在直接體驗人生，把自己完全投進生存的環境中。有些人把精神的修練形容為追隨別人的足跡：耶穌是道、是真理、是生命，而菩薩的生活也為我們示範一種道。但是，當心靈展開奧德賽之旅或陷入迷宮中時，我們的感覺卻是：這條路途沒有前人走過。接受心理治療的人常問：「你知道誰也曾有過這種經驗嗎？」醫師若告訴他，心靈中的那些死巷已經有很多人走過，他就會鬆一口氣。也有人會問：「你認為我走的是正路嗎？」

唯一該做的事，是掌握眼前的這一刻——有時以清明的意識審視周遭的世界，有時則讓自己浸沐在人生的神祕陰影中。奧迪修斯知道他要回家，然而，他卻在女巫色喜的床上度過好些年，在她那座圓形的島嶼（島上的路全是環狀的）陶冶他的心靈。

心靈的「路途」這種說法，也許不太正確。事實上，心靈之旅比較像遊盪或漫步。出現在這種旅程上的，有神經質的行為，也有崇高的理想，有愚昧，也有智慧，有日常生活瑣事，也有高層次的意識。因此，當你打個電話，向朋友訴說最近遭遇的煩惱時，你在心靈曲折崎嶇的旅途上，正面臨一個轉折點。熬過人生種種煩惱和缺失的心靈，會變得更開闊、更深沉，就像我那位表姊妹的心靈，在病痛的折磨中重新找回失落的信仰。對心靈來說，這是一種神祕奧妙的「反面之路」——只有在你放棄對完美的追求後，通往神界的大門才會為你打開。

我們的精神生活一旦脫離了心靈，或脫離了心靈和日常生活的親密關係，就不能獲得真正的充實。上帝也好，人類也好，只有在祂降生為人的時候，才會得到真正的滿足。基督教的神化為人身的神學理論顯示，上帝肯定人類的缺陷具有某種神祕的正當性和價值。我們的憂鬱、嫉妒、自戀和種種缺失，並不會妨礙我們追求精神生活。事實上，它們是精神生活必要的一部分。處理得當，它們會防止精神飛升到虛無縹緲的高空——防止它沉溺在完美主義中，自我陶醉。更重要的是，它們能為精神情操提供它們自己的種籽，以補足從天上掉落下來的那些。精神和心靈的聯姻，是天與地之間的結合，也是我們最崇高的理想、願望，與我們最卑微的症狀、怨氣之間的結合。

IV

照拂世界的心靈

藝術家的謙卑，表現在他對所有經驗的坦誠接受上，
藝術家的愛則表現在美的意識中，
向世人揭露世界的形體和心靈之美。

——英國戲劇家王爾德（Oscar Wilde）

第十二章

把美還給世間萬物

我最近參加天主教的一場彌撒，聽到我以前熟悉的一段古老的拉丁祈禱文（當時彌撒是用拉丁文進行）的英文翻譯，深深感到驚訝。這段拉丁祈禱文的正確翻譯應該是：「主啊，只要呼喚祢，我的心靈就會得到撫慰。」在新的英文版本中，它卻變成：「主啊，只要呼喚祢，我就會得到撫慰。」差異並不大，但卻透露出發人省思的訊息：我們不再區別心靈和自我。一般人卻把陶冶心靈當作進德修道的一種方式，而對象往往是自我而不是心靈。但心靈並不等於自我。它是一個人和一個社會無法測量的深度，包含組成我們身分的許許多多神祕的層面。

心靈存在於我們個人的環境和認知之外。文藝復興時代的僧侶們瞭解，我們的心靈——

我們省思自己內心時所瞥見的神祕現象——是一個更大的心靈的一部分，而這更大的心靈就是世界的心靈（anima mundi）。它影響到每一個個體，不論是自然界的或是人世間的。你固然有心靈，但你屋前那株樹何嘗沒有心靈，連那株樹下停放著的汽車也一樣有心靈。

現代人往往把心靈看成化學儀器，把身體看成機器，把人工的世界看成人類智力和科技所創造的奇蹟。對這種人來說，所謂的世界心靈，簡直就不可思議。我們的直覺偶爾會提醒我們，世界上所有的東西都有生命。面對這種直覺，心理學家也只能這樣解釋：這種現象是一種投射——在不知不覺中，我們人類把自己的幻想投注到一個「不具生命」（inanimate）的物體上。inani-mate 的原意是「不具心靈」（without anima），也就是所謂沒有世界心靈。

現代人的這種觀念——我們把生命和人格「投射」到物體上——使我們沉溺在自我中，不能自拔。我們認為：「所有生命和個性都是我賦予的；它的根源在於我對經驗的理解和認知。」讓物體本身擁有自己的生命力和個性，是截然不同的一種態度。

就這層意義來說，陶冶心靈之道，在於跨出現代主義的框框，進入一個嶄新的天地。當我承認世界擁有它自己的心靈時，我的整個立場就改變了。此後，每回世界上的物體鮮明地展現自己的生命時，我就會在旁觀察、傾聽。我尊敬它們，因為我不再是它們的創造者和主子。它們和我一樣，擁有相等的人格和自主權。

希爾曼和沙德羅，是當代兩位對世界心靈研究頗深的心理學家。他們解釋說，物體表現自我，並不是經由語言，而是透過顯著的個體特徵，動物透過牠們那醒目的外表以及生活習性，展現牠們的心靈。同樣的，大自然的東西也以獨有的特徵表現心靈。一條河流的力與美，賦予它令人敬畏的形貌。一棟造型獨特的建築物矗立在我們面前，跟我們一樣擁有完整的心靈。

大家都知道，大自然的東西會深深影響我們。一座山能夠為我們個人、家庭或整個社區提供一個深邃的情感焦點。我的曾祖父母從愛爾蘭移民美國，定居紐約州北部，在鄉下地方建立一座興旺的小農莊。他們飼養許多種家畜，栽種各式各樣的農作物，細心經營和照料一座果園。建造的房子外觀優雅，裡頭掛滿舊圖畫和舊照片。小客廳牆邊放著一架自動鋼琴，而廚房則充作主要的社交場所。屋前有兩株高大的栗樹，為這個家庭以及五十多年來造訪過這座農莊的許多人，提供乘涼的地方和一幅美景。

不久前，我和幾個堂兄結伴，回去探訪故居。農莊已經賣給一個把它當作狩獵場使用的人。我們發現，穀倉已經坍塌，整個淹沒在矮樹叢中，連房子地基四周也長出高大的野草，把它完全遮蓋住了。不過，一部分果園倒還在，而那兩株栗樹也還保持著它們的高貴丰姿和沁涼的濃蔭。我和堂兄弟們談到這兩株樹，回想起當年，在炎熱的夏日，總有一些人坐在樹下擺龍門陣，講古吹牛。我記得，一位叔父從樹上斜斜切下一根小樹枝，讓我看橫斷面上的馬蹄鐵釘圖紋，然後向我解釋說，這就是為什麼有些人管這株樹叫「馬栗樹」。

如果有人為了拓寬馬路或蓋新房子，把這兩株栗樹砍掉，我和許多家人都會很傷心，不僅因為這些樹象徵昔日的美好時光，也因為它們是有生命的，展現著無與倫比的美，散發著無窮無盡的記憶。毫不誇張地說，這兩株樹已經成為我們家庭的一份子；在我們看來，它們雖是屬於另一個物種的兩個個體，卻不是來自另一個社區的陌生人。

人造的東西也有心靈。我們會對它們產生感情，在它們身上找到深沉的意義，發現真誠的價值和溫馨的往事。有位鄰居告訴我，他打算搬家，但他的孩子們捨不得離開他們家那棟房子，說什麼也不答應搬家。這種對物的依戀之情，我們人人都體會過，但我們通常都不會把它放在心上，更不會把它當成我們世界觀的一部分。如果我們認真看待物體親近人類、展現它們的美和感情的能力，情況又會怎樣？很可能，我們會發展出一種「心靈生態學」，在民胞物與的精神上（不是依據抽象的原則），負起我們對世間萬物的責任。一旦我們和萬物建立真誠的關係，我們就不會去汙染環境，也不會去醜化大自然。我們不會允許美麗的海灣變成船運界和工業界的下水道系統，因為我們的心會抗議這種侵犯心靈的行為。我們若不重視一個東西的心靈，就會用惡劣的態度對待它。

讓我們回頭再看看「生態學」（ecology）這個名詞。我們已經提過，這個英文字的根源是希臘文中的 oikos，而它的意思是「家」。從心靈的角度來看，生態學並不是地球科學，而是「家」的科學；它要求我們，無論我們身在哪裡，無論我們在哪一種環境中生活，我們都要培養家的意識。世間萬物，都是我們家園的一份子，因此，一個以心靈為依歸的生態學，必須建立在這樣的觀念上：這個世界是我們的家，而我們對它的責任，並不是一種義務或邏輯上的需要，而是發自內心真摯的情感。

對物缺乏真摯的感情，我們就會漠視這個世界，因而喪失了重要的家園。今天，我們在美國城市街頭看到無家可歸、流離失所的人，事實上，反映的是我們內心中一種更深沉的無家可歸的感覺。無家可歸的人所表現的心靈空虛，我們都體會過，以致於我們覺得，我們是活在一個沒有生命的世界中，缺少一種世界心靈的意識，把我們和世間萬物連結在一起。我們以為，我們的孤獨寂寞是別人造成的，但更重要的原因是，我們疏遠了那個被我們的哲學思想剝奪了心靈的世界。我們以為，老百姓流離失所是經濟問題，但其實它反映的是我們所塑造的社會和文化。

因此，愛護我們居住的房子，不論它有多簡陋，就等於愛護我們的心靈。儘管沒有什麼錢，我們也一樣可以美化我們的家。不管住在哪裡，我們都應該把我們居住的社區——比我們的家稍大的一塊土地——當作自己的家園來耕耘，當作內心中一個聖地來愛護。

每一個家都是具體而微小的一個小宇宙（microcosm）——具體表現在一棟房屋或一塊土地或一間公寓的原型「世界」。許多文化傳統體認到屋子的原型本質，因此，都用象徵宇宙的圖形——太陽和月亮、星座、代表蒼穹的圓頂——來裝飾他們的房屋。在建築形式和裝飾上，莎士比亞的「地球劇院」（Globe Theatre）是地球這個行星的縮影。我們每個人都居住在自己家中的「地球劇院」；發生在家中的事，也發生在我們的整個世界。

費奇諾勸告我們，在家中陳設一些能讓我們聯想到宇宙的東西，這樣我們就不會忘記我們和宇宙的關係。例如，他建議不妨在家中擺設一個宇宙模型，或在臥房天花板上畫一幅星象圖。不久前，我們美國人還在穀倉這類附屬於農莊的建築物牆上，雕刻月亮的圖形。如今，我們卻難得看到一個象徵宇宙的建築樣式，也許除了屋子的尖頂——它使我們想起傳統教堂指向天堂的塔尖，但它的實際用途可能是為了方便排水。

美國新墨西哥州祖尼族（Zuni）印第安人，把宇宙家庭的觀念表現在他們的神話中。根據他們的創世紀故事，他們村子的地點是水黽（water strider，譯按：一種行走於水上的長足昆蟲）找到的；牠伸展牠的軀體，橫跨整個美洲大陸，而牠的心臟正好棲息在祖尼這個地方。我們每個人都可以創造類似的神話，講述我們如何呼應自己那顆動物之心，建立我們的家園。當祖尼族印第安人唱歌頌讚他們那位於大陸中央的家園「中土」（Middle Place）時，他們體認到人生中的一個奧祕：一個真正的家，既是一個獨特的地點，同時也是整個世界。他們吟唱道：「祖尼下雨時，全世界也都會下雨。」對自己的家園和坐落的地點有如此深刻的看法，我們就有希望建立一個真正的、以心靈為依歸的生態學。只要我們有心，就能夠好好照顧我們居住的地方。

物的精神病理學

如果世界上的東西都有心靈，那麼，它們也一樣會遭受病痛侵擾，而變得神經兮兮——這是心靈的本質。因此，為了心靈的福祉，我們必須留意觀察周遭那些東西的健康狀態，一旦發現它們有任何不適，或精神出現異象，就必須好好看護它們，使它們恢復健康。心理學家沙德羅建議，在每一棟大樓派駐一位精神治療師，一旦發現它感到不適，可以就近照料。他說的可不是照料大樓的住戶，而是大樓本身。這個建議暗示，我們平日不太關心周遭東西的健康情況，任由它們受到人類糟蹋和漠視。我們似乎不瞭解，我們人類自己的病痛，在很大的程度上反映周遭那些東西所罹患的疾病。從世界心靈的觀點來看，我們人類的心靈和世間萬物的心靈是分不開的。如果世界在精神上出現異象，我們人類也無法倖免。我們如果覺得精神鬱悶，可能就是因為我們是在一棟鬱悶的建築物中居住或工作。古書的插圖，譬如十七世紀僧侶傅萊德所繪製的圖畫，顯示上帝在替創造天地用的樂器調音。在把這偉大的六絃琴上懸掛著天使、人類和萬物。我們都處於共鳴的狀態中；我們人類的心臟以相同的節奏，和物質與精神世界的心臟一齊跳動。我們參與萬物的命運和際遇，而萬物也參與我們的。

沙德羅從世界心靈的角度提出的問題，值得我們深思：侵擾我們人類身體的癌症，和腐蝕我們城市的那種毒瘤，本質上是不是相同？我們個人的健康和整個世界的健康是不是一體的？我們總是以為，世界是我們的仇敵，用種種有毒物質侵害我們，給我們帶來疾病和死亡。但是，如果世界的心靈和我們人類的心靈是一體的，那我們在糟蹋萬物的同時，也在糟蹋自己。我們若想發展出一套健全的生態保護制度，我們就必須同時清除內心中的汙染；我們若想透過心理治療或其他方法，整頓生活，我們就必須同時治療世界所罹患的精神疾病，設法紓解萬物所受的痛苦。

為了我們的心靈，我們必須關心世界所受的苦難。在美國許多城市，街道和空地都堆滿各種廢棄物──舊輪胎、電器、家具、紙張、垃圾、生銹的汽車。房子被封閉、窗門被打破、木板腐朽、野草橫生。我們看到這幅景象，心裡想：要消除這種現象就必須解決貧窮問題。但我們為什麼不替這些東西想想呢？我們眼睜睜看著萬物受苦──生病、頹喪、垂死。我們罹患的真正疾病是，我們和這個世界的關係不健全。我們到底怎麼回事，竟然袖手旁觀，任由世間的東西變得如此頹唐，顯現出那麼多的症狀。我們這樣糟蹋萬物，我們知道自己在做什麼嗎？

我們在城市中任意堆集垃圾，在公路兩旁豎起廣告板，把自然美景阻隔在視線之外；我們盲目地摧毀具有歷史價值、能夠勾起回憶的建築物，大量興建廉價住宅和商業大樓——這些以及其他無數類似的現象，顯示我們對這個世界充滿怨恨。當民眾拿著噴漆罐，在電車、地下鐵、橋樑和人行道上塗鴉時，他們發洩的對象不僅僅是社會而已。他們也在生這些東西本身的氣。若想瞭解我們和世間萬物的關係，就必須找出這種憤怒的根由，因為在某種程度上，那些人是在替我們玷汙公共場所。他們的所做所為，我們難辭其咎。

我們的文化，為什麼對物充滿怨恨？我們為什麼會把我們的挫折感，發洩到可能幫助我們建立美好家園的東西上？其中一個答案可能是：我們一旦和心靈分離，不能體認心靈對持久甚至永恆事物的關懷，我們就會苦苦追求一個理想的未來，渴望實現永生。物的壽命和人類不同；它們可以存活好幾個世紀。古舊的建築物使我們想起這一個不屬於我們的時代。如果我們太重視自我，那些過往的時代對我們的永生願望就成了一種嘲弄。據說，提倡以效率經營的亨利．福特（Henry Ford）曾經說過：歷史是胡扯（history is bunk）。如果我們一心只想建立一個新世界，盲目追求成長和不斷的改進，過往的時代就會成為我們的仇敵，一再提醒我們死亡的存在。

對那些我們覺得不再有用的東西，我們也感到厭恨。那些生銹的、棄置在街頭的東西，有許多是過時的或損壞的工具。如果我們只重視一件東西的功能，當它的功能消失時，我們就會毫不留情地拋棄它，不給它一個像樣的葬禮。然而，那些老舊的東西總有一天會向我們宣示，它們是擁有心靈的。我居住的那個新英格蘭村子，有許多古老的小農莊。我常看到那種用馬拖的舊式耙子，如今優雅地躺在牧草地上；我也常看到一座迎風傾斜的古老穀倉，或一棟如今只剩下一個輝煌軀殼的古老宅第。這些都是過往時代所留下的殘跡，但它們都煥發著心靈的光彩。

針對這些現象，研究人文和自然景觀的歷史學家賈克森（J.B. Jackson）在〈廢墟之必要〉（The Necessity for Ruins）一文中提出一個發人深省的論點。他說，衰頹中的物體構成一部出生、死亡和救贖的神學三部曲。換言之，物體和我們一樣，也會死亡。我們企圖製造可以永遠使用的東西，但我們心裡都有數，每一件東西都有一定的壽命。我在想，我們所以會在城市的街道甚至鄉下地方到處丟棄垃圾，是不是因為我們想證明，我們比死神還聰明？我們不願意讓我們的東西死亡，一旦它們死了，功能消失了，我們就會很生氣。在怒火中，我們拒絕給它們一個像樣的葬禮。然而，它們的存在鮮明地提醒我們，所有東西都會衰敗腐朽。我們不尊重過去，因此，過去就透過我們的憤怒，醜惡地出現在我們眼前。我們不紀念以往的日子，因此，以往的東西就散亂地躺在我們城市的街道上。賈克森指出，在語源學上，「紀念碑」（monument）的原意是「提醒者」（reminder）。我們的垃圾就是提醒者，提醒我們不要忘記以往的日子。

廢墟，就像我鄰居牧場上遺留的古老農具，向我們宣示：一件東西的功能消失後，它依然保持著一種美。然後東西的心靈就會顯現出來，彷彿被東西的功能遮蓋了多年，終於得見天日似的。心靈無關功能；它講求的是美、形式和記憶。藝術家梅瑞特．歐本海默（Merit Oppenheim）曾經突發奇想，將毛皮當作襯裡，裝飾她的茶杯，想不到，這一時的靈感卻被認為是藝術上的一大突破，連她自己都大感驚訝。但她確實找到了一個優雅的方法，貶低杯子的功能，凸顯杯子的個性。她這個革命性的行動，打破了主導我們社會的盲目重視功能的迷思，讓物的的心靈重見天日。

就像人類一樣，當一個東西被貶低到只具有實用價值時，它就會受苦。因此，為了世界萬物的心靈著想，我們看待一件東西時，應該重視它的本質，少強調它的實用功能。在這方面，藝術可以幫助我們——藝術家把物體安置在一個美學格式裡，賦予它新的意義，不論是歐本海默那個裝上毛皮襯裡的茶杯，或是美國畫家安迪．沃荷（Andy Warhol）畫在帆布上的肉湯罐頭，甚或是德國畫家杜勒（Albrecht Dürer）作品裡那充滿禪味的鞋子和乾草堆。為了照拂萬物的心靈，除了功能、創造和效率之外，我們也必須關注物的形式、衰敗和品質。

在西方歷史中，有幾個思想學派特別重視心靈，諸如文藝復興時期的柏拉圖學派和十九世紀初期的浪漫主義詩人。值得一提的是，這些視探討心靈為己任的作家，都強調某些共同的主題，包括世間萬物的關聯、個別特質、想像力、死亡和人生的樂趣。另一個他們關注的主題則是美。

在一個漠視心靈的社會，美往往被視為最不重要的東西。譬如，以智能為導向的美國學校課程，就把科學和數學當作重要的科目，因為它們能推動科技的進展。每回學校削減經費，第一個被開刀的總是人文藝術學科，然後才考慮到體育科目。說穿了，在美國社會一般人心目中，文學藝術這種東西可有可無——我們的生活不能沒有科技，但是，沒有美我們一樣活得下去。

這種把美當作裝飾品，隨時可以拋棄的觀念，顯示我們並不知道如何滿足心靈的需求。心靈需要美的滋潤。心靈追求醒目的、繁複的和悅人的意象，一如身體渴望食物。如果我們把心理學的基礎建立在醫學界對人類行為和情感的觀點上，那麼，人生的最高價值就是健康。但是，如果我們的心理學是以心靈為根基，那麼，我們的醫療工作追求的目標應該就是美。我甚至敢這麼說：生活若缺少美，我們的心靈就會呈現不安——憂鬱、偏執、感到空虛、沾染上各種癮癖。心靈渴求美的滋潤，一旦得不到，就會罹患心理學家希爾曼所說的「美的失調症」。

美以它特殊的存在方式滋養心靈。譬如說，美的東西能夠震懾我們的心靈。我們應該抽空，把心靈帶離擾攘忙碌的現實生活，讓它面對永恆的、超脫塵俗的事物，沉思冥想一番。在傳統文化中，人們把心靈的這種需求稱為「休假」（vacatio）——從日常活動中抽身而出，享受片刻的沉思和遊覽。你開著車子行駛在公路上，突然間，你看見遠方出現一個讓人眼睛為之一亮的美景，於是你停下車子，站在車外幾分鐘，觀賞造化的神奇。這就是美震懾心靈的力量，而順應心靈突然興起的渴望，是滋潤它的一種方式。討論美的問題，有時會流於虛無縹緲，或過於抽象玄奧，但從心靈的觀點來看，美是日常生活不可或缺的一部分。每一天，我們都會碰上這樣的機緣，讓心靈接受美的滋潤，譬如走過一間商店的櫥窗，駐足片刻，觀賞一只美麗的戒指或一件衣裳上光彩奪目的圖案。

若想呵護心靈，而我們知道心靈的養分是美，那麼對於美的本質，我們就必須有更深刻的認識，在生活中給它顯著的地位。宗教一向重視美的價值——我們興建教堂和寺廟時所強調的，絕不僅僅是實用的功能，同時也會考慮到它對人們的想像力所造成的衝擊。一座高聳的尖塔或一個裝飾有玫瑰花紋的圓窗，功用不在增加座位或改善採光，它所要滿足的是心靈的需要——需要美、需要這棟建築的形式和功能、需要一個特殊的空間讓想像力在神聖的氛圍中馳騁。難道我們不能向教堂、寺廟、清真寺和印第安人的神壇學習，多花費一些心思和金錢，改善我們的住宅、商業大樓、公路和學校，以滿足心靈對美的需求？

要欣賞美的價值，很簡單，我們只消敞開胸懷，讓世間萬物激盪我們的心靈。如果我們能被美的事物感動，那就表示我們的心靈還活得好好的，因為心靈的最大能耐就是被感動。在英文中，passion（豐沛的情感）基本上指的是「被感動」，而豐沛的情感正是心靈活力的來源。德國詩人里爾克（Rilke）以花卉的構造為意象，描寫這種被動的力量，稱它為「具有無限接受能力的肌肉」。通常，我們不會把「被感動」的能力看成一種力量，或是強有力的肌肉發揮的作用，然而，對心靈以及對花兒來說，這正是它的最大挑戰，也是它在我們的生活中扮演的主要角色。

萬物重生

歷史上，我們曾經好幾次拒絕讓我們想控制的那些階層的人擁有心靈。婦女一度被認為沒有心靈。維護奴隸制度的人假藉神學的名義宣稱，奴隸沒有心靈。在今天這個時代，我們認為物體沒有心靈，因此我們可以隨意處置它們。「世界心靈」的觀念若能復興，我們就能把心靈還給大自然和人造的世界。

如果我們真心相信世間萬物都有心靈，我們就不會自詡為有意識的生命，而把萬物當作無生命的物體加以控制。相反的，人類和萬物之間會建立互相關懷、互相尊重和互相照顧的關係。在這樣一個具有心靈、生機蓬勃的世界，我們就不會感到那麼孤寂，不像現在的我們，活在一個機械當道、靠科技來維持的世界，飽受孤寂的煎熬。今天的人類就像一個身負重任的人，每天都得早起，叫太陽起床。這種不正常的觀念並非少數人獨有；它反映的是我們的集體態度和一個時代的精神。

一九四七年，榮格寫信給一位正在學習梵文和印度哲學的同事，勸他認真想想他最近做的一個夢（夢中，這位同事看見一顆星星在林間閃耀）。榮格在信中說：「只有置身在單純的、被遺忘的事物中，你才能找回失落的自己。何不到森林裡住一段時間呢？有時候，從一棵樹那兒學到的東西，比從書本上學到的還要多。」

我們也能在這種單純的、被遺忘的事物中找回我們自己——我們如果不允許周遭的單純事物擁有心靈，我們自己就會喪失心靈的一大泉源。一棵樹透過它的形狀、質地、年齡、顏色以及它展現個性的方式，能具體地傳達許多訊息給我們。但是，在表現自我的同時，這棵樹也向我們展示我們自己心靈中的奧祕，因為世間萬物的心靈和我們人類的心靈之間，並沒有絕對的界線。確實，我們就是世界，而世界也就是我們。

「世界心靈」既不是崇尚靜坐禪修的神祕主義哲學，也不要求我們回歸到原始的精靈崇拜。文藝復興時期，歐洲那些精通人情世故的藝術家、神學家和商人，諸如米蘭杜拉、費奇諾和麥迪奇，都尊奉「世界心靈」的觀念，在生活中身體力行。他們是我們的好榜樣。

在他們的思想和日常修身養性，以及在受他們影響的藝術和建築中，他們培養一個充滿性靈的堅實世界。文藝復興時期的藝術之美和肯定心靈的哲學是分不開的。後者是前者的導師。

文藝復興時期的這幾位大師認為，我們必須透過簡單的日常修練和用心，培養我們和具有心靈的世界之間的關係。他們建議我們，審慎接觸某一種類的音樂、藝術、食物、風景、文化和氣候。在某種程度上，他們也算是享樂主義者。他們相信，世間萬物能提供心靈豐富的滋養，然而，我們必須學會以節制的、明辨的態度，享用這些東西，才能吸收到它們所提供的豐富養分。

在新柏拉圖主義哲學影響下，文藝復興時期的這些心靈大師相信，心靈橫跨永恆和現世，而這兩個境界的完全融合，能賦予我們的生活深度和活力。那個時代的藝術所呈現的深遠透視，反映那個時代思想上的高瞻遠矚。吃素的費奇諾，飲食非常節儉，但他卻是個美酒的鑑賞家。麥迪奇家族在發揮經商長才，建立金融王國之餘，仍能體認藝術和神學對社會心靈的貢獻。相對之下，我們這個時代的現世主義卻把宗教和神學趕到一個角落（通常是大學或神學院），和商業、政治隔絕開來。然而，一個影響我們生活每一層面的神學和藝術理想，是我們的心靈所需求的。

因此，為了振興我們的心理學，為了使我們的心靈獲得真正的照顧，我們必須復興以「世界心靈」為導向的世界觀。在心理學的領域中，我們曾試圖結合宗教，尤其是向東方的宗教學習靜坐冥思，以提升意識層次的方法。在神學和宗教界，近來也有很多專業人員投入心理學和社會科學的研究中。這兩種發展以及其他類似的現象增加，我們現在有了一個新的認知，那就是——宗教、心靈和世界是糾結在一起、息息相關的。但是，在追求這種世界觀的同時，我們必須放棄現有的、認為世界已經死亡的、主觀意識僅限於理性自我的那種世界觀。如同許多評論家指出的，這樣的一個分歧的世界是現代西方生活的特色，並不是所有文化都有的。西方人利用這種分歧，創造了一種舒適的、具有驚人效率的生活方式，然而，為了生活上的享受和方便，卻把心靈犧牲掉了。

為了心靈的福祉，我們必須修正我們對心理學的狹窄看法，不再試圖以理性控制情緒和感情。同時，我們也必須放棄錯誤的觀念，認為我們人類的意識是宇宙間唯一的心靈信號。最後，我們還必須克制欲望，不再妄想支配世間所有的東西，包括自然界的和人工的。我們應該敞開胸懷，欣賞世間萬物的美，儘管這種美有時會在我們心中激起不理性的反應，甚至妨礙我們對科技進步的追求。為了神聖的大自然，為了我們人類對美麗事物的需求，我們應該放棄許多表面上對現代生活很重要的建設計畫。我們應該發揮群體和個人的力量，從事這些工作，為我們的心靈謀求福祉。

科技和美之間，並沒有不可化解的仇恨，心靈的陶冶和文化發展之間，也並不是非產生衝突不可。一如藝術和宗教，科學能夠幫助我們追求心靈的境界。然而，在這些領域中，長久以來我們一直漠視心靈，只有在遭遇嚴重的心理和精神問題時，才注意到它的存在。我們會製造性能優異的汽車，卻不曉得如何維繫我們的婚姻。我們拍攝一部又一部電影，製作一個又一個電視節目，卻想不出一個法子，讓人類生活在和平的國際環境中。我們擁有各式各樣的醫療器材，但對生活和疾病之間的關係，卻只有最粗淺的瞭解。在古代的希臘，祭司主持悲劇和喜劇的演出；他向觀眾暗示，看戲是攸關生死的大事。今天，我們卻把戲劇和其他文藝活動歸類為娛樂。我們能不能想像，翻開星期天報紙的影劇版面，看到的不是「娛樂」而是「陶冶心靈」？我們不必放棄玩樂，也能滿足心靈的需求，但我們一定要好好照顧它，傾聽它傳出的訊息。

如果我們不能在日常生活中照顧心靈，我們就會活在一個死亡的、僵冷的、疏離的世界中，感到無比的孤寂。我們盡可以自求多福，但我們無法擺脫分裂的生存狀態所帶來的疏離感。我們會繼續利用我們發明新工具的能力，剝削大自然，但我們若不能以深遠的眼光和開闊的心胸看待這兩者，它們就會繼續宰割我們。

若想擺脫這種反常的狀態，就必須消弭現代生活中的種種分裂現象，向其他文化、向藝術和宗教、向哲學界的新思潮學習，培養另一種世界觀。我們可以用心靈的陶冶取代現代主義心理學，然後，就可以開始建立一個體恤心靈的文化。

第十三章

生活的神聖藝術

現在，我們可以回頭來探討柏拉圖給陶冶心靈下的一個定義：生活的技藝。陶冶心靈需要「技藝」——技巧、專注和藝術。講究生活藝術的人，不管做什麼事情，都會注意到那些心靈保持活躍的微小細節，而這正是陶冶心靈的重要途徑。從宏觀的角度來看，也許只有重大的事件才會影響我們的生活。然而對心靈來說，最微小的細節和最尋常的活動，若能以專注的態度和巧妙的方法為之，也能產生深遠的影響，遠超乎它們表面顯示的分量。

藝術不僅存在於畫家的畫室或博物院的展示廳；在商店、工廠和家庭中，藝術也有它的地位。事實上，當我們把藝術看成職業藝術家的專利時，美術和日常藝術之間就會出現一道危險的鴻溝。美術作品被高高供奉起來，脫離日常生活，變得太過珍貴，也太過不切實際。我們把藝術放逐到博物館之後，又不能在日常生活中給它一個位置。壓制一件東西最有效的方法，就是一味的吹捧它。

即使在我們的美術學校，技術也往往主導整個課程。年輕的畫家學習使用各種材料，研究各種畫派的思想和風格，但從來不探討他這個行業的靈魂，他從來不挖掘他的作品所蘊含的深沉意義。在大學音樂系主修聲樂的女生，期望成為一位歌唱藝術家，然而，上第一堂課時，她身上就被裝上示波器，用來測試她的音色，找出應該改進的地方。面對這種以技術為導向的學習方法，心靈馬上就萎縮起來。

藝術對我們每個人都很重要，不論我們有沒有實際從事一種藝術活動。廣義的說，藝術是引起我們沉思的東西——在現代的社會，這是一種稀有的商品。在沉思的那一瞬間，藝術使世界的面貌變得更加鮮明。我們以更清澈、更深遠的眼光觀看它。許多人抱怨，他們的生活空虛。造成這種感覺的一個原因是，他們未能敞開胸懷接納世界，未能仔細觀察它、熱誠擁抱它。當我們所做的每一件事情都匆匆忙忙，連停頓片刻的工夫都沒有時，我們自然會感到空虛。在前面一章中已經探討過，藝術能「逮住」我們的注意力，這對心靈是一種貢獻。在步調快速的生活，心靈無法成長茁壯，因為受外在事物感動、吸納它們，在心中反覆咀嚼玩味，需要充裕的時間。

因此，要在日常生活中追求藝術的境界，我們至少應該讓生活的步調緩一緩。有些人無法受任何事物吸引，因為他們總是行色匆匆。現代人最普遍的症狀是，沒有時間思考，連讓一天之中獲得的印象沉澱下來的機會也沒有。然而，只有讓世界進入我們心中，我們才能把它轉化成心靈的一部分。我們內心有如一只器皿，必須用沉思和對世界的好奇加以清理，才能讓心靈棲息成長。毫無疑問，有些人只消每天花個幾分鐘，沉思冥想一番，就能省去看心理醫生的大筆費用。這個簡單的舉措能填補他們生活中缺少的一樣東西：每天撥出一段時間，不做任何事情，讓心靈獲得充分的滋養。

我們在日常生活中實踐的簡單生活藝術，能對心靈產生深遠的影響。譬如說，不知什麼緣故，我很喜歡洗碗。一年多前我就買了一臺自動洗碗機，但從來沒用過。我想，吸引我的是洗滌、沖刷、擦乾這套過程中激發的玄思冥想。榮格學派的一位瑞士作家瑪麗－路薏絲・馮・法蘭茲（Marie–Louise von Franz）認為，針線活兒對心靈也有莫大的裨益，因為它讓我們有機會沉思和玄想。

我也珍惜在屋外晾曬衣服的機會。晾衣繩上懸掛的衣物濕答答，散發出清新的氣味，搖盪在風中，曝曬在太陽下——這一切組合成一樁獨特的自然和文化經驗，因為單純，所以顯得格外可喜。數年前，攝影家黛波拉・韓特（Deborah Hunter）拍過一系列照片，捕捉衣物在晾衣繩上隨風飄舞的各種樣態。這些照片有一種難以言喻的特質，顯現出生命的活力、日常生活的愉悅和隱藏在大自然中的各種力量，而這一切就在我們屋子四周。

在一本還未出版的書中，占星家珍．萊兒指出，日常家居生活充滿心靈的啟示。她寫道：「如果我們留心觀察和傾聽，我們就會發現，守護我們家園的精靈每天仍在活動，發出聲音。它們從牆壁的縫隙溜進屋子裡來。每當家用電器發生小小的故障，每當花圃突然冒出新芽，每當我們眼前驟然出現令人目眩的美——諸如陽光灑在一張剛打過蠟的桌子上，一陣大風把晾曬的衣服吹得滿園飄舞——我們就會感覺到這些精靈的存在。」

我們在家居生活中從事的藝術，有許多特別能夠滋養我們的心靈，因為它能夠引領我們沉思，並且要求某種程度的技巧，例如插花、烹飪和修理家庭用具。我有個朋友，花了幾個月的時間，在她家飯廳牆上的鑲板上畫一幅花園的景色。這些平凡的藝術，有時能把一個人的個性顯現出來，使我們一進屋子，就能從它的某一個部分看出主人的獨特性格。

在這類日常活動中陶冶心靈，會使我們的生活變得更有個性，卻又不會變得很古怪。下午得閒時，我喜歡到麻州康科德市（Concord）的睡谷（Sleepy Hollow）墓園走一走。墓園深處一座嶙峋的小丘上，坐落著愛默生的墳墓，墓前有一塊紅色條紋的大鵝卵石，在周圍那些尋常的灰色長方形墓碑中顯得格外醒目。另兩位作家梭羅和霍桑就長眠在附近。喜歡愛默生詩文的人都會覺得，這個地方充滿靈氣。在我看來，他那與眾不同的墓碑象徵著他對大自然的熱愛，顯示出他心靈的偉大，也反映出他那不羈的、獨特的想像力。一群作家死後聚在這一片天然美景中，使這座墓園變成真正的聖地。

我們若能成為自己生活中的藝術家和神學家，我們就能進入心靈幽深的境界。我們若把藝術看成職業畫家和博物館的專利，而不設法培養自己的藝術情操，就會失去陶冶心靈的機會。同樣的，我們若把宗教當作一個週末做一次禮拜的活動，宗教就會退居到生活外圍——雖然那是非常崇高的外圍——而我們也就喪失了在生活中陶冶心靈的機會。美術就像正式的宗教，有時會顯得高不可攀，而心靈總是在比較低下的層次活動——它是日常的、家居的、群體的、被感受的、親密的、相互牽連的、投入的、受感動的、需要反芻的、激動的、充滿詩意的。我們必須親近一件藝術品，才能認識它的心靈。藝術要求我們用心去感受，而不僅僅是用腦去理解而已。同樣的，只有在直接面對人性中的善與惡時，宗教的心靈才存在。探尋人生奧祕，是我們每天必做的功課，而追求一個相應的倫理觀，也是我們應當親力而為的。缺乏心靈的宗教，它的義理和道德準則固然還值得我們相信和討論，但我們不會把它接納到心中，變成生命中的一部分。

夢：通往心靈的捷徑

心靈的陶冶需要中古煉金家所說的那種「冶煉」功夫。陶冶心靈的人，不可能活在無意識狀態中。有時，心靈的冶煉令人感到振奮和鼓舞，但往往又具有強烈的挑戰性，需要用真正的勇氣面對。從事治煉心靈的工作，我們必須面對平日不願碰觸的問題、不願體驗的情感和不願理解的事情。最誠實的路可能是最難走的。一般人不願意探訪心靈中最具挑戰性的地方，也不願正視最讓人感到驚悸的意象；但是，在那樣的所在，我們可以找到心靈的泉源。治煉心靈的工作在那兒進行得最激烈。

既然我們都不願意面對最需要處理的那種情感問題，通常我就建議我的病人，多多留意自己的夢，因為在夢境中他們會看到醒著時難以面對的意象。夢確實是心靈的神話，而探討我們作的夢，是陶冶我們的心靈、追求生活的藝術境界所不可或缺的一個步驟。

隨便到一間書店看看，你會發現很多書，對探討夢境提出各種各樣的方法。這兒，我想提出一些具體的建議，幫助讀者在探討夢境時建立正確的態度、採取建全的方法，以保持夢境的完整，讓夢中所蘊含的意義顯現出來，撫慰我們的心靈。

如何在日常生活中養成自然的習慣，認真看待我們所作的夢？在這方面，有關夢的心理治療可以提供我們一些啟發。病人前來我的診所，接受一個小時的心理治療時，一開始我會要求他，給我說一、兩個他作過的夢。聽完一個夢後，我不會立刻提出我的詮釋。與其急著控制這個夢，挖掘它的意涵，不如讓它帶領我們，一步步進入新的心靈領域中。病人說完他的夢後，我們就開始討論他的生活，因為心理治療處理的往往是生活中的問題。我會留意他的夢中出現的意象——夢提供我們意象語言，讓我們發揮想像力，深刻地討論生活中遭遇的問題。我們不必刻意發掘夢的含意；我們應該讓夢探測我們，影響各種塑造我們發揮想像力的方式。人生所以充滿謎團，主要的原因是，我們面對這些謎團時沒有發揮足夠的想像力。我們面對問題時，只求表面的瞭解和浮面的解決，往往徒勞無功，因為這種解決方法正是問題的一部分——缺乏想像力。夢提供了一個新的角度。

在心理治療的過程中，醫生和病人都急著替一場夢尋找一個理論根據和合理化的解釋，而提出這種解釋，往往只是為了證明醫生的觀點，或維護病人自己的偏見。我們不應該把現成的觀念強加在夢境上，而應該讓夢引導我們，詮釋我們。

根據我個人的經驗，夢向病人和醫生顯露它的意義時，過程是緩慢的、逐步的。聽完病人訴說他作的夢後，通常我心中會浮現一些印象和看法，但對夢境中出現的意象，一時也會感十分困惑。我會設法自制，先不急著替這個夢尋找意義。我會沉浸在這個夢的氣氛中，任它那謎樣的意象困惑我，把我帶離我的成見，正視這個夢所呈現的神祕意境。面對一個夢時，我們必須有耐心，而長遠來說，耐心比知識、技巧和花招的運用更為有效。夢有它自己的時間表——時候到了，它自會向你揭露它蘊含的意義。

探討夢境時，你應該信任你的直覺，那跟理智的詮釋是不一樣的。譬如說，有時病人會告訴我一個夢，然後馬上建議我應該如何解讀這個夢，或企圖影響我對夢中某一個人物的看法。有位婦人就曾經告訴我，她夢見自己粗心大意，沒有關上屋子的前門，讓一個男人偷偷溜了進來。她說：「那是一個惡夢。我覺得，這個夢在警告我，我太粗心了，不懂得保護自己。我太隨便。」

瞧，這位婦人把她作的夢和她自己的詮釋同時告訴我。儘管在夢境的探討上，我的經驗相當豐富，而且，我的訓練不容許我隨便接受病人的觀點，但有時候，我還是會在不知不覺中受病人看法的影響。她那一套說詞聽起來合情合理：她覺得自己身在險境，有個闖入她家的男子正在威脅她。但我沒有忘記我的第一條守則：信任你的直覺。我心裡想，這位婦人的前門「意外地」敞開，對她來說未嘗不是一件好事。門的敞開讓新的人物能夠進入她的生活空間。我也察覺，這件事中的「無心」根本可能就是「有心」的——除了「我」，也許另有某個人想讓前門敞開。也許，只有對她的自我，門上的縫隙是一個意外。

通常，夢中的自我和醒來後的作夢者之間，會有某種共謀存在。作夢者描述夢境時，可能會朝對夢中的「我」有利的方向扭曲，藉此影響聽的人對夢中某些人物的看法。因此，為了矯正這種現象——也許有時矯枉過正——在聆聽病人訴說她的夢時，我會採取唱反調的態度。我刻意從另外一個不同的角度來看這個夢。用比較專門的術語來說，我假定，在講述夢境時，作夢者和夢中的自我沉陷在一個相同的情結裡。如果我全盤接受作夢者的說詞，我也會沉陷進作夢者的情結中，對作夢者就不會有任何幫助。所以，我就對這位作夢者說：「妳平常都記得關門，這回卻忘記了。但這不一定是件壞事。也許，闖進來的人會對妳有益。至少，我們不應該太早下結論。」

有時我們得糾正作夢者的偏見，替夢中的其他人物辯護，這樣做，能為夢境的探討提供一個新的角度，揭露出更深沉的意涵。記住：呵護心靈並不一定意味呵護自我。其他人物也需要我們的同情和諒解。夢中出現的那些讓人討厭的行動和人物，有時也是必要的，甚至是有價值的。

一位從事寫作的女士告訴我，有一次，她夢見一個朋友用蠟筆在她的打字機上塗鴉，被她當場逮到。她說：「那個夢真可怕。我知道它的含意。我個性中孩子氣的一面，總是干擾我的成人工作。什麼時候我才會真正長大呢！」

請注意，這位女士對夢境的含意也倉促地下了結論。不僅如此，她還試圖影響我對這個夢的看法。她以這種方式，很巧妙地，迴避這個夢所帶來的挑戰。心靈和自我總是發生衝突，有時溫和，有時激烈。因此我就小心翼翼，對她的詮釋先持保留的態度。

「妳夢見的這位朋友是小孩嗎？」我問道。

「不是，是個成年人。她在夢中的年齡跟現實生活中的年齡一樣。」

「那麼，妳為什麼覺得她很孩子氣呢？」

「只有小孩才會玩蠟筆呀！」她似乎怪我明知故問。

「妳這位朋友，是怎麼樣的一個人？」我試圖打破她對這個夢的強烈偏見。

「她很妖媚，總是穿著奇裝異服——你曉得，就是那種顏色鮮豔的、領口開得很低的衣服。」

我順著她的聯想追問：「這個花稍的、性感的女人，可不可能給妳的寫作帶來一些色彩、血肉和純真的童稚氣質呢？」

「也許可能吧！」她說。聽她的口氣，對我這個跟她自己的看法相左的意見，似乎並不怎麼相信。

我不贊同她對這個夢的解讀，固然是因為，在大原則上，我們應該避免沉陷進夢中的「自我」的情結中。但還有一個原因是，她對那個孩子的批判顯露出消極的自戀態度：她拒絕接受她個性中孩子氣的一面，我們一旦擺脫了她平常對自己的看法——這種看法強烈地影響她對那個夢的詮釋——我們就可以用新的觀念和角度，探討她的生活情形和個人習慣。

我在這兒不厭其詳，討論夢的問題，不僅是因為夢能幫助我們透視自己的習慣和本性，也是因為我們對待夢的態度，反映出我們處理人生各種問題的方式，例如，我們如何詮釋我們的過去、如何面對目前的處境和問題，以及——在比較大的層次——如何看待我們的文化。

關於夢的解讀，我從經驗中歸納出另一條法則：任何夢都不可能有一個單一的、確定的詮釋。換一個時候再看看相同的夢，它可能就會呈現出嶄新的意涵。我喜歡把夢當成繪畫來看待，也喜歡把一幅意象當成一個夢境來觀賞。印象派畫家莫內（Monet）畫的一幅風景，對不同的觀賞者可能產生不同的「意義」。同一個人在不同的時候觀賞這幅畫，也會有極端不同的感受。經過多年後，一幅好的畫作仍能保持它吸引我們、滿足我們，在我們心中激發新的玄想和驚訝的能力。

夢也是如此。被漠視一輩子，或被強行詮釋過之後，一場夢仍能保持它那謎樣的神祕，有如東正教的聖像一般，足夠讓我們思考多年。解釋一場夢時，切莫給它明確固定的意義，而應該時時以莊重的態度面對它，盡可能從中汲取值得深思玩味的東西。深入探討一個夢境，能夠復甦我們的想像力，使它不致在一成不變的、陳腐的習慣中僵化。

解讀意象──不論是出現在夢境、藝術作品或個人故事中──有個簡單而有效的方法：不停地探索它，聆聽它所傳出的訊息。我們為什麼會一再聆聽巴哈的樂曲《聖馬太受難曲》（St. Matthew Passion）？因為一件藝術作品或任何意象的本質，就是以涓涓不絕的方式呈現它的意涵。所以，我在從事心理治療工作或教書時使用的一個方法，即是聆聽病人或學生講述一場夢或一則故事，聽完後就說：「好，再講一遍，用不同的方式。」

有一回，一個年輕人拿著他寫給愛人的信來找我。他很珍惜這封信，因為那是他內心情感的表白。他說，他願意大聲唸給我聽，然後就用充滿感情的語調一字一字朗誦出來。等他唸完後，我就要求他再唸一遍，把重點放在不同的地方。他照做了。這回，我們聽到意義上的細微差異。我們又試第三次、第四次，每回都發現新的意涵。這個小小的練習證明，任何意象都具有豐富的、多層次的意涵，而不停的探索能給我們心靈帶來莫大的好處。我們生活中的那些重要的意象、夢境和經驗，都值得再三玩味和解讀，因為它能激發想像力，引領我們進入心靈中。

引導眾生的精靈

探索意象經常使用的一個方法是，在意象之外尋找它的意義。夢中出現的一支雪茄，往往被當成陽具的象徵，而不僅僅是一支雪茄而已。夢中出現的女人代表的是生命靈魂，而不一定是指某一位婦女。夢中出現的小孩是「我個性中孩子氣的那一面」，而不僅僅是夢中那個小孩本身。「想像」是一種象徵思考，如同佛洛伊德所說的，具有潛伏的和顯明的雙重意義。我們若能「解讀」（decipher，理性論者挺喜歡使用的一個字眼）出現在我們眼前的象徵，就能找出潛藏在意象中的意義。

但是，還有另一種方式能幫助我們瞭解夢中出現的東西。如果這個意象中並沒有潛藏的意義、沒有隱密的訊息，那怎麼辦呢？我們能不能直接面對這些神祕的意象，然後決定究竟是接受它們的指引，或是跟它們抗爭？

古代希臘人認為，世間充滿無名的神靈，推動和指引人類的生活，他們管這些神靈叫「代蒙」（daimons，意為精靈）。蘇格拉底聲稱，他是依他的「代蒙」的指示過生活。近代詩人葉慈警告說，精靈既能鼓舞我們，也能危害我們。在《榮格自傳：回憶．夢．省思》一書的〈後期思想〉一章中，榮格也討論到精靈：「我們知道，確實有一種神祕的、異類的東西出現在我們生活中，同時我們也知道，夢境或靈感並不是我們自己『創造』的，而是藉某種方法，自動顯現出來的。我們可以說，以這種方式出現在我們眼前的東西發源自超然的力量、精靈、神祇或是人的無意識。」他接著說，他覺得「無意識」這個名詞比較妥當，但他所指的其實就是這兒所說的「精靈」。接受精靈導引的生活，會對想像力的運作產生回應。榮格在建造他的塔樓時，有一回，工人送來的一塊大石頭尺寸不對。他把這個「錯誤」當成他那活潑淘氣的精靈所耍的把戲，於是便利用這塊石頭，完成他最重要的一件雕刻「波林根之石」（the Bollingen Stone）。

十五世紀，費奇諾在一本討論心靈陶冶的書中建議，我們都應該尋找我們那與生俱來的、一直守護著我們的精靈：「徹底省察自己內心的人，一定會找到他自己的精靈。」德國詩人里爾克也以虔敬的態度看待精靈。在《寫給一位年輕詩人的信》（*Letters to a Young Poet*）一書中，他勸告我們深入自己的內心，尋找自己的本性：「走進你自己的內心，看看你的生命源頭究竟有多深。」里爾克這番話，是回答一個想知道自己到底有沒有藝術天分的年輕人，但他的建議，對每一個想在日常生活中追求藝術境界的人也都適用。我們的心靈都想接觸那個深邃的生命源頭，但是，又不願把它呈現出來的東西轉變成陳腐的觀念。實現這個願望的最好方法，是時時刻刻留意從想像力的泉源、以獨立生命的姿態流露出來的意象。

生命的源頭是如此的幽深，以致於我們把它當成「另一個存在」。我們借用古代的術語「精靈」描述它，把想像力帶進我們的自我意識中，我們和生命的深邃源頭的關係，變成一種相互的交流，在自我和神靈之間產生戲劇性的張力。在這樣的交流中，我們的生活也變得更有藝術內涵，有時候甚至變得更富戲劇性。在一般人心目中的「瘋子」身上，我們看到這個現象。他們的一舉一動往往充滿戲劇意味。他們內心深處的「精靈」——在他們生活中扮演重要角色的人物——粉墨登場，盛裝出現。作家們常說，他們小說中的人物具有意志和主見。小說家瑪格麗特·艾特伍（Margaret Atwood）有一回在接受訪問時說：「如果作者太過霸道，她筆下的人物就會提醒她，儘管她是他們的創造者，但在某種程度上，他們也是她的創造者。」

藝術教導我們，應該尊敬想像力，把它當作超越人的創造行為和意圖的東西。想在日常生活中追求藝術境界，我們就必須對日常事物產生深厚的感情。必須更信任我們的直覺，必須放棄一部分理性和控制欲，以交換心靈帶給我們的禮物。

心靈藝術

充分發揮我們的想像力，在家中和工作場所當自己的藝術家，是陶冶心靈的一種方式。你不必成為職業藝術家，也能把藝術帶進心靈的陶冶中；譬如說，每個人都可以在家裡設立一間畫室。我們可以學習榮格、費奇諾，和印第安作家「黑麋鹿」，用我們夢境和幻想中出現的意象，裝飾我們的家。

情緒激動的時候，我喜歡彈鋼琴，表達我的情感。我記得很清楚，黑人民權運動領袖金恩牧師遇刺那天，我感到萬分悲傷，就走到鋼琴前坐下，一連三個鐘頭，反覆彈奏巴哈的樂曲。音樂把形式和聲音賦予我那洶湧澎湃的情感，不需任何說明，也不需理性的詮釋。世界充滿各種值得轉化成意象的材料，而對我們來說，意象是精神的軀殼、人生奧祕的貯藏器。在生活中，如果我們不能給予心靈適當的地位，我們就會在被認為具有魔力的神物和症狀中遇到人生的這些神祕現象，而在某一方面來說，神物和症狀是一種病態的藝術形式，是出現在我們疾病中的神祇。藝術家的經驗顯示，每天我們都可以透過日記、詩詞、繪畫、音樂和書信，把尋常的經驗轉化成心靈的材料。

詩人濟慈在寫給兄弟喬治的一封信中討論如何陶冶心靈。他用學校的意象，描述將世界轉化成心靈的過程：「我把世界看成一間學校，專門為教導孩子們閱讀而設立；我把人生看成這間學校使用的入門書；已經學會閱讀的孩子，則是這間學校和它的入門書培育出來的心靈。你難道不明白，教育一個心智，把它轉變成心靈，在這過程中，充滿痛苦和煩惱的世界是多麼的必要？」

我們若能解讀自己的經驗，學會以藝術的方式表達它，我們的生活就會更接近心靈的境界。這樣的居家態度短暫遏止了生活的激流，讓我們有機會思考、提煉我們所經歷的事件。透過寫給朋友的一封信，我們可以加深經驗的印象，然後把這些印象貯藏在心中，變成心靈的根基。我們自己的家就是一座小小的美術館，在那兒，繆思每天都會激發我們的靈感。兒童每天都畫圖畫，喜歡在牆上和冰箱門上展示他們的作品。然而，一旦我們長大成人，就放棄了童年時代的這件重要的心靈工作。我們都以為，孩子們平日只在學習字母和協調運動神經，殊不知，他們也在學習一件更重要的事：為他們的心靈活動尋找表現的方式。我們長大後就會開始想，藝廊比冰箱門高級得多，於是，我們就拋棄了童年時代的一個重要儀式，把它移交給職業藝術家。這一來，我們只能用理性解釋我們生存的理由；我們感到空虛和困惑，花很多錢去接受心理治療；我們開始沉迷在虛假的意象中，諸如膚淺的電視節目。當我們的心靈喪失了家──喪失了一間個人美術館時，我們就試圖用蒼白的替代品，諸如通俗小說或公式化的電影，來麻醉我們的失落感。

好多世紀以來，詩人和畫家一直告訴我們，藝術的功能不在表現才華，也不在創造美麗的東西，而在保存和涵容心靈。藝術遏止生活的激流，讓我們有機會對生活作一番省思。藝術捕捉住出現在日常生活中的永恆事物，而永恆的事物能夠滋養我們的心靈——一粒沙反映一整個世界。在他的一本筆記中，達文西提出一個發人深省的問題：「我們作夢時，為什麼我們的眼睛反而比醒著時看得清楚？」一個答案是，心靈的眼睛看得見我們心中無比重要的永恆事物。醒著時，一般人都用肉體的眼睛觀看世界，儘管只要發揮想像力，我們就能在轉瞬消失的日常事物中捕捉到片段的永恆。夢教導我們用另一隻眼睛觀看世界——醒著時，那雙眼睛屬於藝術家，也就是屬於每一個追求藝術生活的人。

當我們看到一個身心飽受折磨的人臉上的痛苦神情時，剎那間，我們彷彿看到受難的耶穌——這個意象，世世代代的藝術家以種種形式呈現過，而在我們生命的某個階段，它也曾進入我們的生活。當我們在一家珠寶店看到一位婦人時，我們何妨用英國小說家勞倫斯（D. H. Lawrence）的眼光觀看她——勞倫斯曾經在河邊一個洗衣婦人身上，看到希臘愛神阿芙蘿黛蒂的身影。我們走過家裡廚房那張桌子，一瞥之間，有時我們會看到法國畫家塞尚（Cézanne）的一幅靜物畫。夏日，在難得的半個小時清靜中，我們坐在家中閱讀，微風吹進窗口，剎那間，我們想到了美術史上無數的「天使報喜圖」中的一幅，然後提醒我們自己，天使總是趁著人們靜靜閱讀時前來造訪。

以心靈為中心的藝術觀，覺察到詩樣的意象和日常生活之間的相互滲透、貫通。藝術向我們展示已經存在於日常生活中的事物，然而，若是沒有藝術，我們就會活在幻覺裡，以為我們的世界只有時間，沒有永恆。我們從事日常藝術活動，就算只是寫一封真誠的信，也會發掘出隱藏在世俗時間中的一些永恆事物，碰觸到心靈的特質、主題和情境。我們在日記中匆匆寫下一段思緒，或記下一個夢境，捕捉住瞬間的永恆，心靈就會獲得滋養。然後，我們的筆記就會真正變成我們私人的福音和經書，而我們所畫的簡單圖畫，也會蒙上聖像的色彩——對心靈來說，它的重要性一如東正教信徒所崇奉的那些莊嚴美妙的聖像。

心靈的陶冶，目的不在修身進德，也不在幫助我們擺脫人生的苦惱煩憂。它不教導我們如何正當地過活、如何維護身心健康。那些問題是現世的、激烈的、創造性的生活所關心的。心靈的陶冶追求的是另一種境界，雖然不會脫離生活，但也不會提供我們亟需的解決問題的方法。陶冶心靈之道在尊重它的表現，給它時間和機會展現它的面貌，同時，在生活中，培養深度、內涵和品質，讓心靈成長茁壯。心靈本身就是目的。

對心靈來說，記憶比計畫重要，藝術比理性更具說服力，而愛比理解更令人滿足。當我們對周遭的人和世界產生依戀之情時，當我們能同時以心和腦過日子時，我們知道，我們已經朝向心靈的境界邁出一大步。當我們在生活中獲得的樂趣比往日更深沉時，當我們不再為人生的複雜和混亂感到苦惱時，當憐憫在我們心中取代了懷疑和恐懼時，我們知道，我們的心靈得到了照拂。對各個文化和個人之間的歧異，心靈深感興趣，而在我們自己心中，它也要求我們表現出它適當的獨特性。

在困惑惶恐中，我們跌跌撞撞，有如傻瓜，試圖尋找一個清澄明澈的生活方式，但我們知道，我們終會發現心靈那種能使生活變得有趣的力量。到頭來，心靈的陶冶所造就的就是一個個體化的、不是我們當初預期的，甚至不是我們想要的「我」。日復一日，我們忠實地照顧我們的心靈，讓我們的才情在不受阻撓的情況下充分展現。久而久之，我們的心靈會凝聚成一顆神祕的「哲學家之石」——中古煉金家尋求的那顆豐潤的、堅實的人格核心。或者，它會像孔雀開屏般綻放，顯露心靈的色彩，展示它那斑斕燦爛的光華。

延伸閱讀

《榮格自傳：回憶・夢・省思》，榮格著，張老師文化

Jung, C. G. Memories, Dreams, Reflections.

Edited by Aniela Jaffé and translated by Richard and Clara Winston.

New York: Pantheon Books, 1973.

我認為最容易親近榮格的方式，是從他的回憶錄及晚年思想讀起。這是一本特別的「自傳」，書中說的不是榮格一生的故事，而是他的心靈。

《給青年詩人的信》，里爾克著，聯經出版

Rilke, Rainer Maria. *Letters to a Young Poet.* Translated by StephenMitchell.

New York: Random House, 1984.

里爾克的作品是照拂心靈領域的重要養分。他在這個領域的見解尤其深刻細膩，以文字呈現這些見地及其代表的意義非常困難，但是他恰如其分地以散文及詩作表達了他的思想。

《來自深淵的吶喊：王爾德獄中書》，王爾德著，漫步文化

Wilde, Oscar. De Profundis and Other Writings.

New York: PenguinBooks, 1973.

王爾德的作品以輕佻詼諧著稱。但在這本書中，他的行文風格受在獄中的經驗影響，變成了黑色幽默。對我來說，本書的重要性在於其中針對基督教的宗教浪漫主義文章。王爾德的文字也許帶著異教徒色彩，但讀過所謂的正統派後，也必須瞭解異教徒的觀點，才更能明瞭任何宗教或哲學的全貌。

《生命之書》，瑪西里奧・費奇諾著

Ficino, Marsilio. MarsilioFicino: *The Book of Life*.
Translated by Charles Boer. Dallas: SpringPublications, 1980.

這是十五世紀典籍的絕佳譯本。這本書提供了許多照拂心靈的好方法，不過因為是用古體撰寫，閱讀不易，建議一次讀一點，並且用理解比喻的方式去讀。

《青炎：希爾曼文集》，詹姆斯・希爾曼著

Hillman, James. *A Blue Fire: Selected Writings by James Hillman*.
Editedby Thomas Moore. New York: Harper & Row, 1989.

此為希爾曼文集，內容為其思想之概述。書中的前言章節介紹了希爾曼的「原型心理學」（archetypal psychology），也簡短地介紹了書中每一個章節，讓讀者對希爾曼的思想有大略瞭解。希爾曼是今日的心靈導向心理學最積極的倡導者。

《荷馬史詩》，查爾斯・波爾 英譯

The Homeric Hymns. Translated by Charles Boer. 5th ed.
Dallas: SpringPublications, 1991.

易讀、詩意、優美的史詩翻譯，講述荷馬時代的故事，歌頌希拉、阿芙蘿黛蒂、赫密士、荻米特（Hera, Aphrodite, Hermes, Demeter），以及其他希臘眾神。

《希臘眾神》，卡爾・卡瑞尼著

Kerényi, Karl. *The Gods of the Greeks.* Translated by Norman Cameron.
London: Thames and Hudson, 1974.

這本書是我長期以來對希臘神話及人物的參考資料。資料非常詳細，忠於原始文獻，但說故事的方式仍舊引人入勝。

《以心靈面對世界》，沙德羅著

Sardello, Robert. *Facing the World with Soul.*

Hudson, N.Y.: LindisfarnePress, 1991.

這本書收錄了沙德羅以世界上的心靈為主題的精彩作品，還有他對靈性的獨到見解。他對日常生活的主題如經濟、物品、建築、醫學，甚至皰疹，都有新穎的想法，常常會給讀者驚喜。

《神聖的日常》，琳達・薩克森著

Sexson, Lynda. *Ordinarily Sacred.*

New York: Crossroad, 1982.

琳達・薩克森以這本迷人的書，提供讀者以神學觀點詮釋日常經驗的機會，讓讀者瞭解世界上的宗教傳統是如何藏匿在每天日常生活的細節之中。

《無名的工匠：日本工藝之美》，柳宗悅著

Yanagi, Söetsu. *The Unknown Craftsman: A Japanese Insight into Beauty.*

Adapted by Bernard Leach. Rev. ed. New York: Kodansha International, 1989.

這本書中充滿了對藝術、美、工藝的洞見。就像我推薦的其他書籍，這本書沒有刻意簡化難以解釋的領域；雖然內容可能不完全連貫，但全書的中心思想不受影響，所以內容不會過於抽象，也不會過於理想主義。

附錄

第一章

55頁

偉大的十六世紀醫師帕拉西爾蘇士對醫療的看法，適用於我們對心靈的照顧……

帕拉西爾蘇士是十六世紀的著名醫生，信仰虔誠，具有高度學術影響力；以先進的醫學實驗探索未來，又以煉金術及占星術的哲學仰賴過去。後人因為他的一生奉獻，尤其是醫學方面的突破性思想，稱他為「醫療界的馬丁．路德」（Luther of physicians）。帕氏的貢獻在現代較鮮為人所知，因為他的研究主要是針對宇宙矩陣（cosmic matrix）；但對新知識保持開放、接受態度的人，會在他的著作中發現許多價值。

《帕拉西爾蘇士文集》

Paracelsus: Selected Writings, ed. Jolande Jacobi, trans. Norbert Guterman, Bollingen Series XXVIII (Princeton, N.J.; Princeton University Press, 1979), p. 49.

62頁

文藝復興時代的醫師帕拉西爾蘇士告訴我們……

帕氏讀了諸如瑪西里奧．費奇諾的著作，認為宇宙也是一個生物體，擁有身體、心靈、精神。帕氏將費奇諾的想法運用到醫學方面，認為真正的醫生應該要能瞭解「世界的身體」（world's body），不是將其視為一個抽象的概念，而是一個活生生的個體。例如，他建議醫生「要留心病人居住的區域……因為每個國家都不同，有各自獨特的地貌、礦產、穀物、牲畜等等。一個真正的醫生應該也同時是宇宙學家及地理學家」。

《帕拉西爾蘇士文集》

Paracelsus: Selected Writings, p. 59

第三章

121頁

里爾克在他知名的《致奧爾菲斯的十四行詩》……

自戀主義的「解藥」存在於「『可見』與『不可見』之間的雙重領域」。在德國詩人里爾克的思想中，自戀這個病症會逐漸消失，但過程並不是瞬間發生，而是轉化並存在於更深的不可見層面之中。里爾克稍後在同一封信件中也提到，「所有的平行宇宙都在經歷轉入不可見的過程，然後轉化並存在於更深的層次中。某些宇宙星體的興衰變化，在天使的無限意識角度看來非常明顯迅速，其他則靠著我們這些存有，緩慢辛苦地轉化他們，在存有的恐懼或狂喜之中，逐漸完成下一個階段不可見層次的實現。」

《杜伊諾哀歌》，里爾克著

Rainer Maria Rilke, *Duino Elegies*. Translation, introduction, and commentary by J. B. Leishman and Stephen Spender New York: W.W. Norton & Company, Inc., 1967), PP. 129–30.

第四章

125頁

文藝復興時代的哲人費奇諾說：「人類的愛情是什麼？」……

柏拉圖的《會飲篇》（Symposium，宴會之意）是一場以文字書寫的飲宴，其中的賓客們討論著愛的本質。費奇諾是柏拉圖思想的信奉者，他仿效《會飲篇》著作了自己的文字宴會，稱之為《宴會》Convivium（同為宴會之意）。在他寫給佛羅倫斯一位紳士貝爾納・本博（Bernardo Bembo）的信中，費奇諾詳細解釋了一場好宴會的必備條件。他在結論寫道：「如此書寫宴會的目的究竟何在？其實很簡單。我們孤獨地活在世界上，透過宴會及對談，雖然煩惱依然存在，但我們或許能夠成為一個整體，幸福地共同生活。」

《費奇諾書信集》

《評柏拉圖〈會飲篇〉》，瑪西里奧・費奇諾著

The Letters of Marsilio Ficino, vol. 2, trans. Language Department of the School of Economic Science (London: Shepheard-Walwyn, 1978), p. 54.

See also, MarsilioFicino, *Commentary on Plato's Symposium on Love*, trans. Sears Jayne (Dallas: Spring Publications, 1985), p. 130.

第六章

187 頁

英國戲劇家王爾德在監獄中寫的一封信《來自深淵的吶喊》……

王爾德書中此部分的內容就是所謂的「浪漫主義神學」（Romantic theology）：承認人性本惡，對於人類犯錯的天性展現深刻的同情，並且看到其中的美。

《來自深淵的吶喊：王爾德獄中書》，漫步文化

Oscar Wilde, *De Profundis and Other Writings* (New York: Penguin Books, 1973), p. 178.

230 頁

美國哲學家兼作家梭羅隱居在華爾騰湖畔……

「與自然交融」不一定要是神祕的超感官經驗；聽聽蟲鳴鳥叫就夠了。這就是「世界的歌聲」，或是古人用拉丁文所說的musicamundana，是世界的靈魂表達自己的主要方式。

《湖濱散記》，亨利・大衛・梭羅著，臺灣商務

Henry David Thoreau, *Walden* (New York: The Library of America, 1985), p. 422.

231頁

在那本討論性靈的書《愛的身體》結尾部分，作者諾曼．布朗說……

諾曼．布朗教我們用寫詩的方式進行心理分析，同時教會了我們如何用文化角度理解詩人里爾克所謂的可見與不可見之間的領域。矛盾的是，我們的經驗愈是詩意，我們的身體就愈投入。布朗寫道：「要找回寂靜的、象徵主義的世界，就要找回人類的身體……語言真正的意義存在於身體層面、肉體欲望方面的知識，而身體層面的意義是無法言說的。」

《愛的身體》，諾曼．布朗著

Norman O. Brown, *Love's Body* (New York: Vintage Books, 1966), p. 265.

第十一章

301頁

只有在你放棄對完美的追求後，通往神界的大門才會為你打開。

榮格在一九五八年十二月二十七日的一封信件中寫道，他對整合、人格和個體化的看法並不表示這樣的人就是完美的。「我不可能告訴你一個完成了自我實現的人看起來是什麼樣子，變成了什麼樣的人。我從來沒有見過一個完成了自我實現的人，所以我也無法了解這樣的人，因為我自己也沒有完全整合……我幫助了許多人，讓他們對自己更加覺知，讓他們知道自己是由許多不同元素組成的，有光明面也有黑暗面。」

《榮格書信集》第二卷，榮格著

C. G. Jung, Letters, selected and edited by Gerhard Adler in collaboration with Aniela Jaffé, trans. R.F.C. Hull, Bollingen Series XCV:2 (Princeton, N.J.; Princeton University Press, 1975), vol. 2, p.474.

第十三章

335頁

……他勸告我們深入自己的內心，尋找自己的本性……

《給青年詩人的信》，里爾克著，聯經出版

Rainer Maria Rilke, *Letters to a Young Poet*, trans. Stephen Mitchell (New York: Random House, 1984), p. 9.

336頁

小說家瑪格麗特．艾特伍有一回在接受訪問時說……

〈誰創造了誰？—與作者頂嘴的小說人物〉，選自《紐約時報書評》

"Who Created Whom? Characters thatTalk Back," *New York Times Book Review*, May 31, 1987, p. 36.

國家圖書館出版品預行編目資料

傾聽靈魂的聲音 / 湯瑪斯 . 摩爾 (Thomas Moore) 作 ;
李永平譯 . -- 初版 . -- 臺北市 : 心靈工坊文化, 2016.09
面 ; 公分 . -- (HO ; 109)
25 週年紀念版
譯自 : Care of the soul : a guide for cultivating depth and sacredness in everyday life, twenty fifth anniversary ed.
ISBN 978-986-357-071-4(平裝)
1. 靈修
192.1 105016460

HO109
傾聽靈魂的聲音
25 週年紀念版
Care of the Soul, Twenty-fifth Anniversary Ed.
A Guide for Cultivating Depth and Sacredness in Everyday Life

作者：湯瑪斯・摩爾 Thomas Moore
譯者：李永平

本書中文譯稿由智庫股份有限公司授權使用
出版者—心靈工坊文化事業股份有限公司
發行人—王浩威　總編輯—徐嘉俊
特約編輯—周寧靜　責任編輯—黃心宜
封面內文設計排版—雅堂設計工作室
通訊地址—10684 台北市大安區信義路四段 53 巷 8 號 2 樓
郵政劃撥—19546215　戶名—心靈工坊文化事業股份有限公司
電話—02-2702-9186　傳真—02-2702-9286
Email—service@psygarden.com.tw　網址—www.psygarden.com.tw

製版・印刷—中茂製版分色印刷事業股份有限公司
總經銷—大和書報圖書股份有限公司
電話—02-8990-2588　傳真—02-2990-1658
通訊地址—248 新北市五股工業區五工五路二號
初版一刷—2016 年 9 月　初版二刷—2022 年 4 月
ISBN—978-986-357-071-4　定價—420 元

心靈工坊 PsyGarden 書香家族 讀友卡

感謝您購買心靈工坊的叢書，爲了加強對您的服務，請您詳填本卡，
直接投入郵筒（免貼郵票）或傳眞，我們會珍視您的意見，
並提供您最新的活動訊息，共同以書會友，追求身心靈的創意與成長。

書系編號－HO109　書名－傾聽靈魂的聲音

姓名　是否已加入書香家族？ □是 □現在加入

電話（公司）　（住家）　手機

E-mail　生日　年　月　日

地址 □□□

服務機構／就讀學校　職稱

您的性別—□1.女 □2.男 □3.其他

婚姻狀況—□1.未婚 □2.已婚 □3.離婚 □4.不婚 □5.同志 □6.喪偶 □7.分居

請問您如何得知這本書？

□1.書店 □2.報章雜誌 □3.廣播電視 □4.親友推介 □5.心靈工坊書訊
□6.廣告DM □7.心靈工坊網站 □8.其他網路媒體 □9.其他

您購買本書的方式？

□1.書店 □2.劃撥郵購 □3.團體訂購 □4.網路訂購 □5.其他

您對本書的意見？

封面設計	□ 1.須再改進	□ 2.尚可	□ 3.滿意	□ 4.非常滿意
版面編排	□ 1.須再改進	□ 2.尚可	□ 3.滿意	□ 4.非常滿意
內容	□ 1.須再改進	□ 2.尚可	□ 3.滿意	□ 4.非常滿意
文筆／翻譯	□ 1.須再改進	□ 2.尚可	□ 3.滿意	□ 4.非常滿意
價格	□ 1.須再改進	□ 2.尚可	□ 3.滿意	□ 4.非常滿意

您對我們有何建議？

本人同意　（請簽名）提供（真實姓名/E-mail/地址/電話等資料），以作為心靈工坊（聯絡/寄貨/加入會員/行銷/會員折扣等）之用，詳細內容請參閱 http://shop.psygarden.com.tw/member_register.asp。

廣　告　回　信
台北郵局登記證
台北廣字第1143號
免　貼　郵　票

心靈工坊 PsyGarden

台北市106信義路四段53巷8號2樓

讀者服務組　收

免　貼　郵　票

（對折線）

加入心靈工坊書香家族會員
共享知識的盛宴，成長的喜悅

請寄回這張回函卡（免貼郵票），
您就成爲心靈工坊的書香家族會員，您將可以——

⊙隨時收到新書出版和活動訊息

⊙獲得各項回饋和優惠方案